Die 99 schönsten RADTOUREN für CAMPER

in Süddeutschland, Österreich, Südtirol und der Schweiz

Die 99 schönsten RADTOUREN für CAMPER

in Süddeutschland, Österreich, Südtirol und der Schweiz

BikeMedia

Impressum

1. Auflage 2022

Touren/Texte: Oliver Kockskämper, Köln
Titelfoto: © ewg3D /iStock, Wavebreakmedia/iStock**Fotos:** Oliver Kockskämper (S. 69, 131, 161) sowie © MabelAmber/Pixabay (S. 8), © Anne-Kathrein Stiegler (S. 11), © Ost_joadl/wikimedia (S. 12), © Tommy Rau/Pixabay (S. 19, 23, 125), © Bernd Hildebrandt/Pixabay (S. 21), © djedzura/iStock (S. 23), © Michael Kleinsasser/Pixabay (S. 25), © Cordignano/wikimedia (S. 27), © HubertBerberich/wikimedia (S. 29), © Dürnsteiner/Pixabay (S. 31, 211), © Buendia22/wikimedia (S. 33), © Andreas N/Pixabay (S. 35, 145), © Ivo Houška/Pixabay (S. 37), © Bwag/wiki (S. 39), © falco/Pixabay (S. 41), © Stefan Steinbauer/Pixabay (S. 43), © Leonhard Niederwimmer/Pixabay (S. 45, 51), © Siggy Nowak/Pixabay (S. 47), © Jürgen Polle/Pixabay (S. 49), © Johann Jaritz/wikimedia (S. 53), © Roland Ster/wikimedia (S. 55), © Peter-Ortner/Pixabay(S. 57), © Johann Jaritz/wikimedia (S. 59), © Moser B/wikimedia (S. 61), © Wolfgang Zimmel/Pixabay (S. 63), © Arne Müseler/wikimedia (S. 65), © Fuchs Robert/wikimedia (S. 67), © Sophia Hilmar/Pixabay (S. 71 links), © Gegengoliath/wikimedia (S. 71 rechts), © Simon Legner/wikimedia (S. 73 oben), © Alletto/wikimedia (S. 73 unten), © Martouf/wikimedia (S. 75), © marcelkessler/Pixabay (S. 77 oben), © Fotohobby/wikimedia (S. 77 unten), © Simon Koopmann/wikimedia (S. 79), © Tom Key/wikimedia (S. 81), © Joerg Vieli/Pixabay (S. 83), © photosforyou/Pixabay (S. 85, 121, 122), © Zjtaylor/wikimedia (S. 87), © albinfo/wikimedia (S. 89), © 17046710/Pixabay (S. 91), © Demonwhip/wikimedia (S. 93), © Martingarten/wikimedia (S. 95), © xuuxuu/Pixabay (S. 97), © Michael Schwarzenberger/Pixabay (S. 99), © reginasphotos/Pixabay (S. 101), © Gabriele Lässer/Pixabay (S. 103 oben), © Dominic Wunderlich/Pixabay (S. 103 unten), © Photo-pixler/Pixabay (S. 105), © Taxiarchos228/wikimedia (S. 107), © Wladyslaw Sojka/wikimedia (S. 109), © Sven Puth/wikimedia (S. 111), © lizzy29/Pixabay (S. 113), © AlterVista/wikimedia (S. 115 oben), © Michael Römer/Pixabay (S. 115 unten), © Andredonau/wikimedia (S. 117, 119), © Franzfoto/wikimedia (S. 123), © D Krieger/wikimedia (S. 127), © FSchaumayer/wikimedia (S. 129), © Monika Neumann/Pixabay (S. 133), © Pjt56/wikimedia (S. 135), © Daderot/wikimedia (S. 137), © Alexander Johmann/wikimedia (S. 139), © Chiem Seherin/Pixabay (S. 141), © Nemracc/wikimedia (S. 143), © Bergknappe/wikimedia (S. 147), © Bernd Haynold/wikimedia (S. 149), © Lokilech/wikimedia (S. 151), © HaSe/wikimedia (S. 153, 203), © Alexander Naumann/Pixabay (S. 155), © Partenkirchen_Bbb/wikimedia (S. 157), © Octagon/wikimedia (S. 158), © KordulaVahle/Pixabay (S. 163), © GraceKelly/wikimedia (S. 165), © SchlossElmau/wikimedia (S. 167), © Flodur63/wikimedia (S. 169), © Arne Mueseler/wikimedia (S. 171), © Paul T/wikimedia (S. 173), © Uoaei1/wikimedia (S. 175), © VitoldMuratov/wikimedia (S. 177), © wake4jake/wikimedia (S. 179), © Michael Siebert/Pixabay (S. 181), © Felix Mittermeier/Pixabay (S. 183, 187), © Gras-Ober/wikimedia (S. 185), © Alex Fox/Pixabay (S. 189), © GeorgKarlEll/wikimedia (S. 191), © A. Beijeman/Pixabay (S. 193), © Muck/wikimedia (S. 195), © Avda/wikimedia (S. 197), © MikeausdemBayerwald/wikimedia (S. 199), © Tilman2007/wikimedia (S. 201), © Mkummerer/wikimedia (S. 205), © Falk2/wikimedia (S. 207), © Leonhard Niederwimmer/Pixabay (S. 209), © Derzno/wikimedia (S. 213), © Berthold Werner/wikimedia (S. 215, 220), © DrBerndGross/wikimedia (S. 217), © BA123/wikimedia (S. 219), © Peter H./Pixabay (S. 221), © Settembrini/wikimedia (S. 223).

Buch- und Umschlaggestaltung: www.krueckemeier-medien.de, Bielefeld
Kartografie: BVA BikeMedia

ISBN: 978-3-96990-079-6

Inhalt

Impressum 4
Inhaltsverzeichnis 5
Radeln und Campen – Naturgenuss pur!: Einleitung 8
Tourenübersichtskarte 9
Legende zu den Tourenkarten 17

Die 99 schönsten Radtouren für Camper in Süddeutschland, Österreich, Südtirol und der Schweiz

Italien/Südtirol

1 **„Highlights der Südküste“**, Rundtour Peschiera del Garda – Desenzano del Garda, *35 km* 18
2 **„Bekannte Weine und beliebte Ferienorte“**, Streckentour Peschiera del Garda – Garda, *29 km* 20
3 **„Garda by Bike – Radfahren in der vielleicht spektakulärsten Dimension“**, Streckentour Limone sul Garda nach Riva del Garda, *2/11 km* 22
4 **„Paradies für Windsurfer und Bergfreunde“**, Rundtour Riva del Garda – Nago-Torbole, *17 km* 24
5 **„Kunstschätze Südtirols“**, Streckentour Kalterer See – Trient *52km* 26
6 **„Neben und über der Etsch“**, Rundtour Kaltern am See – Bozen, *41 km* 28
7 **„Bei Ötzi zu Besuch“**, Rundtour Meran – Bozen, *69km* 30
8 **„Auf der Via Claudia Augusta“**, Streckentour Meran – Mals, *63 km* 32

Österreich

9 **„Wien – alt, grün, schön“**, Rundtour Wien-Stadlau – Innenstadt, *22 km* 34
10 **„Das Meer der Wiener“**, Streckentour Wien-Stadlau – Neusiedler See, *76 km* 36
11 **„Donaumelodie“**, Rundtour Wien-Stadlau – Greifenstein, *55 km* 38
12 **„Auf zum Steiner Tor“**, Rundtour Rossatz – Krems, *44 km* 40
13 **„Wow, ist das schön hier in der Wachau!“**, Rundtour Rossatz – Melk, *56 km* 42
14 **„Linz – mehr als nur Geburtsort einer leckeren Torte“**, Rundtour Au an der Donau – Linz *60 km* 44
15 **„Der Enns hinterher – genau wie einst die Flößer“**, Streckentour Steyr – Au an der Donau, *37 km* 46
16 **„Durch´s Weinland Richtung Slowenien“**, Streckentour Graz – Leibnitz, *46 km* 48
17 **„Ohne Murren und Knurren entlang der Mur zur Mürz“**, Streckentour Graz – Bruck *79 km* 50
18 **„Entspannen, radeln, baden, fliegen – alles ist möglich“**, Rundtour Annenheim – Ossiach *28 km* 52
19 **„Kärntens Perle an der Drau“**, Rundtour Annenheim – Villach *34 km* 54
20 **„Stippvisite am Faaker See“**, Rundtour Annenheim – Drobollach am Faaker See, *27 km* 56
21 **„Kärntens tiefster See – ist es auch der schönste?“**, Rundtour Döbriach – Seeboden *28 km* 58
22 **„Hier pulsiert das Herz Oberkärntens“**, Rundtour Döbriach – Spittal, *38 km* 60
23 **„Thementouren rund um die Mozartstadt“**, Rundtour Salzburg – Piding, *34 km* 62
24 **„Salzige Tour - auf Wunsch mit würziger Bergwertung“**, Rundtour Salzburg – Hallein *46 km* 64
25 **„Die kleinste Gemeinde Österreichs“**, Rundtour Fügen – Kramsach, *31 km* 66
26 **„Zillertal-Impressionen – fast ohne Anstrengungen“**, Streckentour Mayrhofen – Fügen, *26 km* 68
27 **„Radeln am Inn ist mega-in“**, Streckentour Innsbruck – Jenbach, *46 km* 70
28 **„Flussradeln zu Füßen der 2000er“**, Streckentour Innsbruck – Imst, *53 km* 72

Schweiz

29 **„Die Stadt, die dem See den Namen gab – oder ist es umgekehrt?“**, Rundtour Gampelen – Marin-Epagnier, *27 km* 74

30 „Die Seen „nebenan“ sind auch sehr schön“, Rundtour Gampelen – Erlach, *31 km* 76
31 „Ein See an vier Waldstätten – der Vierwaldstätter See“, Streckentour Luzern – Horw, *25 km* 78
32 „Flussradeln auf schweizer Art“, Rundtour Luzern – Risch-Rotkreuz, *43 km* 80
33 „Panorama-Tour am Zürichsee“, Rundtour Zürich-Horn – Küsnacht, *48 km* 82
34 „Zürichs Naherholungsgebiet“, Rundtour Zürich-Horn – Fällanden, *39 km* 84
35 „Heidiland“, Streckentour Bad Ragaz – Altenrhein, *70 km* 86
36 „Kirchen- und Baukunst in St. Gallen“, Rundtour Altenrhein – St. Gallen, *44 km* 88
37 „Grüezi, Bodensee!“, Streckentour Altnau – Rorschach, *28 km* 90
38 „Von der Kurtisane zu den Mönchen“, Rundtour Altnau – Insel Reichenau, *45 km* 92
39 „Der Hochrhein – mal auf schweizer, mal auf deutscher Seite“, Rundtour Schaffhausen – Stein am Rhein, *37 km* 94
40 „Radeln am Rheinfall? Das wird bestimmt kein Reinfall!“, Rundtour Schaffhausen – Jestetten, *29 km* 96

Baden-Württemberg

41 „Rad-Klassiker mit Kreuzfahrt“, Streckentour Langenargen – Überlingen, *43 km* 98
42 „Bodensee-Blicke“, Rundtour Langenargen – Lindau, *32 km* 100
43 „Dreiländertour“, Streckentour Bregenz – Arbon, *45 km* 102
44 „Die Schweiz stets im Blick“, Streckentour Bad Säckingen – Weil am Rhein, *43 km* 104
45 „Der Südschwarzwald – mit oder ohne Klettertour?“, Rundtour Bad Säckingen – Laufenburg, *29 km* 106
46 „Breisgau für Genießer“, Rundtour Freiburg – Bad Krozingen, *55 km* 108
47 „Auf den Spuren der Schwarzwaldklinik“, Rundtour Freiburg – Gundelfingen, *32 km* 110
48 „Vom künstlichen Schluchsee hinunter zum natürlichen Titisee“, Streckentour Schluchsee -Titisee-Neustadt, *18 km* 112
49 „Der größte See des Schwarzwaldes liegt auf rund 1.000 m Höhe“, Rundtour um den Schluchsee, *18 km* 114
50 „Zwei namhafte Quellen auf einer Rad-Runde“, Rundtour Donaueschingen – Villingen-Schwenningen, *40 km* 116
51 „…und bei klarem Wetter Alpenblick“, Rundtour Donaueschingen – Hüfingen, *29 km* 118
52 **Highlighttour** „Und plötzlich ist die Donau weg!“, Streckentour Donaueschingen – Tuttlingen, *32 km* 120
53 „Der zweitgrößte See des Landes und ganz viel Moor“, Rundtour Bad Schussenried–Steinhausen – Biberach, *49 km* 124
54 „Kneippen oder Pilgern? Warum wählen - beides geht in Bad Waldsee“, Rundtour Bad Schussenried–Steinhausen – Bad Waldsee, *40 km* 126
55 „Schön war's einst bei den Markgrafen“, Rundtour Rheinmünster – Rastatt, *39 km* 128
56 „Wo schon die Römer kurten“, Rundtour Rheinmünster – Baden-Baden, *46 km* 130
57 „Tour d'Europe“, Rundtour Rheinmünster – Strasbourg, *76 km* 132
58 „Schlösser, Thermalbäder und ganz viel Grün“, Rundtour Bad Cannstatt – Stuttgart, *11 km* 134
59 „Sternefahrt am Neckar, auf Wunsch mit „Luginsland““, Rundtour Bad Cannstatt – Esslingen, *31 km* 136
60 „Badischer Weinradweg vor den Toren Stuttgarts“, Streckentour Bad Cannstatt – Marbach, *34 km* 138
61 „Ich hab' mein Herz in Heidelberg verloren“, Rundtour Neckargemünd – Heidelberg, *18 km* 140
62 „Burgentour im Neckartal“, Rundtour Neckargemünd – Hirschhorn, *28 km* 142

63 **„Wohlfühltour für Bergziegen"**, Rundtour Neckargemünd – Wilhelmsfeld, *31 km* 144
64 **„Deutschlands älteste erhaltene und begehbare Stadtmauer"**,
Rundtour Ellwangen-Sonnenbachsee – Nördlingen, *65 km* 146
65 **„Ein Fluss und ganz viele Seen"**, Rundtour Ellwangen-Sonnenbachsee – Ellwangen, *28 km* 148
Bayern
66 **„Warmradeln am Hopfensee"**, Rundtour um den Hopfensee, *8 km* 150
67 **„Sehenswertes Allgäu"**, Rundtour Hopfensee – Füssen, *20 km* 152
68 **„Seentour mit Schlossblick"**, Rundtour um den Forggensee, *41 km* 154
69 **Highlighttour „Alles drin: Die Highlight-Tour von Garmisch-Partenkirchen"**,
Rundtour um Garmisch-Partenkirchen, *14 km* 156
70 **„Wunderschönes Loisachtal"**, Streckentour Garmisch-Partenkirchen – Ehrwald, *18 km* 160
71 **„Traumsee zu Füßen der Zugspitze"**, Rundtour Garmisch-Partenkirchen – Eibsee, *20 km* 162
72 **„Radelgenuss auf höchster Ebene"**, Rundtour Barmsee – Krün, *17 km* 164
73 **„Karwendelblick"**, Rundtour Tennsee – Mittenwald, *24 km* 166
74 **„Unterwegs an den wärmsten Seen Bayerns"**, Rundtour Waging a. See – Taching, *29 km* 168
75 **„Die Salzach – nur noch ein imaginärer Grenzfluss"**, Rundtour Waging a. See – Laufen, *41 km* 170
76 **„Lego, Donau und historische Fassaden"**, Rundtour Günzburg – Lauingen, *63 km* 172
77 **„Der höchste Kirchturm der Welt"**, Streckentour Günzburg – Ulm, *38 km* 174
78 **„Zum Anfang der Via Claudia"**,
Streckentour Affing-Mühlhausen bei Augsburg – Donauwörth, *44 km* 176
79 **„Die Fugger und ganz viele Seen"**,
Rundtour Affing-Mühlhausen bei Augsburg – Königsbrunn, *52 km* 178
80 **„Münchner Highlightrunde"**, Rundtour München Nord-West – Innenstadt, *39 km* 180
81 **„Residieren und Rudern"**, Rundtour München Nord-West – Oberschleißheim, *30 km* 182
82 **„Erhellende Altstadt und dunkle Vergangenheit"**,
Rundtour München Nord-West – Dachau, *36 km* 184
83 **„Durch die Isar-Auen"**, Rundtour Moosburg – Landshut, *50 km* 186
84 **„Heimat des Weißbiers"**, Rundtour Moosburg – Erding, *64 km* 188
85 **„Rottaler Bäderdreieck"**, Rundtour Bad Füssing-Eglfing – Bad Griesbach, *58 km* 190
86 **„Deutsch-österreichische Flussfahrt"**, Rundtour Bad Füssing-Eglfing – Schärding, *46 km* 192
87 **„Via Nova - Radpilgern am Inn"**, Rundtour Bad Füssing-Eglfing – Ering, *38 km* 194
88 **„Vom Regen in die Glasbläserstadt"**, Rundtour Viechtach – Bodenmais, *43 km* 196
89 **„In den Tälern des Bayerischen Waldes"**, Rundtour Viechtach – Cham, *41 km* 198
90 **„Vogelkunde"**, Rundtour Altmühlsee – Ornbau, *24 km* 200
91 **„Fränkisches Seenland in Perfektion"**, Rundtour Altmühlsee – Brombachsee, *42 km* 202
92 **Highlighttour: „Ritter, Apostel und viele alte Steine"**,
Streckentour Altmühlsee – Dollnstein, *57 km* 204
93 **„Ein Ehekarussell mitten in Nürnberg"**, Rundtour um Nürnberg, *20 km* 208
94 **„Schlossherren und Raumfahrer"**, Rundtour Nürnberg-Langwasser – Feucht, *20 km* 210
95 **„Die Welt der 7,5 cm großen Menschen"**, Rundtour Nürnberg-Langwasser – Zirndorf, *57 km* 212
96 **„Tauber-Träume"**, Rundtour Rothenburg – Taubertal, *7 km* 214
97 **„Entspannen im Salzsee"**, Streckentour Rothenburg – Bad Windsheim, *32 km* 216
98 **Highlighttour „Am Main entlang in die Welt des Barock"**,
Streckentour Kitzingen – Würzburg, *36 km* 218
99 **„Hügelige Tour ins lebendige Mittelalter"**, Rundtour Kitzingen – Schwarzach, *50 km* 222

Entspanntres Radeln rund um den Campingplatz

Radeln und Campen – Naturgenuss pur!

Camping ist IN – und Radfahren ist IN! Und beides gehört schon fast zwangsläufig zusammen: Kaum ein Camper macht sich mit seinem Wohnmobil, Wohnwagen oder Zelt auf Reisen, ohne ein Fahrrad dabei zu haben. Der Grund liegt auf der Hand: Wenn wir einmal einen schönen Campingplatz oder einen schönen Stellplatz gefunden haben, können wir unsere mobile Unterkunft einfach dort stehen lassen und genießen die umliegende Region hautnah mit dem Fahrrad. Diese perfekte Symbiose hält uns fit, lässt uns die Gegend mit ganz anderen Sinnen wahrnehmen und schont natürlich auch die Umwelt.

Camper – so unterschiedlich und doch so gleich!

Die Campingbranche wächst in den letzten Jahren scheinbar unaufhörlich. Fast jedes Jahr werden neue Zulassungsrekorde bei neuen Wohnmobilen und Wohnwagen vermeldet. Die Bandbreite der rollenden Hotels wird dabei immer größer: Viele beginnen mit einem kleinen, gebrauchten Wohnwagen, steigen dann um auf einen neuen Wohnwagen mit deutlich mehr Komfort. Fünf bis acht Meter Aufbaulänge sind dabei meist der Standard und im Innern lassen Sitzgruppe, Küche, Badezimmer mit WC und Dusche sowie Betten mit Lattenrosten ein heimatliches Feeling auf-

1 - 99 = Die 99 schönsten Radtouren für Camper im Süden

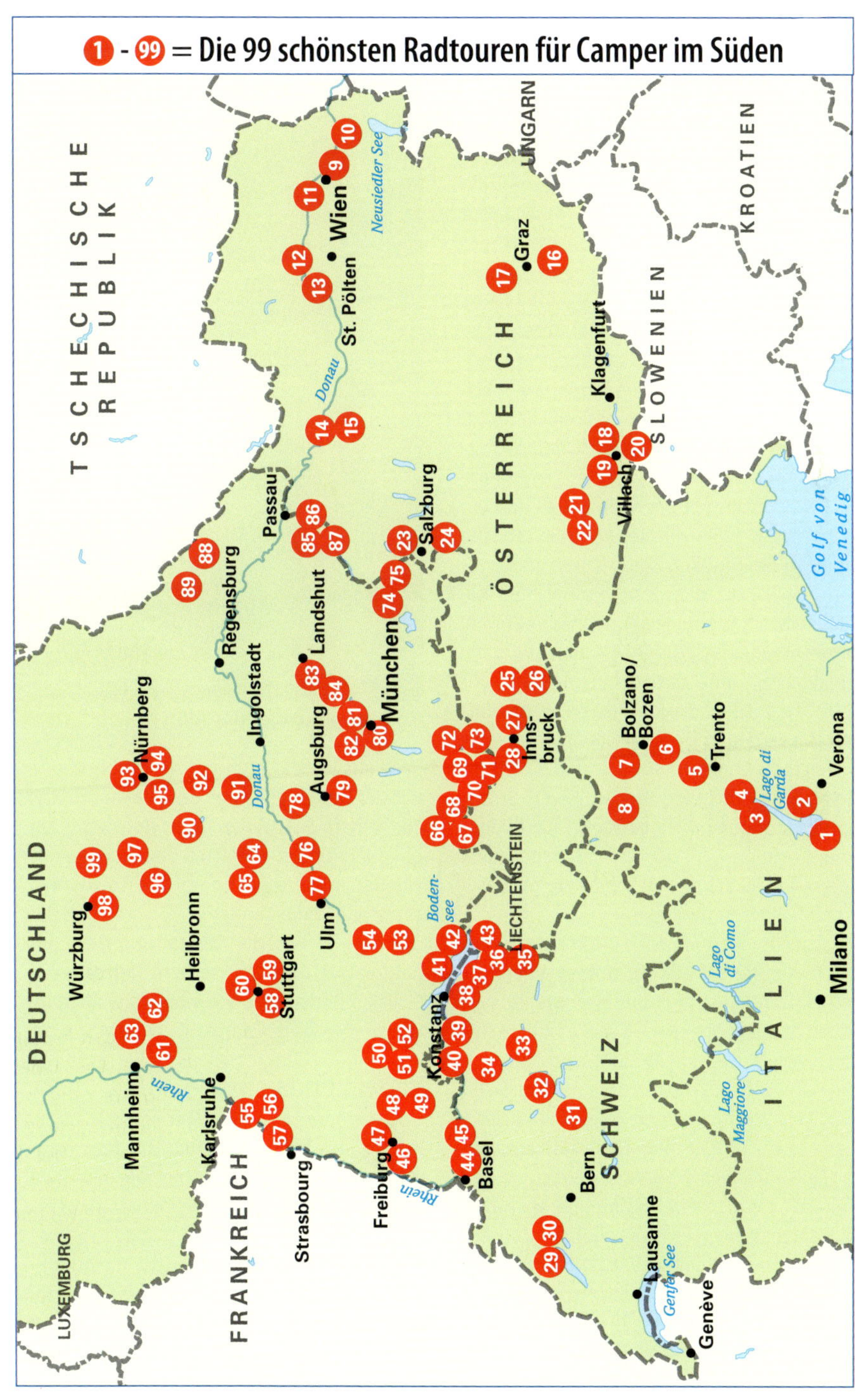

kommen. Auf dem Campingplatz wird rasch das Vorzelt aufgebaut, das für üppige Platzverhältnisse sorgt.

Andere Camper steigen mit dem berühmten „Bulli" ein, bei dem die Sitzbänke mit wenigen Handgriffen zu Betten umfunktioniert werden können. Dem Platzangebot und dem Komfort sind gerade bei den Wohnmobilen nach oben keine Grenzen gesetzt: Vom praktischen ausgebauten Kastenwagen, der in der Stadt große Vorteile bietet, über Alkoven-Mobile, in denen wir über dem Fahrerhaus nächtigen, geht die Tendenz vielfach zu teilintegrierten Wohnmobilen. Hier wird die Fahrerkabine geschickt in den Wohnraum integriert, an den sich eine geräumige Küche, Badezimmer mit allen Extras und ein einladendes Schlafzimmer anschließen. Die Krönung des mobilen Reisens sind die sogenannten „Liner", die gerne einmal die Ausmaße eines Reisebusses annehmen können. In diesem Luxus-Segment ist alles möglich: Ein Wohnzimmer, dass als „Slide-Out" zur Seite vergrößert werden kann, Badezimmer mit separater Dusche, Schlafzimmer mit Queensbett und einer Garage, in der oftmals ein ganzes Auto Platz findet. Sogar Spezialanfertigungen mit einer Dachterrasse oder einer Outdoor-Ausstattung für Wüstensafaris sind möglich. Schnell wird hier ein größerer sechsstelliger Betrag fällig.

Aber es gibt auch noch die Puristen unter den Campern, die auf der grünen Wiese ihr Zelt aufschlagen und die Heringe in den Boden bringen. Aber auch dabei gibt es inzwischen viele Varianten: Die einen sind mit wenigen Handgriffen fertig mit dem Aufbau: Dann steht das Wurf-, Trekking oder das Igluzelt. Wer´s etwas größer mag, baut das Familienzelt auf und noch eleganter geht's mit den „Faltern", die als kleiner Anhänger auch hinter weniger starken PKW gezogen werden. Mit wenigen Handgriffen erwächst daraus dann ein bis zu 40 qm großes Zelt mit Küche, Betten und anderen Extras.

Und nun kommt das ganz Besondere an der „Spezies Camper": Egal, ob er morgens aus dem kleinen Igluzelt krabbelt oder mit der Tasse Kaffee aus dem Vollautomaten vor seinem Luxusliner steht: Auf dem Campingplatz sind alle gleich – Statusdünkeln ist einem Camper völlig fremd! Und so kommen alle schnell miteinander ins Gespräch – sei es über das Wetter, die Ausstattung des Campingplatzes oder der nächste Tagesausflug. Soziale Interkation ohne eine Frage nach der Herkunft – das ist Camping!

Camping – Naturgenuss pur!

Radeln und Campen

Und auch das eint die Camper: Viele haben ihr eigenes Fahrrad dabei: Auf dem Autodach, auf dem Anhänger, auf der Wohnwagendeichsel oder am Radträger am Heck des Wohnmobils.

Wer das eigene Rad nicht mitbringen mag, hat auf sehr vielen Campingplätzen oder zumindest in der näheren Umgebung die Möglichkeit, sich eines zu leihen. Alte Drahtesel wird man hier vergeblich suchen:

Die Mieträder sind stehts gut in Schuss und oftmals haben wir sogar die freie Auswahl: Trekking- oder Citybike, Mountainbike, Rennrad, E-Bike – für jeden Geschmack sollte sich da etwas finden lassen.

Damit die Symbiose aus Radeln und Campen perfekt gelingt, haben wir in diesem Buch ausschließlich Touren gewählt, die direkt an mindestens einem Campingplatz oder Wohnmobilstellplatz starten und an denen noch weitere Campingplätze liegen. Die meisten der Touren enden als Rundtour auch genau wieder dort, wo wir losgeradelt sind. Ab und an empfehlen wir Streckentouren, an deren Ende wir aber einfach in die Bahn steigen und uns zurück zum Camp bzw. zum Nachbarort zurückbringen lassen können.

Und noch etwas spricht für die Kombination aus Radeln und Campen: Die Camper wissen schon, wo es schön ist in dieser Republik. Aus dem Grunde ist es auch kein Zufall, dass unsere Radtouren in aller Regel in wunderschönen und touristisch bestens erschlossenen Regionen verlaufen.

Die Auswahl der Camps und der Touren

„Die schönsten 99 Radtouren für Camper im Süden" möchten wir Ihnen hier vorstellen. Doch wonach sollten diese ausgewählt werden?

Das Wetter ist schlecht? Der Süden ruft? Der Platz ist doch nicht so schön, wie versprochen? Kein Problem! Der flexible Camper ist rasch abfahrbereit und macht sich auf in neue Gefilde. Daher haben wir uns entschlossen, das „Einzugsgebiet" etwas größer zu wählen. Und so starten unsere Routenvorschläge jenseits der Alpen am touristisch perfekt erschlossenen Gardasee. Nur wenige Kilometer weiter im Norden finden Bergfans ein echtes Eldorade vor – das würdigen wir mit Touren rund um den Kalterer See und rund um Meran.

Eingebettet in die Alpen liegt der Millstätter See

In der Schweiz sind die Berge noch höher und die Seen teils noch größer. Auch hier schlagen wir spannende Touren vor, die oftmals gar nicht so gebirgig sind, wie wir das befürchten würden. An den Seen und Flüssen entdecken wir aber nicht nur gute Radwege sondern auch wunderschöne, historische Städte wie Zürich oder Luzern, die uns schnell in den Bann ziehen.

Echte Leckerbissen erwarten uns in unserem Nachbarland Österreich. Kärnten hat sich in den letzten Jahrzehnten als eines der Top-Ziele für Campingfreunde entwickelt. Also suchen wir uns Quartiere an den klaren Bergseen und erkunden die Regionen rund um den Ossiacher oder den Millstätter See. Aber auch städtische Highlights wie Wien, Salzburg oder Graz stehen auf unserer Besuchsliste. Und dass wir uns dem Donauradweg ausführlich widmen, versteht sich doch von selbst!

Im deutschen Inland beschränken wir uns bei diesem Buch auf die Bundesländer Bayern und Baden-Württemberg. Klar, denn schon hier gibt es so viel zu entdecken, dass wir monatelang auf Achse sein könnten!

Da gibt es Touren entlang der deutschen Flüsse wie Donau, Rhein, Neckar, Tauber, Lech, Main oder Altmühl, durch die Höhen des Schwarzwaldes, durch das imposante Voralpenland oder rund um renommierte Kurorte und funkelnde Seen. Auf dem Programm stehen auch Routen, die uns in die stolzen Metropolen wie Stuttgart, München, Nürnberg, Freiburg, Heidelberg oder Augsburg geleiten.

Die Auswahl der Camping- oder Wohnmobilstellplätze fiel mindestens genauso schwer. Denn da, wo es schön ist, gibt es auch reichlich Möglichkeiten für uns Camper, den perfekten Stellplatz zu finden. Erstklassige und mehrfach prämierte Plätze sind in den besuchten Regionen wahrlich kein Mangel, und daher ist die Auswahl letztendlich eine willkürliche Wahl – gleich um die Ecke des beschriebenen Platzes kann es durchaus einen ebenso guten oder vielleicht sogar besseren Platz geben. Aber genau dafür geben wir im Infoblock Hinweise auf Alternativen entlang der Strecke. Auf eine ausführliche Auflistung aller Camps verzichten wir ganz bewusst, denn zum einen würde das den

Umfang des Buches sprengen, zum anderen gibt es in unserer schnelllebigen Zeit immer wieder Camps die neu öffnen oder schließen. Ein Blick ins Internet oder ein Anruf bei den regionalen Touristeninformationen bringen hier Klarheit.

Zum Abschluss noch ein ganz wichtiger Hinweis: Klar, wir haben unser eigenes Bett dabei. Dennoch ist es auf vielen Camps unerlässlich, rechtzeitig einen Stellplatz zu reservieren. Das gilt sowohl für die Camping- als auch für die Wohnmobilstellplätze. Und das gilt für das ganze Jahr, denn in den Schulferien sind die Anlagen ohnehin sehr voll. Außerhalb dieser Zeiten kommen aber dann gerne die „nicht mehr schulpflichtigen Camper". Auch zu bestimmten Anlässen wie Weinlesen, Stadtfesten, Festivals etc. wird es sehr schnell voll auf den Anlagen.

Dieses Buch

Dieses Buch soll Ihnen „Appetit" machen auf die Kombination von Campen und Radfahren. Wir haben versucht, die schönsten Radwege Deutschlands rund um besondere Camping- und Wohnmobilstellplätzen ausfindig zu machen und sie anhand einer Kurzbeschreibung darzustellen. Dabei wurde versucht, einen Spagat gleich in mehrere Richtungen hinzubekommen: Klar, besonders schön sollten sie in jedem Falle sein – wenn das Buch schon diesen Titel trägt! Familienfreundlichkeit stand ebenfalls an oberer Stelle der Auswahlkriterien. Zudem sollte aber auch eine einigermaßen gleichmäßige Verteilung der vorgestellten Touren in Deutschland erfolgen.

Ihnen hat die Beschreibung Appetit auf mehr gemacht? Sehr schön – der BVA Bike-Media Verlag hält zu allen in diesem Buch beschriebenen Touren umfangreiches Material bereit. Mit ADFC-Regionalkarten, mit BVA - Radwanderkarten und Spiralo-Karten, in denen ausführliche touristische Informationen enthalten sind, dürfte die Streckenfindung kein Problem sein.

Zusätzlich haben Sie die Möglichkeit, die in diesem Buch als Kartentipp ausgewiesenen ADFC-Regionalkarten auch als App für Ihr Smartphone oder Tablet zu erwerben – inklusive GPS-Positionsanzeige und der Möglichkeit, GPX-Tracks zu importieren und aufzuzeichnen. Zu finden ist dies unter **http://www.fahrrad-buecher-karten.de/rk-digital**.

Weiteres Überblickswissen zu unserem Pedal-Hobby liefern die Sammelwerke „Die 75 schönsten Urlaubstouren Deutschlands", „Die 44 schönsten Wochenendtouren Deutschlands"; „Die 55 schönsten E-Bike-Touren Deutschlands", „Die 50 schönsten Radfernwege Deutschlands" und „Die 33 schönsten Flussradwege Deutschlands", „Die 111 schönsten Radtouren Deutschlands", oder „Die 50 schönsten Bahntrassen-Radwege Deutschlands".

Für eine schnelle Orientierung und Einstufung dienen die Infokästen zu Beginn jeder Beschreibung – wir haben sie „CampertourenInfo" getauft. Hier finden Sie die wesentlichen Eckpunkte zu jeder Tour, wie z.B. Distanz, Wegbeschaffenheit, Hinweise auf Steigungen, Beschilderungen sowie Start- und Zielpunkt.

Auf den meisten Strecken gibt es nur wenige Probleme, den rechten Weg zu finden. Wenn es komplizierter wurde, haben wir die Beschreibungen etwas genauer gestaltet. Auf eine allzu detaillierte Streckenbeschreibung wurde aus Platzgründen aber verzichtet. Bei den meisten Radwegen ist zudem die Beschilderung so perfekt, dass man sich kaum verfransen kann. Eine gute Radkarte im Maßstab 1:75.000 (z.B. die ADFC-Regionalkarte des BVA) gehört aber immer ins Reisegepäck.

Ein Hinweis ist besonders wichtig: Bitte betrachten Sie diese Distanz-Angaben als grobe Orientierung für Ihre Tour! Ein paar „Schlenker" zu Sehenswürdigkeiten, ein Abstecher in Innenstädte, einmal „verfahren" oder andere Kleinigkeiten führen schnell zu einer Abweichung der eigenen gefahrenen Kilometer.

Zu Gunsten der Übersicht ist jede Tour auf zwei Seiten reduziert. Die abgebildete Karte wird Ihnen im Zusammenspiel mit der in kursiv gedruckten Streckenbeschreibung helfen, sich vor Ort zurecht zu finden.

Ausführlicher werden die Sehenswürdigkeiten beschrieben – denn wir radeln ja nicht (nur) des Radelns wegen, sondern um die Gegend kennen zu lernen. Die Tipps weisen den Weg zu ausgefalleneren Attraktionen, die wir eventuell verpassen würden, weil sie etwas abseits liegen, nicht beschildert oder einfach wenig bekannt sind.

Der Spaß am Radfahren

„Mit dem Auto erlebt man Land und Leute wie im Kino, auf dem Rad ist man mittendrin und erfährt unzählige schöne Augenblicke und kleine Abenteuer" – diese Schwärmerei eines erfahrenen Reiseradlers trifft es auf den Punkt: Radfahren ist DIE Möglichkeit, unabhängig und frei von Ort zu Ort zu fahren und an den herrlichsten Stellen zu rasten. Wir lassen den hektischen Alltag, das Verkehrschaos der Städte hinter uns und genießen die Individualität der Freizeit. Selbst die vermeintlichen Nachteile des Radfahrens bzw. eines Radurlaubes erweisen sich, wenn wir ehrlich darüber nachdenken, als Vorteile: Die Möglichkeit, bei einem Regenschauer pudelnass zu werden oder bei Hitze den Schweiß über den Körper rinnen zu fühlen, lässt uns das Wetter viel intensiver wahrnehmen als beim Blick aus dem Fenster.

Mit Kindern radeln

Die meisten der beschriebenen Radwege sind wie geschaffen für Familien mit Kindern. Im Infoblock wird darauf hingewiesen, wenn viele Steigungen oder Straßen dagegen sprechen würden. Meist rollen wir auf breit ausgebauten Radwegen mit besten Fahrbahnuntergründen und nahezu keinem Straßenverkehr. Wenn der Nachwuchs selbst radelt, ist zu beachten, dass kleinere Kinder nicht auf Straßen, sondern auf dem Bürgersteig fahren müssen.

Zwar sind die Touren mühelos auch mit kleineren Kindern zu bewältigen, doch verlangt der Nachwuchs auch nach anderen Beschäftigungsmöglichkeiten. Dies gilt vor allem dann, wenn Kleinkinder in entsprechenden Sitzen oder in einem Anhänger transportiert werden. Vergessen Sie niemals, die Kinder auf diesen Mitfahrgelegenheiten entsprechend zu sichern – der Helm dürfte ebenso selbstverständlich sein wie die Gurte. Vor allem in den Mitfahrgelegenheiten können sich die Kleinen nicht ausreichend bewegen, was bei niedrigen Temperaturen auch zu Unterkühlung führen kann – häufigere Pausen sind also angesagt!

In vielen Orten liegen immer wieder gut ausgestattete Spielplätze direkt am Wegesrand. Pausen werden ohnehin eingelegt, warum also nicht gleich hier? Aber es gibt noch viel mehr zu entdecken: Interessante alte Orte, die Spuren unserer Vorfahren, historische Technik und regionale Lebensarten in Museen, Tiere in Parks und Zoos und natürlich Badespass in den Frei- und Hallenbädern der Region. Auf viele dieser Aktivitäten wird im Buch hingewiesen.

Beachten Sie auch, dass die Räder deutlich kleiner, oftmals auch einfacher ausgestattet sind. Weshalb diese Binsenweisheit? Nun, nicht selten werden Familien gesichtet, bei denen die

Eltern mit 26´´-Mountainbikes oder 28´´-Tourenrädern und einer 21-Gang-Schaltung vorweg brausen und die Kinder auf ihren kleinen Rädern mit Dreigang-Schaltung hinterher hecheln. Hier ist der Ärger vorprogrammiert. Und genau den wollen wir ja mit diesem Familienausflug vermeiden! Sie werden sehen: Wenn wir auf die Kinder eingehen, werden diese schnell Spaß an der sportlichen Betätigung mit Mama und Papa an der frischen Luft finden.

Die beste Reisezeit

Unsere Radwege können ganzjährig gefahren werden, wobei der Winter eher selten die Wahl sein dürfte. In einigen Mittelgebirgs- oder Voralpenregionen könnte es zudem auch Probleme mit der Witterung geben.

Ab Beginn des Frühlings kommt man vielfach bereits in den Genuss unseres milden Klimas – in den höher gelegenen Regionen und am stürmischen Meer kann es allerdings noch „frisch" werden. Dennoch ist der Frühling eine der optimalen Reisezeiten, vor allem wegen der nachstehenden Umstände: Im Sommer gibt es Wettergarantie. Es kann mitunter recht heiß werden, vor allem, wenn wir durch enge Täler radeln. Ein Nachteil der Sommer-Radeltour ist sicherlich, dass wir nun wahrlich nicht alleine unterwegs sind. Es macht nur noch wenig Vergnügen, wenn wir ständig Acht geben müssen, uns nicht aus den Augen zu verlieren und mit keinem zu kollidieren. Der entspannte Plausch entfällt dann auch, denn nebeneinander radeln können Sie zur „Rushhour" getrost vergessen. Und gerade das ist ein unbestrittener Vorteil der Bahntrassen-Radwege. Daher der Tipp: Im Sommer auf die Wochentage ausweichen und an den Wochenenden auf die touristisch weniger überlaufenen Wege ausweichen – in diesem Buch werden Sie dafür reichlich „Stoff" finden.

Der Herbst ist als Radelzeit beliebt und empfehlenswert zugleich. Die Wege sind lange nicht mehr so überladen, die Temperaturen sind im „goldenen Herbst" zumeist ideal. In vielen Orten finden – wie schon im Mai / Juni – nach Ausklang der Sommerferien Feste statt, was unsere Touren noch kurzweiliger ausfallen lässt. Besonders beliebt sind Stadtfeste, Märkte, Schützenfeste, Kirchweihfeste und in den Weinregionen natürlich die unzähligen Weinfeste.

Doch Vorsicht: Auch auf dem Rad wird die Fahrtüchtigkeit durch den Genuss von Alkohol erheblich eingeschränkt. Nicht verschwiegen werden darf, dass im Herbst auch die Zeit der organisierten Reisen gekommen ist. So ist es z.B. nicht gerade einem entspannten Stadtbesuch zuträglich, wenn gerade mehrere Reisebusse ihre Ladung über den Ort ergossen haben.

Der Rat zum Rad

Die beschriebenen Touren stellen keine besonderen Ansprüche an Mensch und Material. Für längere Strecken, mit Gepäck oder bei gelegentlichen Steigungen ist es allerdings angenehm, ein paar mehr Gänge zur Verfügung zu haben. Wichtiger noch als die Anzahl der Gänge ist die Robustheit des Rades – was nützen die Gänge, wenn alle paar Kilometer Reparaturen vorgenommen werden müssen?

In den meisten größeren Städten, die wir tangieren, gibt es zwar Rad-Werkstätten, doch eine Panne tritt „bestimmt" während deren Mittagspause, nach Geschäftsschluss oder am Wochenende auf. Dass sich das Fahrrad in verkehrssicherem Zustand befindet, sollte Voraussetzung für jede Radeltour sein. Dazu gehören z.B. intakte Bremsen und Reifen, geschmierte Kette, Beleuchtung, Reflektoren, Schutzbleche, etc.

Vor dem Fahrtantritt sollten Sie Ihr Fahrrad kurz durchchecken – es kostet Sie vor der Fahrt gerade einmal 5 Minuten, eine Panne kann den ganzen Tag kaputt machen. Hier die einfachen Handgriffe:

- Vorder- und Hinterrad abwechselnd vom Boden heben und daran rütteln bzw. seitlich wackeln, um festen Sitz und Lagerspiel zu testen
- Am Sattel drehen und ziehen – er muss absolut fest sitzen

- Kontrollieren, ob die Schnellverschlüsse der Bremsen geschlossen sind, ferner, ob die Bremshebel sich nicht bis zum Lenker ziehen lassen und selbständig zurückgehen
- Die Bremsbeläge auf Verschleiß prüfen
- Vorderbremse ziehen und das Rad nach vorne schieben, um das Steuerlager auf Spiel zu testen
- Durchtesten aller Gänge im Reparaturständer
- Luftdruck in den Reifen prüfen

Wenn es bei aller Vorbereitung doch zur Panne kommt, muss folgendes Bordwerkzeug mitgeführt werden:

Faltdecke (»Mantel«)	☐
Schläuche	☐
Pumpe	☐
Inbusschlüsselsatz	☐
Nippeldreher	☐
Ventilverlängerung	☐
Öl	☐
Deckenheber	☐
Flicken	☐
Gummilösung	☐
Flickzeug	☐

Noch ein Tipp zu diesem Thema: lassen Sie sich doch einfach von der Werkstatt Ihres Vertrauens mit den wichtigsten Handgriffen vertraut machen.

Und ein ganz wichtiger Hinweis noch: Hoffen wir, dass Sie es niemals brauchen, aber ein kleines Erste-Hilfe-Täschchen gehört IMMER ins Gepäck, auch bei jedem noch so kleinen Ausflug.

Bekleidung

Ein Blick in die Textilecke des Fahrradladens reicht aus, um zu erkennen: Das Angebot der Fahrradbekleidung ist unüberschaubar! Seit einigen Jahren bieten auch Discount-Märkte rechtzeitig zur Saison entsprechende Artikel an. Was Sie wählen, hängt nicht zuletzt auch von Geschmack und Geldbeutel ab, doch unbedingt zu empfehlen ist folgende Ausstattung:

- Helm (absolut unverzichtbar!)
- Radhose in kurzer und langer Version
- Radtrikot in kurzer und langer Version
- Handschuhe
- Radbrille (gegen UV-Strahlung und Insekten)
- Leichte, faltbare Regenjacke / -hose

Darüber hinaus gibt es weitere sinnvolle Accessoires, wie z.B. Funktionsunterwäsche, Radschuhe (mit Klickplättchen gegen das Abrutschen von den Pedalen), Windweste, Armlinge und Beinlinge.

Das braucht der Mensch: Essen und Trinken

Viele der im Buch vorgestellten Regionen stellen alles andere als touristisches Entwicklungsland dar. Vielmehr lebt häufig ein Großteil der Bevölkerung vom Geld der Besucher. Die Verpflegung ist aber auch in den eher ländlichen Gebieten kein Problem – in jedem größeren Ort gibt es Einkehr- und Einkaufsmöglichkeiten. Das Angebot reicht von Hausmannskost in rustikalem Ambiente bis zum Nobelrestaurant.

Nicht versäumen sollten Sie den Besuch der für die Region typischen Gaststätten, um die kulinarischen Genüsse der Gegend kennen zu lernen – nicht selten speist man hier sogar noch günstiger.

GPS

Immer mehr Freizeitradler nutzen die Vorteile der elektronischen Medien. Internet und GPS-Geräte gehören bei vielen schon zum Standard, wenn es darum geht, eine Fahrradtour vorzubereiten. So können die Touren präzise am PC bzw. am Notebook geplant und jeder Weg gefunden werden. Je exakter die Klicks im Internet, umso genauer das Ergebnis für die Länge der Tour und das passende Höhenprofil. Böse Überraschungen können so deutlich minimiert werden – und das alles, ohne jemals vorher da gewesen zu sein.

In den Tourenkarten stecken viele nützliche Radler-Infos, die als Signaturen dargestellt werden. Bitte benutzen Sie diese Legende, um die Signaturen zu »entschlüsseln«.

Auch für dieses Buch möchten wir Ihnen als zusätzliche Hilfestellung die Nutzung auf ihrem GPS-Gerät anbieten: Für jede der im Buch aufgeführten Touren finden Sie auf unserer Internetseite entsprechende Track-Daten für Ihr Mobilgerät. Mit Hilfe des Zugangscodes **CAMPS-01-079-524-RF** stehen Ihnen die Daten auf der Seite **www.fahrrad-buecher-karten.de/gps-tracks** kostenlos zum Download zur Verfügung.

Helfen Sie mit!

Die in diesem Buch enthaltenen Informationen wurden sorgfältig nach bestem Wissen und Gewissen zusammengetragen. Dennoch gibt es in unserer schnelllebigen Zeit ständig Veränderungen: Straßennamen und Wegführungen werden verändert, ebenso Anschriften und Öffnungszeiten. Helfen Sie uns mit, dieses Buch ständig aktuell zu halten, in dem Sie uns etwaige Änderungen unter karten@bva-bikemedia.de mitteilen. Unser Dank ist Ihnen so gewiss wie der Dank der anderen Leser!

Zum Abschluss bleibt nur noch eines:
VIEL SPASS BEIM RADELN!

1 Highlights der Südküste

Von **Peschiera del Garda** über Desenzano del Garda

CamperTouren Info

ca. 35 km ohne Abstecher, regionale Beschilderung. Mehrere, meist aber recht kurze Steigungen. Die Route führt über Nebenstraßen, Naturwege, Radwege, einige Passagen auf losem Untergrund.

Start / Ziel: Camping Bella Italia in Peschiera, www.camping-bellaitalia.it

Auswahl weiterer Camps an der Strecke: Camping Cappuccini, Camping San Benedetto, Camping Bergamini, Camping Del Garda, Camping Butterfly, Desenzano Camping Village, Agricamping Mabellini, Camping Village San Francesco, Camping Sirmione, Camping Tiglio, Wohnmobilstellplätze in Peschiera und Sirmione

Es erwartet uns eine Tour wie aus einem Urlaubskatalog: Peschiera, Sirmione und Desenzano liegen direkt an unserem Wegesrand, bevor wir uns in das hügelige Hinterland des Gardasees aufmachen. Dass wir bei dieser Tour nicht alleine sein werden, versteht sich von selbst. Die Sehenswürdigkeiten erklären aber sehr schnell, warum so viele Touristen das Südufer des Gardasees lieben.

Einfach wunderbar: Unser **Campingplatz Bella Italia** liegt an der Südküste des Gardasees direkt vor den Toren der Metropole Peschiera del Garda. Die riesige Anlage bietet alles, was das Urlaubsherz begehrt. Neben einem Zugang zum See bezaubert uns die Anlage insbesondere durch die riesige **Badelandschaft**, die für Alt und Jung eine Menge Spaß verspricht. Neben ausgezeichneten und äußerst gepflegten Stellplätzen für Wohnwagen, Zelt beziehungsweise Wohnmobil können wir auch eine Unterkunft im Hotel, im Bungalow oder in einer Wohnung mieten.

Los geht's an der Ausfahrt des Camps, die wir nach rechts verlassen, um den Kreisverkehr geradeaus zu verlassen. Wir folgen ab hier der Via Bell´Italia, durchfahren die beiden nächsten Kreisverkehre geradeaus, kommen so an San Benedetto di Lugana vorbei und gesellen uns in die Nähe des Ufers. Bei einem weiteren Kreisverkehr mit Campingplatz zweigen wir nach rechts ab und radeln am Ufer entlang, das uns an der Landzunge Casa del Pescatore vorbeibringt. Später gesellen wir uns wieder neben die Straße, rollen bei den diversen Kreisverkehren geradeaus und gelangen stets mit Strandnähe ins Herz von Sirmione.

Schon auf den ersten Kilometern unserer Radrunde wird klar, dass wir in einer touristisch äußerst beliebten Region unterwegs sind: Hotels, Campingplätze und andere Unterkünfte reihen sich wie bei einer Kette aneinander.

Eine Besonderheit lernen wir direkt zu Beginn unserer Tour kennen: San Benedetto di Lugana wird ebenso wie unser benachbarter Urlaubsort gerne von den Touristen besucht. Hier lockt vor allem der **Wein**, der als einer der besten und ursprünglichsten Weine des Landes gilt.

Mit Sirmione erreichen wir einen der absoluten touristischen Hotspots des Gardasees.

Unser Campingplatz liegt vor den Toren von Peschiera

Schon allein die Lage der rund 8.000 Einwohner zählenden Stadt auf einer 4 Kilometer langen **Halbinsel** ist einzigartig. An der schmalsten Stelle dieser Halbinsel erhebt sich der **historische Ortskern** von Sirmione. Dabei ist die alte **Scaligeroburg**, die im 14. Jahrhundert entstand, sicherlich das auffälligste Bauwerk. Sie wurde für die Verteidigung der Inhaberfamilie der Scaliger angelegt, die sich nicht nur vor Eindringlingen, sondern auch vor der eigenen Mitbevölkerung schützen wollten. Wer die Altstadt und die engen Gassen ausgiebig genossen hat, ist sicherlich von der **Kirche Santa Maria Maggiore** begeistert, die etwas abseits der touristischen Pfade liegt. Mit der San Pietro in Mavino und der Sant´Anna della Rocca gibt es zwei weitere Gotteshäuser, die wir uns in der Stadt ansehen können.

Weiter geht's von Sirmione, das wir über die Via Brescia und die Via F. Agello verlassen. Immer in Seenähe rollen wir durch Rivoltella nach Desenzano del Garda. Nachdem wir die Innenstadt verlassen haben, lösen wir uns auch vom See und radeln via Vicina, Bogliaco und auf hügeliger Strecke vorbei an San Martino della Battaglia, Pirenei, Boschetti, Borglie, zurück nach Peschiera, wo unsere Tour am Campingplatz Bella Italia endet.

Desenzano del Garda ist eine der größten Städte Norditaliens, was uns das Radeln nicht gerade erleichtert. Dennoch lohnt es sich, in die Innenstadt hinein zu rollen. Wunderschön anzusehen ist die **Piazza Malvezzi**, die am **Alten Hafen** früher den Mittelpunkt für den Umschlag der hier angelandeten Waren bildete. Auch die Strandpromenade und die **Mole** mit dem alten **Leuchtturm** sind echte Hingucker. Gar nicht weit entfernt finden wir die Reste einer römischen Villa, der Villa Romana.

Tipp: Wer die hügelige Strecke durch´s Landesinnere vermeiden möchte, fährt einfach auf derselben Strecke in **Seenähe** wieder retour, auf der wir herkamen.

Der etwas hügelige Verlauf unserer Tour bietet den Vorteil, dass wir immer wieder prächtige **Aussichten** genießen können. Auch den **Weinanbau** der Region können wir auf dieser Rückfahrt immer wieder hautnah erleben – wenn wir bei jedem Weingut eine Probe machen, werden wir bestimmt nicht mehr radelnd zurück zum Camp gelangen! Wer einen klaren Blick bewahrt, entdeckt den auffälligen **Turm** von San Martino della Battaglia.

Kartentipp:
ADFC-Regionalkarte Gardasee,
1:50.000, ISBN 978-3-87073-958-4, € 9,95
Digital für Smartphones und Tablets: www.fahrrad-buecher-karten.de/rk-digital

2 Bekannte Weine und beliebte Ferienorte

Von **Peschiera del Garda** nach Garda

CamperTouren Info

ca. 29 km ohne Abstecher, regionale Beschilderung. Zwei Steigungen, dabei ein kurzer, aber anstrengender Anstieg. Die Route führt über Nebenstraßen, Naturwege, Radwege, einige Passagen auf losem Untergrund.

Start: Camping Bella Italia in Peschiera, www.camping-bellaitalia.it

Ziel: Garda

Auswahl weiterer Camps an der Strecke: Camping Cappuccini, Camping San Benedetto, Camping Bergamini, Camping Del Garda, Camping Butterlfy, La Rocca Camp, Camping Serenella, Camping Continental, Camping Cisano, Camping Village du Parc, Camping Spiaggia d´Oro, Camping Internationale La Quercia, Campingpark Delle Rose, Idea Lazise Camping, Camping Piani di Clodia, Camping Fossalte, Camping Belvedere, Camping Lido, Camping Pacengo, Camping Le Palme, Wohnmobilstellplätze in Peschiera, Lazise und Bardolino

Nachdem wir die Innenstadt von Peschiera näher kennengelernt haben, radeln wir meist abseits des Sees. Das ist durchaus entspannter als am meist vollen Ufer und führt uns durch die herrlichen Weinberge, in denen auch der berühmte Bardolino wächst. Am Ende der Tour wartet noch eine kleine Gardasee-Kreuzfahrt auf uns.

Von unserem Campingplatz ist es nur ein Katzensprung ins Herz von Peschiera del Garda. Unübersehbar ist die alte **Festung**, die zwischen dem 16. und dem 17. Jahrhundert entstand. Sie bietet mit der wasserumflossenen Festungsmauer wundervolle Fotomotive. Auch der **Yachthafen** und die wunderbare **Altstadt** mit dem farbenfrohen **Rathaus** und die bunten Häuser am Ufer des Lungomonicio ziehen uns in ihren Bann.

Los geht's an der Ausfahrt des Camps, die wir nach links auf die Via Milano verlassen, um dieser auch nach dem Kreisverkehr geradeaus zu folgen. So gelangen wir zur kleinen Brücke, mit der wir hinüber zur Porta Brescia gelangen. Nachdem wir drei weitere Brücken genutzt haben, sind wir wieder auf dem Festland, dem wir am Ufer entlang nach links folgen. Wir fahren auf dem Fernradweg EuroVelo 7, der uns um das Gardaland herum lotst und in „zweiter Reihe" vom Seeufer entfernt vorbei an Pacengo nach Lazise führt.

Beeindruckende Bergkulisse über dem tiefblauen Gardasee

Der EuroVelo 7 beginnt im Süden auf der Insel Malta, führt durch Italien, Österreich, Tschechien, Deutschland, Dänemark, Schweden und Finnland nach Norwegen und endet nach sagenhaften 7.700 km am nördlichsten Ende Europas.

Tipp: Wir rollen um das 33 ha große **Gardaland** herum. Etwa 2,85 Millionen Besucher kommen jedes Jahr in diesen größten italienischen Freizeitpark, um sich auf einem der 32 Fahrgeschäfte einen Adrenalinkick zu versetzen oder eine der tollen Shows zu genießen. Nicht weniger spannend ist ein Besuch der **Movieland Studios** mit Special Effects und Stunt Shows. Wer sich lieber ins Wasser stürzen mag, besucht den **Caneva Aquapark**, der auf rund 300.000 qm alles zu bieten hat, was mit Nässe zu tun hat.

In Lazise entdecken wir die pittoreske Innenstadt mit der Piazza Vittorio, die Uferpromenade, den fotogenen Hafen und die bestens erhaltene Stadtmauer. Gemeinsam mit der alten Zollstelle, der mittelalterlichen Burg und den sehenswerten Kirchen fährt Lazise alles auf, was wir in einem italienischen Urlausort erwarten würden.

Auch hinter Lazise bleiben wir auf unserem EuroVelo 7 abseits des Seeufers, was ein deutlich unbeschwerteres Radeln ermöglicht. Bei Cisano führt der Radweg mit einer ersten Steigung noch weiter weg vom Ufer, bevor es in der Nähe von Bardolino richtig steil bergauf geht.

Durch Albaré und Baesse kommen wir wieder hinunter zum Ufer des Sees. Im Ort Garda steuern wir den Hafen an und nehmen eines der Schiffe, das uns zurück nach Peschiera bringt. Hier ist es vom Hafen nur noch ein kurzes Stück zurück zu unserem Camp.

Die Fahrt durch das Weinanbaugebiet Bardolino ist einfach herrlich: Weinfelder, wohin man blickt und eine Fernsicht über den See, die uns immer wieder zu Stopps „zwingt". Natürlich hat der Ort Bardolino auch einen schmucken Hafen, in deren Nähe sich auch das stolze Rathaus in die Höhe reckt. Weinkenner sollten aber auch unbedingt einen Besuch im Museo del Vino einplanen.

Der Ort Garda bezaubert uns mit einer schönen Altstadt, in der natürlich auch eine baumgesäumte Seepromenade nicht fehlt.

Kartentipp:
ADFC-Regionalkarte Gardasee,
1:50.000, ISBN 978-3-87073-958-4, € 9,95
Digital für Smartphones und Tablets: www.fahrrad-buecher-karten.de/rk-digital

3 Garda by Bike – Radfahren in der spektakulärsten Dimension

Von Limone sul Garda nach **Riva del Garda**

CamperTouren Info

ca. 2 bzw. 11 km ohne Abstecher, regionale Beschilderung. Bitte die Hinweise im Text beachten!!!. Mehrere, meist aber recht kurze Steigungen. Die Route führt über den neuen Radweg, aber auch über befahrene Straßen und Naturwege, einige Passagen auf losem Untergrund.

Start / Ziel: Camping Al Lago in Riva del Garda, www.campingallago.com

Auswahl weiterer Camps an der Strecke: Camping Brione, Camping Arco Lido, Camping Garda, Camping Nanzel, Wohnmobilstellplatz in Riva

Diese Tour ist eine echte Besonderheit – eine „Radtour" mit nur 2 Kilometern Länge? Wer einmal die unglaubliche Trasse aus der Nähe kennengelernt hat, weiß, warum sie nicht im Buch fehlen darf – und nach und nach wird sie sich in die 140 km lange Radrunde einfügen, die um den Gardasee entsteht.

Einfach klasse: Der **Campingplatz Al Lago** liegt, wie der Name schon verrät, direkt am Nordufer des Gardasees ganz in der Nähe des beliebten Urlaubsortes Riva del Garda. Die Stellplätze sind teils nicht allzu groß, dafür aber teils mit einer unglaublichen Aussicht über den See hinweg auf die steil aufragenden Felswände auf der anderen Uferseite. Neben besten Sanitäranlagen bietet der Campingplatz auch die Möglichkeit, im Hotel, im Wohnmobil oder im Luxuszelt zu nächtigen – „Glamping" ist hier angesagt! Eine kleine, aber feine Bar lädt zu Snacks und leckeren Getränken ein.

Tipp: Diese Tour ist in diesem Buch etwas ganz Besonderes, weil die eigentliche „Tourlänge" nur ganze 2 km beträgt. Und es ist noch verrückter: Um zum Start zu gelangen, müssen wir zunächst von Riva nach Limone mit der **Fähre** übersetzen. Lesen Sie bitte weiter nach der Tourenbeschreibung.

Los geht's am Hafen von Limone sul Garda, den wir über die ansteigende Via Nova, die kurvig an verschiedenen größeren und kleineren Hotels vorbei führt, verlassen. In der Haarnadelkurve radeln wir geradeaus in die Via Reamol, die sich weiter durch einige Freizeit- und Hotelanlagen schlängelt. Nach knapp 2 km trifft sie auf die große Autostraße. Genau an dieser Stelle zweigen wir rechts ab auf die „Ciclopista del Garda".

Auch der 1.000-Einwohner-Ort Limone sul Garda hat eine ähnliche Metamorphose hinter sich, wie viele andere Orte am Gardasee:

Der neue Radweg „Ciclopista del Garda" in Limone

Malerisch eingebettet zwischen **See**, steil aufragenden **Bergen** und umliegenden **Zitronenplantagen** hat sich der Ort von einem Fischerdorf zu einem begehrten Touristenort entwickelt. Auch uns begeistert Limone mit tollen Häuser, die sich direkt neben dem kleinen **Hafen** bis über mehrere Etagen nach oben recken. Hübsch ist auch die **Pfarrkirche San Benedetto** mit ihrem Hauptaltar von Cristoforo Benedetti. Nachdem wir uns auch die **San-Rocco-Kapelle** angeschaut haben, suchen wir nach der **Statue** für Mirko Piantoni, der bei einem Tauchunfall ums Leben gekommen ist und eine große Familie hinterließ. Die Statue erinnert seit dem 16.1.1994 an ihn.

Schon bald wird klar, warum wir dieses Buch nicht schreiben konnten, ohne die „**Ciclopista del Garda**" aufzuführen: Eine so spektakuläre Radtrasse finden wir vermutlich kaum ein anderes Mal in Europa: Wir scheinen auf unserem Weg hoch über den funkelnden Wogen des Gardasees förmlich zu schweben. Allein diese rund 2 km Piste hat eine Unsumme verschlungen. Doch die kurze Etappe ist freilich nur ein Teil des gesamten Plans: In nächster Zukunft soll es möglich sein, auf einem rund 140 km langen Radweg namens „**Garda by bike**" den Gardasee einmal komplett zu umrunden.

Nachdem wir die unglaubliche Teilstrecke erleben durften, können wir entscheiden, weiter mit den Fahrrädern parallel der recht stark befahrenen Straße nach Riva zu fahren, oder ob wir die sensationellen 2 km wieder zurück radeln, in Limone einkehren und dann mit dem Schiff zurück nach Riva gondeln.

Weiter geht's auf der Ciclopista del Garda, die nach der eindrucksvollen Passage etwas anstrengender wird: Teils mit Autoverkehr um uns herum und mit einigen Steigungen versehen, geht unser Radweg später in die Strada del Ponale über. So gelangen wir ins Herz von Riva, das wir auf der Viale Rovereto verlassen, um zurück zu unserem Camp zu gelangen.

Die **Strada del Ponale** kommt aus dem Val di Ledro (Ledro-Tal) und führt in Ufernähe nach Riva del Garda. Sie war bei der Fertigstellung 1851 die erste Verbindung vom Garda- zum Ledrosee. Inzwischen gibt es eine besser ausgebaute Straße für den Autoverkehr, so dass wir uns die Ponale teils nur noch mit den Wanderern teilen müssen.

Kartentipp:
ADFC-Regionalkarte Gardasee,
1:50.000, ISBN 978-3-87073-958-4, € 9,95
Digital für Smartphones und Tablets: www.fahrrad-buecher-karten.de/rk-digital

4 Paradies für Windsurfer und Bergfreunde

Von **Riva del Garda** über Nago-Torbole

CamperTouren Info

ca.17 km ohne Abstecher, regionale Beschilderung. Mehrere Steigungen, darunter eine recht deutliche Steigung. Die Route führt über Radwege, Straßen und Naturwege, einige Passagen auf losem Untergrund.

Start / Ziel: Camping Al Lago in Riva del Garda, www.campingallago.com

Auswahl weiterer Camps an der Strecke: Camping Bellavista, Camping Moradi, Camping Europa, Camping Al Porto, Camping al Cor, Wohnmobilstellplätze in Riva und Torbole

Zu Beginn und zum Ende unserer Tour rollen wir am Ufer des Gardasees entlang und haben immer wieder spektakuläre Aussichten auf Berge und See, wobei sich auf dem See unzählige Windsurfer tummeln. Sie genießen die idealen Windverhältnisse der Region. Wer sportlich veranlagt ist, widmet sich den umliegenden Bergen und schiebt die ein oder andere Bergwertungen mit in die Tour. Aber auch die Orte auf unserer Strecke sorgen dafür, dass sich unsere Radtour äußerst kurzweilig gestaltet.

Riva del Garda erfüllt so ziemlich alle Urlaubssehnsüchte, die wir vom Gardasee erwarten: Von der Seeseite aus entdecken wir historische, **farbenfrohe Häuser**, die von stattlichen Türmen überragt werden, Boote schaukeln gemütlich im Wasser und unter den aufgespannten Schirmen warten die Gaststätten auf uns Touristen.

Der Gardasee ist nicht nur der größte See Italiens, sondern für viele Besucher auch der schönste der oberitalienischen Seen. Der **Fluss Sarca** vermischt sich bei Torbole mit den Fluten des Gardasees und zählt damit als wichtigster Zufluss. Mehr als zwei Dutzend weiterer große und kleine Wasserläufe speisen den See, so dass er eine stattliche Wasserfläche von 369 qkm bedeckt. Gleich fünf Inseln erheben sich aus dem Wasser, darunter die **Isola Bella** mit der herrlichen Villa Borghese.

Los geht's an der Ausfahrt des Camps, die wir nach links rechts entlang der Straße Viale Rovereto verlassen, um den Hafen von Porto San Nicolo zu umrunden und weiter dem Küstenverlauf zu folgen. Entlang verschiedenster Freizeiteinrichtungen, Campingplätzen, Hotels etc. überqueren wir den Fluss Fiume Sarca, um in Nago-Torbole vor dem Hafen links ins Zentrum abzuzweigen.

Die Orte Nago und Torbole bilden eine „Talgemeinschaft". Auf dem Wasser des Gardasees

In Torbole können wir die tollkühnen Windsurfer bestaunen

tummeln sich unzählige **Windsurfer**, denn die Winde vor der Küste von Torbole sind international bekannt. Wir schauen uns die **Burgruine von Castel Penede** an, die einen interessanten morbiden Charme ausstrahlt. Interessant ist auch die sogenannte „**Straßensperre Nago**", die ursprünglich zur Verteidigungsanlage der Festung Riva gehörte und die österreichische Grenze zu Italien sichern sollte.

Tipp: Wer länger in der Gegend ist, sollte einen Ausflug in den **Naturpark Parco Nationale Lokale del Monte Baldo** nicht versäumen. Die Berge rund um den Monte Baldo ragen bis zu 2.078 m in die Höhe.

Zu den Sehenswürdigkeiten in Torbole zählt das **Zollhäuschen** auf einer Mole des Hafenbeckens. Auch Johann Wolfgang von Goethe war von Torbole begeistert, den er 1786 besuchte – daran erinnert noch heute eine **Gedenktafel**.

Weiter geht´s vom Kreisel in Nago-Torbole, den wir geradeaus aus dem Ort heraus verlassen – und schon haben wir die erste Steigung zu verkraften. In aussichtsreicher Lage radeln wir über teils kleine Wege mit deutlichen Steigungen aus Nago-Torbole heraus und gelangen nach Bolognano, um später nach Arco hinunter zu rollen. Arco verlassen wir durch das Tal am Ufer des Flusses Fiume Sacra entlang, um später wieder auf unseren Uferweg am Gardasee zu treffen. Diesem folgen wir nach rechts auf derselben Strecke zurück, die wir herkamen und beenden unsere Tour am Campingplatz.

Obwohl die Stadt Arco fast 5 Kilometer vom Ufer des Gardasees entfernt liegt, ist sie mit dem Ort Nago-Torbole zusammengewachsen. Imposant ist die **Ruine** der mittelalterlichen Burg Arco, die auf einem Felsen hoch über der Altstadt thront. Sie war immer wieder ein Stein des Anstoßes derer, die hier das Sagen haben wollten. Rund um die Burg entdecken wir eine wunderschöne und bestens erhaltene **Altstadt**, die mit den vielen **Lokalen** zu einer ausgedehnten Rast einlädt.

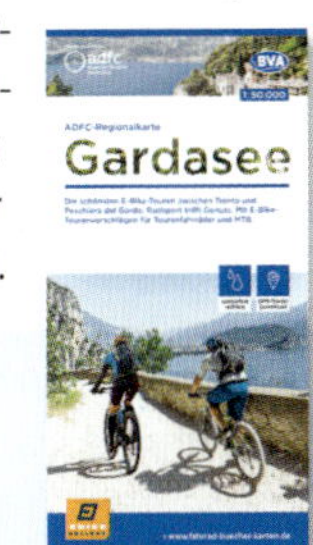

Kartentipp:
ADFC-Regionalkarte Gardasee,
1:50.000, ISBN 978-3-87073-958-4, € 9,95
Digital für Smartphones und Tablets: www.fahrrad-buecher-karten.de/rk-digital

5 Kunstschätze Südtirols

Vom **Kalterer See** nach Trient

CamperTouren Info

ca. 52 km ohne Abstecher, regionale Wegweisung sowie teils Wegweisung als Radweg Via Claudia sowie als Eurovelo 7. Nur eine nennenswerte, aber nicht allzu große Steigung im letzten Drittel. Die Route führt meist abseits des Straßenverkehrs über separate Radwege, einige Passagen auf losem Untergrund.

Start / Ziel: Camping Gretl am See in St. Josef am See, camping-gretl.it

Auswahl weiterer Camps an der Strecke: Camping St. Josef am Kalterer See, Camping Markushof und Wohnmobilstellplätze in Kaltern und Trient

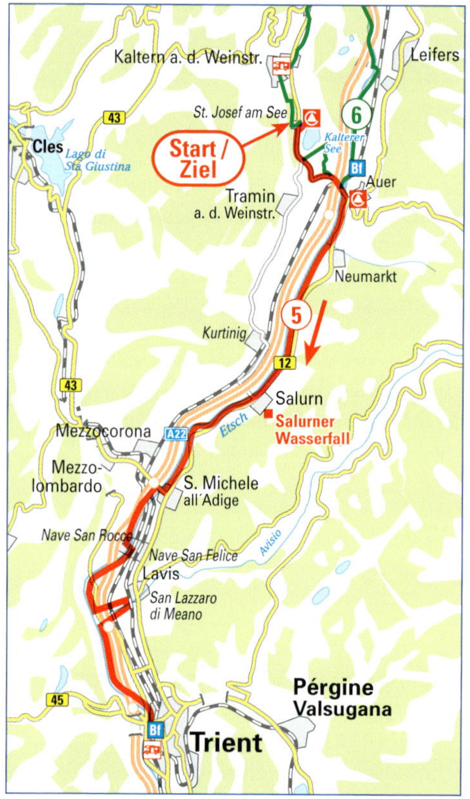

Das Etschtal war schon immer eine der wichtigsten Verkehrsadern Europas. Kein Wunder, dass auch der Fernradweg Eurovelo 7 durch dieses Tal führt. Er geleitet uns zu Füßen der Weinberge auf bester Trasse bis Trient, das uns mit einer Fülle an Sehenswertem überfällt.

Unser **Campingplatz Gretl am See** bietet alles, was das Herz begehrt: Tolle Campingplätze, die meist unter schattigen Bäumen liegen, einen direkten Zugang zum glasklaren Wasser des Kalterer Sees, wo eine weiche, grasige Liegewiese auf uns wartet. Hausgemachtes Eis und frischer Kuchen locken uns ins Restaurant Gretl am See, wo wir auf der Seeterrasse platznehmen können. Vor den Toren des Camps locken weitere Gaststätten mit ihren kulinarischen Genüssen.

Los geht´s am Campingplatz Gretl am See, den wir nach links am Seeufer entgegen des Uhrzeigersinns verlassen. Nach kurzer Zeit treffen wir auf die Straße, der wir ein Stück nach links folgen. An einer Weggabelung zweigen wir schräg links ab, verlassen später den Kreisel nach links und gelangen über die Brennerautobahn und über die Etsch hinweg auf die andere Seite des Flusses. Nun folgen wir flussabwärts dem Etschtalradweg, der zugleich auch als Via-Claudia-Radweg und als Eurovelo 7 genkennzeichnet ist. Vorbei an Kurtinig erreichen wir Salurn.

Wer beim Radeln die Blicke schweifen lässt, hat es bereits entdeckt: Wir sind in einer traditionsreichen Weinregion unterwegs und so gehört auch Kurtinig zur sogenannten **Südtiroler Weinstraße**. Rund um das „eckige" **Rathaus** können wir eine erste kleine Rast einlegen.

Loggia del Buonconsiglio – der Name könnte nicht treffender sein!

Tipp: Etwas abseits des Dorfes liegt der **Salurner Wasserfall**, wo das Wasser senkrecht aus den Felswänden herabstürzt. Ein echtes „Dilemma" für uns: Der Wasserfall kommt nur so richtig zur Geltung, wenn es ordentlich geregnet hat. Aber genau das wollen wir als Radler ja eigentlich nicht.

Der Weißwein spielt auch für die Wirtschaft von Salurn eine große Rolle, denn hier finden wir das größte **Weißweinanbaugebiet** Südtirols. Zugleich ist Salurn auch die südlichste Gemeinde des Bundeslandes. Rund um die engen Gassen und Plätze finden wir viele **historische Häuser**, darunter auch den Sitz der Familie Gelmini von Kreuzhof und die Ruine der **Haderburg** die als Wahrzeichen des Ortes gilt

Weiter geht´s von Salurn auf dem Etschtal-Radweg, der unten am Fluss bleibt, während der Via-Claudia-Radweg etwas abschweift. San Michele all´Adige, Nave San Rocco und Nave San Felice liegen auf dem Weg nach San Lazzaro di Meano. Nun wird es für ein kurzes Stück etwas anstrengend, bevor wir an die Etsch zurückkehren und am Fluss entlang ins Herz von Trient steuern. Der Bahnhof liegt gar nicht weit vom Ufer entfernt. Hier steigen wir in die Bahn und lassen uns zum Bahnhof Auer Ora zurückfahren. Von der kleinen Station aus nehmen wir am Kreisel die erste Ausfahrt und sind schnell an der Etschbrücke, Von hier radeln wir auf demselben Weg wieder zum Camp zurück, auf dem wir herkamen.

In San Michele all´Adige sind wir beeindruckt von der Größe des 1144 gegründeten **Kollegiatstifts**, in dem heute zum Weinbau geforscht wird.

Malerisch liegt unser Zielort Trient eingebettet in die **Bergriesen**, die sich hier bis auf mehr als 2.000 m hoch ziehen. Da das Etschtal schon immer eine wichtige Verkehrsader war, entwickelte sich früh eine bedeutende Siedlung, in der auch der Wohlstand zuhause war. Das merken wir rasch an den prachtvollen Häusern der **historischen Innenstadt**, am markanten, fahnengeschmückten **Stadtturm** oder am **Castello del Buonconsiglio**. Im Castello ließen es sich schon die Fürstbischöfe gut gehen – die Aussicht und die Ausstattung sind noch heute sehenswert. Die 1145 geweihte **Kathedrale San Vigilio** erhebt sich, genau wie der Neptunbrunnen, am **Domplatz**. Ein idealer Ort, um diese Tour ausklingen zu lassen.

Kartentipp:
ADFC-Radtourenkarte Blatt 28 Südtirol/Trentino/Gardasee,
1:150.000, ISBN 978-3-87073-931-7, € 9,95
Digital für Smartphones und Tablets: www.fahrrad-buecher-karten.de/rk-digital

6 Neben und über der Etsch

Von **Kaltern am See** über Bozen

CamperTouren Info

ca. 41 km ohne Abstecher, regionale Wegweisung sowie teils Wegweisung als Radweg Via Claudia. Mehrere Steigungen im zweiten Teil, die vermieden werden können, wenn wir auf dem Hinweg retour fahren. Die Route führt meist abseits des Straßenverkehrs über separate Radwege, einige Passagen auf losem Untergrund.

Start / Ziel: Camping Gretl am See in St. Josef am See, camping-gretl.it

Auswahl weiterer Camps an der Strecke: Camping Steiner, Camping Montiggl und Wohnmobilstellplätze in Kaltern und Eppan

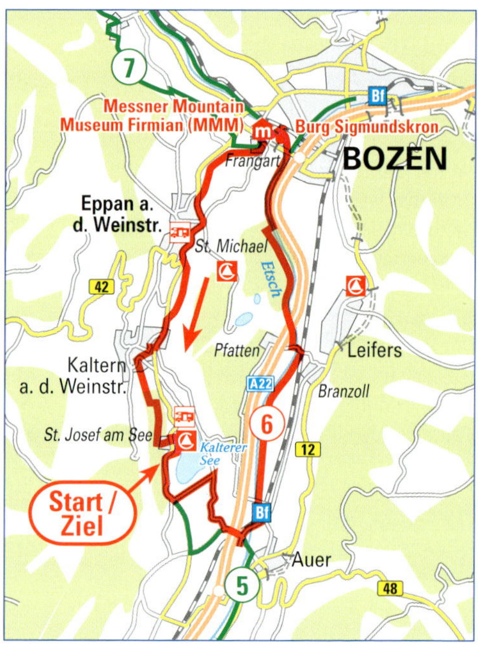

Bei dieser Tour folgen wir der Etsch flussaufwärts, was mit keinen allzu großen Anstrengungen verbunden ist. Nachdem wir uns das Messner Mountain Museum Firmian (MMM) angesehen haben, das auf der Burg Sigmundskron eingerichtet wurde, können wir gemütlich wieder am Fluss zurückrollen, oder uns einige „Bergwertungen" gönnen.

Ab dem Frühjahr macht unser **Kalterer See** seinem Namen überhaupt nicht alle Ehre, vielmehr gilt er als einer der wärmsten Seen Südtirols. Er ist nur 0,9 km breit, 1,8 km lang sowie bis zu 5,6 Meter tief. Dieses kleine Gewässer erwärmt sich natürlich relativ schnell, so dass rasch Badetemperatur erreicht wird. Direkt neben unserem Campingplatz liegt der Ort Sankt Josef am See, der uns mit der gleichnamigen sonnengelb gestrichenen **Kirche** empfängt.

Los geht´s am Campingplatz, den wir nach links am Seeufer verlassen, um nachher der Straße nach links zu folgen. Abermals zweigen wir an der Weggabelung schräg links ab, verlassen später den Kreisel nach links, erreichen Autobahn und Etsch und fahren hinweg auf den Etschtalradweg, dem wir dieses Mal flussaufwärts folgen. Ohne größere Anstrengungen kommen wir vorbei an Branzoll, Pfatten und Leifers. Dabei wechselt unser Radweg einmal auf das linke Ufer und dann auf eine Landzunge zwischen den Flüssen Etsch und Eisack. Bei einem Gewerbegebiet schwenkt unser Radweg links weg und bleibt am rechten Etsch-Ufer. Unterhalb der Burg Sigmundskron wechseln wir auf die andere Seite.

Bevor wir unsere liebgewonnene Etsch über die kleine **Brücke** überqueren, taucht links über uns auf der anderen Flussseite die weitläufige Anlage von **Burg Sigmundskron** auf. Schon vor 945 dürfte es an dieser Stelle

Die „Kunst des Bergsteigens"?!

eine Festungsanlage gegeben haben. Diese wurde immer weiter ausgebaut und war am 17. November 1957 Schauplatz einer Großkundgebung, als sich hier sich mehr als 30.000 Südtiroler versammelten, um eine Autonomie ihrer Region zu fordern. In Teilen der heutigen Burgruine wurde am 9.6.2006 das **Messner Mountain Museum Firmian (MMM)** eröffnet. Auf etwa 1.100 qm wird die Geschichte und auch natürlich die „Kunst des Bergsteigens" dargestellt. Damit will der Ausnahme-Bergsteiger Reinhold Messner seiner Nachwelt ein Erbe hinterlassen und darstellen, „was der Berg mit den Menschen macht". Zudem wird sehr nachdrücklich darüber aufgeklärt, welche Auswirkungen der Alpinismus auf die Natur und die Umwelt nimmt.

Weiter geht's unterhalb der Burg Sigmundskron, wo wir gegen den Uhrzeigersinn um den Berg herum radeln, an Frangart vorbeikommen und schon eine kräftige Steigung zu meistern haben. Der Südtirol-Radweg sowie die Via Claudia geleiten uns, während wir immer weiter hinauf kurbeln, durch Eppan, St. Michael und Kaltern. Von hier rollen wir wieder hinunter zum See, wo unsere Tour am Camp endet.

Tipp: Direkt nachdem wir die Etsch verlassen haben, geht es mächtig bergauf. Auf rund 12 km werden etwa **200 Höhenmeter** absolviert. Wer also keinen vollgeladenen Akku am E-Bike oder gut trainierte Waden hat, sollte in Erwägung ziehen, wieder über den **Etschtal-Radweg** zurück zu unserem Camp zu radeln.

In Eppan können wir die **Burg Hocheppan** wahrlich nicht übersehen. Auf unserer beschwerlichen Tour können wir noch weitere erstaunliche Bauten erspähen, wie den Ansitz Moos-Schulhaus, Schloss Korb, Burgruine Boymont oder Schloss Englar. Da wir einiges an Kalorien verbrennen, können wir die mit Obst oder den deutlich leckereren Obstkuchen und -torten wieder auffüllen. Immerhin radeln wir auch durch ein großes **Obstanbaugebiet**.

Die Mühen des Aufstiegs lohnen sich: "**Caldaro sulla Strada del Vino**" - allein der italienische Name des 8.000-Einwohner-Ortes Kaltern klingt nach Urlaub, Entspannung, Sonnenschein und gutem Wein.

Wer noch höher hinaus möchte, nutzt die **Mendelbahn**, die in Kaltern beginnt und als Standseilbahn hinauf zum Mendelpass führt. Dabei überwindet sie in 12 Minuten eine Streckenlänge von 2,3 km und einen Höhenunterschied von 854 m.

Natürlich gibt es in Kaltern auch ein **Weinmuseum**. Im Südtiroler Weinmuseum erfahren wir mehr über die Techniken der hiesigen Weinherstellung und die entsprechenden Weinlagen. Weitere Fotomotive bieten in Kaltern die schönen alten Hausfassaden und die **Pfarrkirche Maria Himmelfahrt**. Ein Museum der besonderen Art ist die **Galerie Gefängnis Le Carceri**: Seit 2006 wird hier zeitgenössische Kunst in dem ehemaligen Bezirksgefängnis ausgestellt.

Kartentipp:
ADFC-Radtourenkarte Blatt 28 Südtirol/Trentino/Gardasee,
1:150.000, ISBN 978-3-87073 931-7, € 9,95
Digital für Smartphones und Tablets: www.fahrrad-buecher-karten.de/rk-digital

7 Bei Ötzi zu Besuch

Von **Meran** über Bozen

CamperTouren Info

ca. 69 km ohne Abstecher, regionale Wegweisung sowie teils Wegweisung als Radweg Via Claudia Augusta sowie als Eurovelo 7. Mehrere Steigungen im zweiten Teil, die vermieden werden können, wenn wir auf dem Hinweg retour fahren. Die Route führt meist abseits des Straßenverkehrs über separate Radwege, einige Passagen auf losem Untergrund.

Start / Ziel: Live Merano Camping in Meran, www.livemeranocamping.it

Auswahl weiterer Camps an der Strecke: Camping Ganthaler, Camping Mossbauer, Camping Tisens Südtirol, Waldcamping Völlan, Camping Arquin, Comfort Camping und Charme Hotel und Wohnmobilstellplätze in Meran und Vilpian

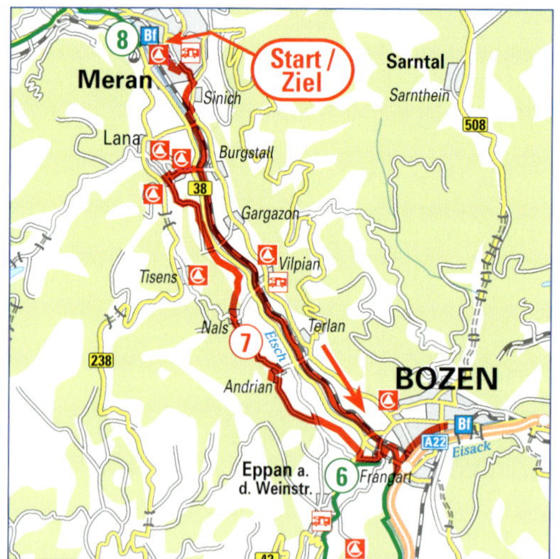

Weite Obstplantagen und Weinanbaugebiete säumen unseren Weg durch das idyllische Tal der Etsch. Nachdem wir in Bozen tief in die Vergangenheit der Region eingetaucht sind, schauen wir uns die Szenerie auf dem Rückweg einmal von oben an. Wer keine „Bergziege" ist, kann auch unten im Tal zurückradeln.

Etwas „exotisch" klingt der Name unseres Platzes schon: „**Live Merano Camping**" – und genauso exotisch ist unser Basislager auch: Nach umfangreichen Umbauten wurde der Platz im Herbst 2020 unter neuem Namen eröffnet und bietet seitdem 91 Stellplätze mit außergewöhnlichem Komfort. Oder hatten Sie beim Touristen-Camping schonmal einen „privaten Garten", 24 kostenlos nutzbare Bäder, einen Spa Bereich und einen einladenden Pool? Eleganz und Luxus sind also angesagt bei unserem Aufenthalt auf dem Campingplatz, der nur einen Katzensprung von der Meraner Innenstadt entfernt ist.

Los geht´s am Campingplatz, den wir an der Ausfahrt nach rechts auf der Piavestraße entlang verlassen. Den großen Kreisel verlassen wir an der Bernhard Johannes Straße, bevor uns der Radweg im Zick-Zack durch den Vorort und zum Schluss auf die Via Roma führt, der wir nach rechts folgen. Vorbei an Sinich kommen wir ans Ufer der Etsch und folgen dem Radweg dort flussabwärts vorbei an Burgstall, Gargazon, Vilpian und Terlan, bis wir in einem Gewerbegebiet auf die Wogen des Flusses Eisack treffen. Hier biegen wir links ab und folgen dem Fluss ins Herz von Bozen.

Bozen schmiegt sich wunderbar ans Ufer des Eisack-Flusses, in dem sich die teils hoch aufragenden Weinberge spiegeln. Eine ideale Kulisse für etwas ganz Besonderes: Auf unserem Pflichtprogramm steht der Besuch des **Südtiroler Archäologiemuseums**. Hier besuchen wir „**Ötzi**", der gar nicht weit von hier bestens erhalten als Gletschermumie im dicken Eis gefunden wurde. Er hat schon viel aus seinem Leben verraten, so dass wir im Museum nachvollziehen können, was in der Jungsteinzeit so „en vogue" war.

Ars vivendi in Bozen

Dann aber machen wir uns auf, die herrliche Innenstadt zu erkunden. Der Waltherplatz, an dem sich der **Dom Maria Himmelfahrt** erhebt, das pompöse **Rathaus** mit seinen Arkaden, die Altstadt mit den typischen **Bozener Lauben** entlang der schmalen Gassen, eine ganze Reihe von Schlössern, **Palazzi**, Ansitzen, Denkmalen und natürlich Kirchen. Es braucht mehrere Besuche, um alles bestaunen zu können!

Weiter geht´s von Bozen erst wieder zurück entlang der Eisack bis zur Mündung der Etsch, hier rechts und dem Fluss wieder ein Stück zurück folgen und mit der nächsten Brücke über die Etsch hinweg. Nun wird es deutlich anstrengender, wenn wir den Schildern der Via Claudia folgend durch Frangant, Andrian und Nals nach Lana. Hier steuern wir wieder ins Tal der Etsch und folgen genau derselben Strecke wieder zurück zum Camp in Meran, auf der wir herkamen.

Tipp: Diese Radtour haben wir als Rundtour vorgesehen. Aus diesem Grunde führt der Rückweg meist oberhalb des Tales wieder zurück nach Meran. Bei dieser Strecke sind aber einige stärkere Steigungen zu verzeichnen. Daher ist es eine Überlegung wert, an der Etsch entlang wieder zum Camp zurück zu radeln. Das ist nicht nur weniger gebirgig, sondern auch rund 9 km kürzer.

Rund um Nals entdecken wir links neben uns die Schwanburg und die Burg Pyrsberg. Der Ort selbst wird auch gerne als „**Rosendorf**" oder als „**Weindorf**" bezeichnet. Rasch stellen wir fest: Beides passt perfekt!

Deutlich größer ist die Marktgemeinde Lana, die uns gleich mit mehreren sehenswerten Gotteshäusern empfängt, wobei das Gebäude vom **Deutschordenskonvent** besonders eindrucksvoll ist. Auf unserer kompletten Tour blicken wir auf das üppige Grün der Weinreben und Obstbäume – da passt es gut, dass wir uns gegen Ende der Radrunde noch im Südtiroler **Obstbaumuseum** von Lana über Details informieren können.

Kartentipp:
ADFC-Radtourenkarte Blatt 28 Südtirol/Trentino/Gardasee,
1:150.000, ISBN 978-3-87073-931-7, € 9,95
Digital für Smartphones und Tablets: www.fahrrad-buecher-karten.de/rk-digital

8 Auf der Via Claudia Augusta

Von **Meran** nach Mals

CamperTouren Info

ca. 63 km ohne Abstecher, regionale Wegweisung sowie teils Wegweisung als Radweg Via Claudia Augusta. Einige Steigungen, von der Grundtendenz her abfallende Strecke. Die Route führt meist abseits des Straßenverkehrs über separate Radwege, einige Passagen auf losem Untergrund.

Start / Ziel: Live Merano Camping in Meran, www.livemeranocamping.it

Auswahl weiterer Camps an der Strecke: Camping Mals, Camping Gloria Vallis, Camping im Park Glurns, Camping Kiefernhain, Camping Residence Sägemühle, Camping Badlerhof, Camping Vogelsang, Camping Goldrain Cevedale, Camping Latsch, Camping Bungalows Alder, Camping Via Claudia Augusta und Wohnmobilstellplätze in Meran und Glurns

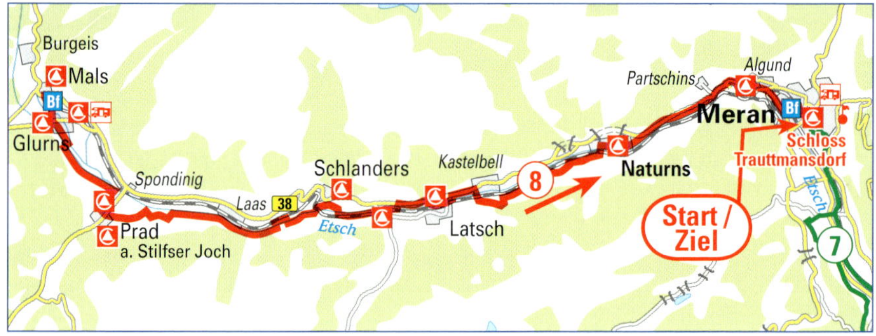

Ein Blick auf die lange Liste der Campingplätze im Bereich unserer Radtour reicht, um zu erahnen: Wir sind in einer wunderschönen Umgebung unterwegs: Ein toller Radweg geleitet uns durch das Tal und neben uns ragen teils mächtige Berge empor – schöner kann Radeln kaum sein!

Es gibt nur wenige Städte in Südtirol, bei denen sich so schnell Urlaubsfeeling einstellt, wie in Meran. Es ist aber auch einfach wunderschön: Am Ufer der malerisch vor sich hin plätschernden **Etsch** finden wir eine wunderbare **Altstadt**, in dem **Jugendstilgebäude** die Straßen säumen.

Tipp: Auch Königin „Sissi" fühlte sich hier wohl und residierte gerne im **Schloss Trauttmannsdorf**. Dort hinauf zu den Terrassengärten können wir würdevoll über den „**Sissi-Weg**" schreiten.

Über viele Jahrhunderte lang war Meran die Landeshauptstadt von Tirol und machte sich schon früh einen Namen als international begehrter Kurort. Doch die Geschichte reicht noch viel weiter zurück: Schon im 5. und 6. Jahrhundert gab es eine vermutlich sogar befestigte spätrömische Siedlung, die später Hauptstadt der Grafschaft Tirol wurde.

Rund um die hoch aufragende **Pfarrkirche St. Nikolaus** finden wir unglaublich viele Sehenswürdigkeiten, wie die **Landesfürstliche Burg**, die Fragsburg im Süden Merans, die Ottoburg, Burg Katzenstein, den **Pulverturm** und gleich mehrere **Stadttore**, bei denen es schwerfällt, das Schönste unter ihnen zu küren. In feinstem **Jugendstil** empfängt uns das Stadttheater, während das **Kurhaus** an der **Promenade** den Höhepunkt des Kurbetriebs darstellt.

Besonders empfehlenswert ist in Meran der Besuch des **Frauenmuseums**, das uns einen interessanten Einblick in die teils sehr beschwerliche Geschichte der Frau gibt.

Wer mehr über die Region erfahren mag, besucht das **Touriseum**, das seit 2003 in einer interaktiven Form die regionale Geschichte und die des Südtiroler Tourismus erzählt.

Willkommene Abkühlung vor der Altstadt Merans

Los geht´s am Campingplatz, den wir nach links verlassen, um den Schildern in die Innenstadt bzw. zum Bahnhof zu folgen. Dort steigen wir in den Zug und lassen uns nach Mals gondeln. Dort aus dem Bahnhof kommend rollen wir über die Bahnhofstraße, am Kreisel links und entlang der Strada Provinciale 85 aus dem Ort heraus. Bei Glurns treffen wir auf den Fernradweg Via Claudia Augusta, der uns durch das Tal vorbei an Prad bzw. Spondinig und Laas nach Schlanders bringt.

Wenn wir in Mals aus der Bahn steigen, sind wir im **Vinschgau** gelandet, wie der obere Teil des Etschtals auch genannt wird. Von hier steigt der Fernradweg deutlich an, um zum **Reschenpass** hinauf zu führen.

In Glurns scheint die Zeit stehen geblieben zu sein: Die gut erhaltene **Stadtmauer** mit weithin sichtbaren Türmen und dem **Tauferer Tor** umschließt eine **Altstadt**, in der die Laubengasse die schönsten historischen Fassaden für uns bereit hält.

Es ist schon auffällig, dass sich die Dichte an Radfahrern um uns herum ständig erhöht. Die Erklärung dafür liegt nahe und ist doch so weit entfernt: Prad am **Stilfser Joch** ist mit 2.757 m der höchste Alpenpass Italiens. Radrenn-Profis und ambitionierte Hobbyradler machen sich auf, um die insgesamt 50 km lange Passstraße mit sage und schreibe **48 Kehren** auf „unserer" Seite zu bezwingen.

Da gleiten wir lieber weiter entspannt durchs Tal und schauen uns Schlanders mit der **Schlandersburg**, dem Schloss Schlandersberg und der **Kirche Maria Himmelfahrt** an.

Weiter geht's von Schlanders auf dem Fernradweg Via Claudia Augusta vorbei an Latsch, Kastelbell, Naturns, Partschins und Algund zurück nach Meran. Hier steuern wir den Kurpark an und haben damit auch unser Camp fest im Visier, wo unsere Radtour endet.

Auf den nächsten Kilometern unserer Tour bleibt es landschaftlich schön und abwechslungsreich: Immer wieder entdecken wir in teils schwindelerregenden Höhen stolze **Burgen**, während neben unserem Radweg kleine Ortschaften zum **Einkehren** einladen.

Kartentipp:

ADFC-Radtourenkarte Blatt 28 Südtirol/Trentino/Gardasee, 1:150.000, ISBN 978-3-87073-931-7, € 9,95

Digital für Smartphones und Tablets: www.fahrrad-buecher-karten.de/rk-digital

9 Wien – alt, grün, schön

Von **Wien-Stadlau** durch die Innenstadt

CamperTouren Info

ca. 22 km ohne Abstecher, gute, regionale Radweg-Beschilderung, keine größeren Steigungen. Die Route führt meist über separate Radwege, einige Passagen auf losem Untergrund.

Start / Ziel: Aktiv Camping Neue Donau in Wien-Stadlau, www.campingwien.at

Auswahl weiterer Camps an der Strecke: Camping Wien West, Camping Wien Süd, Wohnmobilstellplatz in Wien

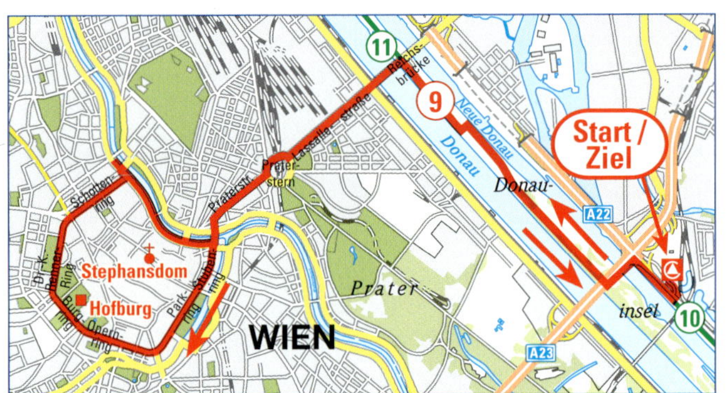

Es ist wie die Quadratur des Kreises: Bei nur einer Radtour in die Innenstadt alle Sehenswürdigkeiten Wiens zu erkunden, ist völlig ausgeschlossen. Es braucht mehrere Tage, um zumindest einen guten Überblick zu bekommen. Daher radeln wir auf den „Ringen" um die Innenstadt herum und erkunden von dort „nur" die herausragenden Highlights. Dabei ist eines vorprogrammiert: Wir werden so begeistert sein, dass wir immer wieder kommen!

Kaum losgeradelt, gibt es schon das erste zusehen: An der Stelle, wo wir die zweite Donaubrücke nutzen, liegt rechterhand „**UNO-City**" mit toppmodernen und hohen Gebäuden und zu ihren Füßen der riesige **Donaupark**, der 1964 anlässlich der Gartenschau entstand.

Los geht's an unserem Campingplatz „Neue Donau", den wir zum Flussufer hin verlassen, um der Donau flussabwärts zu folgen. Mit der ersten Brücke überqueren wir den ersten Donau-Arm und gelangen auf die Donauinsel, auf deren Radweg wir ganz entspannt flussabwärts bis zur nächsten Brücke rollen. Mit einem Bogen geht's auf die Brücke, über den zweiten Teil der Donau hinweg und immer geradeaus. Auch am Praterstern geradeaus und nach dem Überqueren des Donaukanals mittels Aspernbrücke noch weiter geradeaus. So gelangen wir auf den Radweg, der mit den „Ringen" die Innenstadt umschließt. Stubenring, Parkring, Schubertring, Kärntnerring und Opernring gehen ineinander über, bevor wir zum Burgring kommen, wo sich die Hofburg erhebt.

Tipp: Beginnen wir mit einem wohlgemeinten Tipp: Unsere Tour führt uns in die Innenstadt Wiens. Wir versuchen freilich, so weit als möglich auf Radwegen zu fahren. Dennoch bewegen wir uns in einer Millionenstadt. Wer sich also in dem quirligen Großstadtverkehr nicht wohl oder sicher fühlt, sollte die Stadtbesichtigung einfach mit den öffentlichen Verkehrsmitteln unternehmen.

Auf unserem Weg in die Innenstadt radeln wir auch über den Praterstern. Hier beginnt der sagenhafte 15 km lange **Prater**, ein Park, der durch viele Wasserläufe durchzogen wird. Wir sichern unsere Fahrräder und drehen eine Runde auf dem weltberühmten **Riesenrad**.

Nachdem wir den Donaukanal überquert

haben, kommen wir an mehreren repräsentativen Regierungsgebäuden und der Kunsthochschule vorbei.

Dann liegt links neben uns der weitläufige **Stadtpark** mit Kursalon, Spielplätzen und Statuen berühmter Persönlichkeiten, unter ihnen Sebastian Kneipp und Johannes Strauß.

Am Ende des Schubertrings knickt der Ring rechts ab – links geht es über den **Schwarzenbergplatz** vorbei am gleichnamigen Palais zum **Schloss Belvedere**. Der Name ist Programm, denn mit bester Aussicht überblickt das prunkvolle Schloss den rund einen halben Kilometer langen Park. Im Innern geben Rokoko-Elemente den passenden Rahmen für die Österreichische Galerie.

Wir tauschen mal das Rad gegen den Fiaker

Und als wären wir nicht schon genug begeistert, wartet wenige Meter später ein noch eindrucksvolleres Ensemble auf uns: Linkerhand Natur- und Kunsthistorisches Museum, dahinter das **Museumsquartier** und rechterhand die **Neue** und die **Alte Hofburg**. Ja, die Habsburger wussten, wie es sich schön wohnen lässt: Hinter der halbrunden Fassade verbirgt sich ein Labyrinth an Räumen, einer pompöser als der andere. Auch die **Spanische Hofreitschule** finden wir hier und können mit etwas Glück den stolzen, schneeweißen Lipizzanern bei ihrer kunstvollen Bewegung zusehen.

Tipp: Bei dem „Besichtigungsstress" müssen wir auch etwas zur Entspannung tun. Was wäre da besser geeignet, als eines der herrlichen Wiener **Kaffeehäuser** zu besuchen. Das ist Kult und Kultur zu gleich. Vielleicht gibt's dazu auch ein Stück **Sachertorte** – das gleichnamige Café liegt nicht weit von der Hofburg entfernt. Wer noch mehr Exotisches sucht, wendet sich dem **Naschmarkt** zu. Auf Wiens größtem Markt gibt es Gaumengenüsse aller Art.

Von der Hofburg aus können wir durch die Fußgängerzone (!) rasch das nächste Wahrzeichen Wiens erreichen: Der **Stefansdom**, liebevoll auch „Steffl" genannt, begeistert mit seiner Größe und der wertvollen Ausstattung. Eine Etage „tiefer" haben viele Habsburger die letzte Ruhe in der Gruft gefunden. Und ein Aufstieg nach ganz oben ist auch sehr empfehlenswert, denn das bunte Dach des Domes müssen wir einfach gesehen haben.

Weiter geht´s auf dem Radweg am Burgring, der beim Parlament als Dr.-Renner-Ring weiterläuft und als Schottenring wieder auf den Donaukanal trifft. Hier müssen wir links-rechts-links-rechts und am Ufer nochmals rechts abbiegen, um ans Kanalufer zu gelangen. Diesem folgen wir zur Aspernbrücke, die wir vom Hinweg schon kennen. In einem Rechtsbogen kommen wir auf die Brücke, und dann auf demselben Weg retour, auf dem wir herkamen.

Etwas außerhalb der Innenstadt liegt **Schloss Schönbrunn**. Die Fahrt dorthin ist mit dem Rad etwas beschwerlich, die wunderschöne, gigantische Anlage entschädigt aber mehrfach dafür. Allein wenn wir über den 24.000 qm großen Heldenplatz auf das Schloss zugehen, wächst die Ehrfurcht vor dem Gebäude. Da tut es nach der Besichtigung gut, dass wir in dem endlosen **Schlosspark** entspannen können.

10 Das Meer der Wiener

Von **Wien-Stadlau** zum Neusiedler See

CamperTouren Info

ca. 76 km ohne Abstecher, gute, regionale Radweg-Beschilderung sowie teils Beschilderung als Donau-Radweg. Keine größeren Steigungen. Die Route führt meist über separate Radwege, einige Passagen auf losem Untergrund.

Start / Ziel: Aktiv Camping Neue Donau in Wien-Stadlau, www.campingwien.at

Auswahl weiterer Camps an der Strecke: Camping Wien West, Camping Wien Süd, Podersdorf am See, Wohnmobilstellplatz in Wien

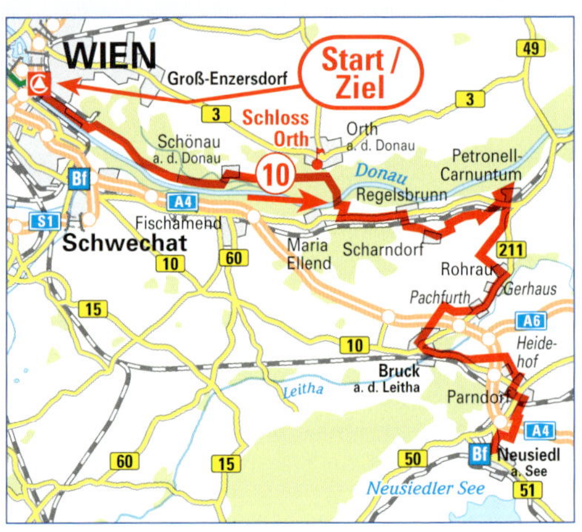

Der tolle Donau-Radweg führt uns vorbei an der unberührten Natur der Donau-Auen. Nachdem wir das Ufer gewechselt haben, geht's durch kleine, sehenswerte Orte zum Neusiedler See, das nicht nur bei den Wienern ein beliebtes Ziel ist.

Kaum zu glauben, aber wahr: Unser **Campingplatz Neue Donau** vereint so ziemlich alles, was wir uns erträumen können: Die Stellplätze liegen teils in grünen Nischen, die Sanitäranlagen und Spielgelegenheiten sind klasse. Direkt nebenan lockt der 20 km lange Nebenarm der Donau Bade- und Sonnenhungrige, wir logieren direkt neben dem Nationalpark „Lobau Donau Auen", der Erholungspark „Prater" liegt gleich auf der anderen Uferseite und zur Innenstadt ist es auch nicht weit. Also: Was machen wir zuerst?

Los geht's wieder an unserem Campingplatz „Neue Donau", den wir einmal mehr zum Donauufer verlassen. Dieses Mal folgen wir dem Donauradweg flussaufwärts, also nach links. So rollen wir eine ganze Zeit gegenüber der Donauinsel, um dann bei einer größeren Chemieanlage vom Ufer weggeleitet zu werden. Kurz darauf gelangen wir den Schildern folgend wieder an die Donau und radeln entspannt am Nationalpark Donauauen entlang. Auf dem Weg liegen Schönau und Orth, bevor wir bei Orth das Ufer wechseln. Auf der anderen Seite fahren wir durch Haslau, Regelsbrunn und Scharrndorf nach Petronell-Carnuntum.

Sagenhafte 9.600 ha misst der **Nationalpark Donauauen**, der sich von Niederösterreich bis zur Staatsgrenze an der Slowakei ausbreitet. Auf den ersten Kilometern unserer Tour radeln wir lange an dieser geschützten Natur vorbei. Die Region zählt zu den größten intakten Auenlandschaften in Europa.

Orth an der Donau liegt im sogenannten **Marchfeld**, in dem schon im 1. Jh. n. Chr. wichtige Schlachten tobten. Damals gegen die Römer, später gegen die Ungarn, dann gegen die Türken und schließlich gegen Napoleon. Kein Wunder also, dass in Orth schon im 12. Jahrhundert eine Burg errichtet wurde, die man im 13. und 16. Jahrhundert zu einem imposanten **Schloss** erweiterte, das vor gar nicht allzu langer Zeit noch aufwendig renoviert wurde.

Meeresfeeling am Neusiedler See

Tipp: In den Räumlichkeiten von Schloss Orth, auf der Schlossinsel und auf dem Freigelände finden wir das **Nationalpark-Zentrum** des Nationalparks Donauauen. Etwas Besonderes ist die begehbare **Unterwasserstation**, wo wir auf „Augenhöhe" mit den heimischen Fische des Schlossteichs sind.

Nachdem wir das andere Donauufer erreicht haben, steuern wir Maria Ellend an. In dem bekannten **Marien-Wallfahrtsort** kommen die Pilger auch, um die **Lourdesgrotte** zu besuchen.

Die Geschichte des Ortes Petronell-Carnuntum ist eng mit den Römern verknüpft. Sie unterhielten hier an der Bernsteinstraße ein gleichnamiges Lager und errichteten ein **Amphitheater**, das immer noch sehr gut erhalten ist. Größere Spuren der Römer sind auch das 14 m hohe **Heidentor**, das Richtung Donauufer liegt, und die Ruine eines Palastes.

Weiter geht's von Petronell-Carnuntum nun von der Donau weg und via Rohrau, Gerhaus, Pachfurth, Bruck an der Leitha, Heidehof und Parndorf nach Neusiedl am See. Hier steuern wir den Bahnhof an, wo unsere Tour endet. Mit der Bahn fahren wir zurück nach Wien, wobei der Bahnhof Schwechat eine gute Aussteigemöglichkeit ist. Vom Bahnhof Schwechat gelangen wir rasch ans Donauufer und können diesem flussabwärts bis zur nächsten Brücke folgen. Hier wechseln wir dann auf das andere Ufer, wo unsere Tour am Campingplatz endet.

Im Jahre 1732 wurde in Rohrau **Joseph Haydn** geboren der einmal einer der bekanntesten Komponisten der Welt werden sollte. In seinem **Geburtshaus**, das bis heute fast unverändert ist, wurde ein Museum untergebracht, in dem alles über das Lebenswerk des Künstlers berichtet wird. Der Vater von Joseph Haydn war Schmied in Rohrau und die Mutter war Köchin im hiesigen Schloss. Außer dem Haydn-Museum sollten wir uns in Rohrau eben genau dieses Schloss Harrach anschauen.

Der **Neusiedler See** ist ideal für Familien mit Kindern: 1,8 m misst der See an seiner tiefsten Stelle, wobei das Wasser aber meist nicht tiefer als 1- 1,5 m ist. So erwärmt sich das Wasser rasch auf über 20 Grad. Dabei ist der Neusiedler See alles andere als klein: 5 - 15 km breit und bis zu 36 km lang ist er sogar grenzüberschreitend, denn das Südende liegt auf ungarischem Staatsgebiet. Der **einzige Steppensee Europas** hat noch mehr Besonderheiten zu bieten: Schilf, soweit das Auge reicht, nicht einen einzigen Abfluss und nur wenige Bäche die ihn füllen. Und so kann er auch bei besonders trockenen Sommern zu einer Pfütze werden.

Mehr über das „Meer der Wiener" erfahren wir im **Seemuseum**, das wir in Neusiedl am See finden. Hier gibt es zu Füßen der gotischen Kirche auch Einkehrmöglichkeiten, so dass wir uns vor der Tour zurück stärken können.

11 Donaumelodie

Von **Wien-Stadlau** über Greifenstein

CamperTouren Info

ca. 55 km ohne Abstecher, gute, regionale Radweg-Beschilderung sowie Beschilderung als Donau-Radweg. Keine größeren Steigungen. Die Route führt meist über separate Radwege, einige Passagen auf losem Untergrund.

Start / Ziel: Aktiv Camping Neue Donau in Wien-Stadlau, www.campingwien.at

Auswahl weiterer Camps an der Strecke: Camping Wien West, Camping Wien Süd, Donaupark Klosterneuburg, Wohnmobilstellplätze in Wien und Klosterneuburg

Los geht's wieder an unserem Campingplatz „Neue Donau", den wir zum Flussufer hin verlassen, um der Donau flussabwärts zu folgen. Nachdem wir das Gewirr von Brücken und Autobahnen passiert haben, nutzen wir das Wehr 1, um auf die Donauinsel hinüber zu fahren. Der Insel folgen wir flussabwärts und wechseln dann wieder auf rechte Uferseite. Nun radeln wir ganz entspannt stets am Wasser entlang vorbei an Korneuburg bis zum Kraftwerk Greifenstein. Hier nutzen wir die Gelegenheit, gleich beide Arme der Donau zu überqueren und gelangen vor die Tore des Ortes Greifenstein. Die Ortsmitte liegt etwas rechts von uns.

Das ist schon beeindruckend: Wir starten mitten in Wien und rollen doch fast ohne Straßenverkehr immer an der Donau entlang. Damit es nicht „zu langweilig" wird, widmen wir uns unterwegs sehenswerten Orten wie Greifenstein oder Klosterneuburg. Und wenn es zu warm wird, gibt es immer wieder die Möglichkeit, ins kühle Nass zu springen.

Die **Donauinsel** ist ein echtes Freizeit-Paradies. Baden im sauberen Wasser, Chillen in den Grünanlagen, Sport auf unterschiedlichen Anlagen, Grillen auf ausgewiesenen Plätzen und vieles mehr lockt bei schönem Wetter Besucher aus Nah und Fern an.

Tja, die bekannten Melodien berichten immer wieder von der „schönen blauen Donau". Bei unserer Tour stellen wir fest, dass die Region zwar wunderschön, die Fluten der Donau aber doch eher grau sind.

Ein kleiner Schlenker in die Innenstadt von Korneuburg lohnt sich, denn rund um den Stadtplatz entdecken wir eindrucksvolle Bürgerhäuser. Weiterhin können wir uns das gotische Rathaus, den Stadtturm, die Dreifaltigkeitssäule sowie den Stadtbrunnen ansehen. Letzterer präsentiert eine bekannte Figur: Den Rattenfänger von Bisamberg, der einst wie sein Pendant in Hameln durch seine Musik das Schloss Bisamberg von Ratten befreit haben soll.

In Klosterneuburg geht´s rund

Der **Donauarm** bei Greifenstein zieht an sonnigen Tagen eine ganze Menge Menschen an, die sich hier im sauberen Wasser abkühlen.

Tipp: Hoch über uns thront die **Burg Greifenstein.** In eindrucksvoller Lage ließ das Bistum Passau sie 1135 errichten, um seine Macht zu festigen. Dass wir die Burg heute in voller Schönheit sehen, verdanken wir einem Wiederaufbau im Jahre 1670, denn zuvor war sie im Türkenkrieg verwüstet worden. Der Weg hinauf zur Burg Greifenstein ist beschwerlich, doch nicht nur wegen des Gebäudes, sondern auch wegen der phantastischen Aussicht lohnenswert.

Weiter gehts von Greifenstein auf dem Donauradweg am Flussufer entlang, dieses Mal flussaufwärts. Hinter dem Ort Höflein werden wir vom Ufer weggeführt, um parallel zur B 14 nach Klosterneuburg zu fahren. Nachdem wir uns die Stadt angesehen haben, kehren wir ans Donauufer zurück. Der Donauradweg geleitet uns vorbei an Kahlenbergerdorf nach Nussdorf. Hier wechseln wir kurz hinter der S-Bahnstation Nussdorf zunächst über den Donaukanal und dann wenig später mit etwas Geschlängel durch das Straßenkreuz über die Brücke auf die Insel. Nun ist es wieder ganz entspannt: Wir gleiten über die Donauinsel flussaufwärts, bis wir bei Wehr 1 endgültig auf die andere Seite der Donau wechseln und so zurück zu unserem Campingplatz gelangen.

Zu Füßen der mächtigen Höhenzüge des **Wienerwalds** liegt die Stadt Klosterneuburg. Nachdem das Gebiet schon in vorchristlicher Zeit von den Illyrern besiedelt war, errichteten die Römer im 2. Jh. ein Kastell mit dem Namen Austuris. Zur politischen Hauptstadt wurde Klosterneuburg unter den Babenbergern, die hier residierten.

Wenn wir die Innenstadt erreichen, fällt als erstes die **Stiftskirche Unserer Lieben Frau** auf, die auf eine bewegte Vergangenheit blickt. 1114 errichtet, 1136 geweiht, 1158 schon niedergebrannt, bis 1592 wiederaufgebaut, später erweitert, dann wiederum mehrfach umgebaut. Erst 1897 bekam sie ihr heutiges Gesicht.

Auch die anderen Räumlichkeiten des Chorherrenstiftes geizen nicht an Herrlichkeit: Allem voran steht der von Nikolaus von Verdun geschaffene **Verduner Altar**. Er wurde aus 51 Emailletafeln gefertigt. Von unschätzbarem Wert sind auch die Exponate in der Schatzkammer des Stiftes, die im Herzogshut ihren Höhepunkt finden.

Eine herrliche Aussicht über ganz Wien garantiert uns der Kahlenberg, auf dem wir durch endlos scheinende **Weinberge** gelangen. Kaum zu glauben, dass zu unseren Füßen die Millionenstadt brodelt und dass hier oben ein wichtiges Stück Geschichte geschrieben wurde: Auf dem Kahlenberg startete das sogenannte Entsatzheer, um Wien 1683 von den Türken zu befreien.

12 Auf zum Steiner Tor

Von **Rossatz** über Krems

CamperTouren Info

ca. 44 km ohne Abstecher, regionale Beschilderung sowie Beschilderung als Donau-Radweg. Keine größeren Steigungen. Die Route führt über Nebenstraßen, Naturwege, Radwege, einige Passagen auf losem Untergrund.

Start / Ziel: Wachau-Camping Rossatz in Rossatzbach, www.wachaucamping-rossatz.at

Auswahl weiterer Camps an der Strecke: ÖAMTC Donau Camping Krems, Wohnmobilstellplätze in Rossatz und Krems-Rohrendorf

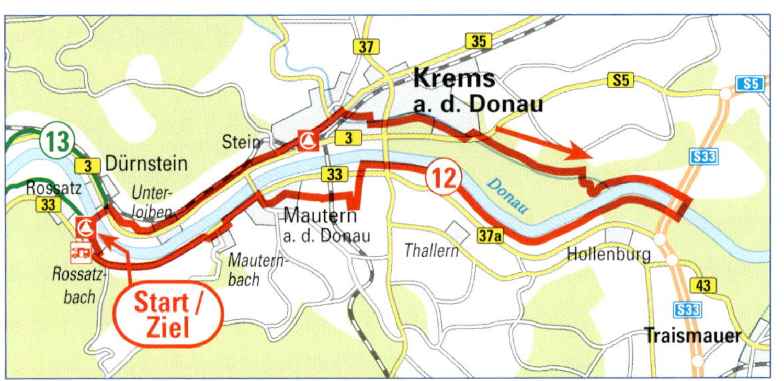

Einfach herrlich: Wir starten auf unserem erstklassig gelegenen Campingplatz und erkunden mit Mautern, Stein und Krems gleich drei Donau-Orte voller Geschichte und Sehenswertem. Der Donau-Radweg bildet dabei eine perfekte und zugleich beliebte Trasse.

Unser **Campingplatz Rossatz** trägt das wichtigste Prädikat schon im Namen: Die Wachau! Wenn wir Glück haben oder rechtzeitig reservieren, campen wir mitten in dieser wunderbaren Wein-Landschaft mit direktem Blick über die Donau hinweg auf die tolle Kulisse von Dürnstein. Da fällt es fast schon schwer, auf die Räder zu steigen und dieses Fleckchen Erde zu verlassen – aber wir kommen nach der Tour ja wieder!

Los geht's an der Ausfahrt des Camps, die wir nach rechts verlassen, um schon nach wenigen Minuten an die Fähre zu gelangen, mit der wir nach Dürnstein übersetzen. Auf der anderen Seite folgen wir dem Donauradweg flussabwärts durch Unterloiben und Stein nach Krems.

Schon von weitem ist Dürnstein in exponierter Lage auf einer Landzunge und einem **Felsvorsprung** zu erkennen. Kaum zu glauben, aber die kleine Gemeinde trug sich in die Geschichtsbücher ein, als 1193 Richard Löwenherz, König von England, hier in der **Burg** gefangen gehalten wurde. Seinerzeit wusste angeblich niemand, wo der König inhaftiert war. In der Sage steht, dass der Sänger Blondel durch ganz Österreich zog und immer wieder die erste Strophe eines Liedes sang. Als er dies unter Burg Dürnstein tat, hörte er hinter den Gittern des Gefängnisses die zweite Strophe und wusste sofort: Sein Herr war gefunden.

Auch wenn heute von der Burg nur noch Ruinen erhalten sind – die Lage auf dem Fels über der Donau ist Grund genug, hier zu verweilen. Das zweite dominierende Bauwerk von Dürnstein ist das ehemalige **Augustiner-Chorherrenstift**, das 1410 errichtet wurde. Neben dem Innenhof und schönen Decken-Gemälden bezaubert uns die barocke **Stiftskirche Mariä Himmelfahrt**. Und noch nicht genug: Auch ein Schloss gibt es in Dürnstein

Unverkennbar: Die Silhouette von Dürnstein

und eine einladende Fußgängerzone, die sich für eine Pause anbietet.

Tipp: Wenn die Fähre nicht verkehrt, können wir auch auf „unserer" Donauseite radeln und gelangen durch Mautern über die Brücke nach Stein bzw. Krems.

Mit Stein sind berühmte Namen verbunden, wie z.B. Ludwig Köchel, der Mozarts Werke einst als Verzeichnis zusammenfasste, oder der Maler Martin Schmidt, genannt der Kremser Schmidt, der während des Barock sehr „en vogue" war. Einen guten Eindruck seiner Arbeiten bekommen wir hier beim **Deckengemälde** in der Pfarrkirche St. Nikolaus. Das **Kloster** mit dem außergewöhnlichen Namen „Und" liegt an der kaum wahrnehmbaren Nahtstelle zwischen Stein und Krems. Aus dem ehemaligen Kapuzinerkloster und Marienwallfahrtsort wurde inzwischen ein Tagungsort. Auch das **Steiner Tor**, das mit einem achteckigen Barockturm erweitert wurde, liegt auf unserem Weg in die Nachbarstadt.

Krems war schon im 5. Jh, ein Weinort, bevor es 995 zur Reichsfeste erhoben wurde. Im Mittelalter wurde nicht nur Wein, sondern auch Salz und Eisen gehandelt, was der Stadt Wohlstand einbrachte. Das erkennen wir noch heute, denn die glanzvollen historischen Hausfassaden ziehen uns schnell in den Bann: **Rathaus**, Reste der Stadtmauer, Gozzo-Burg, Dreifaltigkeitssäule, **Bürgerspitalkirche** oder **Göglhaus** lassen die Objektive der Kameras surren und die Zeit im Nu verfliegen.

Weiter geht's von Krems entweder direkt wieder zurück ins Camp, oder noch ein Stück weiter auf dem Radweg an der Donau entlang. Nachdem wir einige Minuten geradelt sind, können wir mit der Brücke der S33 die Uferseite wechseln. Dann kehren wir direkt wieder an die Wogen der Donau zurück und fahren vorbei an Hollenburg, Thallern, Mautern und Mauternbach wieder zurück zu unserem Campingplatz in Rossatz.

Auch Mautern, das „Mutaren" aus dem **Nibelungenlied**, liegt auf unserem Weg. Schon die Kelten und die Römer hinterließen hier ihre Spuren, wie z.B. die Reste des **Lagers Castrum Favianis**.

13 Wow, ist das schön hier in der Wachau!

Von **Rossatz** über Melk

CamperTouren Info

ca. 56 km ohne Abstecher, regionale Beschilderung sowie Beschilderung als Donauradweg. Einige kleine, aber keine schweren Steigungen. Die Route führt über Nebenstraßen, Naturwege, Radwege, einige Passagen auf losem Untergrund.

Start / Ziel: Wachau-Camping Rossatz in Rossatz-Arnsdorf, www.wachaucamping-rossatz.at

Auswahl weiterer Camps an der Strecke: Gasthof-Camping Familie Stumpfer, Wohnmobilstellplätze in Rossatz und Aggsbach

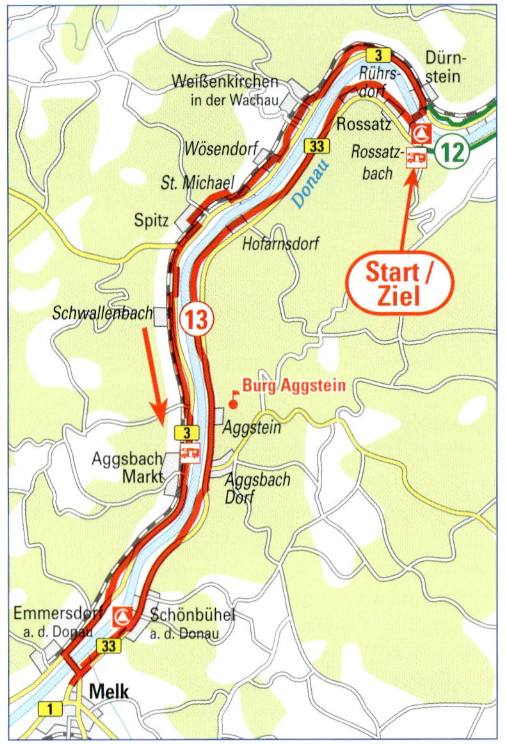

Wenn wir in der Wachau campen, gehört dieser Ausflug unbedingt auf das Pflichtprogramm, denn mit den Orten Weißenkirchen und Spitz wird schon der richtige Spannungsbogen für das grandiose Finale in Melk aufgebaut. Nachdem wir das riesige Stift in Aussichtslage über der Donau besucht haben, rollen wir wieder entlang der Donau zurück.

Der Blickfang von Weißenkirchen ist die leicht erhöht stehende, weiße gotische **Pfarrkirche** mit ihrem 55 Meter hohen Turm. Man gelangt zur Kirche über eine winklige Steige mit 76 Stufen und entdeckt als erstes eine **Wehrmauer**, die die Kirche umgibt. Zusammen mit den Gemeinden Mörsdorf und Joching bildet der Ort das **größte Weinanbaugebiet der Wachau**. Mehr über die Region erfahren wir im **Wachau-Museum**, das innerhalb der Stadtmauer zu finden ist.

Die **Wehrkirche St. Michael** wurde um 1500 erbaut und mit einer schützenden Befestigungsanlage versehen. Wenn wir nach oben blicken, entdecken wir auf dem Dachfirst der Kirche sieben „**Dachhasen**". Es wird erzählt, diese Hasen sollen einst im Tiefschnee über das Dach gehoppelt sein. Als der Schnee plötzlich schmolz, wurden sie versteinert und stehen noch heute da.

Los geht's an der Ausfahrt des Camps, die wir wieder nach rechts verlassen, um schon nach wenigen Minuten an die Fähre zu gelangen, mit der wir nach Dürnstein übersetzen. Dort folgen wir dem Donauradweg flussaufwärts vorbei an Weißenkirchen, Wösendorf, St. Michael, Spitz, Schwallenbach, Willendorf und Aggsbach, bevor wir bei Emmersdorf über die Brücke hinüber nach Melk fahren.

Wir kommen am **Tausendeimerberg** vorbei. Zu seinen Füßen liegt die Ortschaft Spitz mit seiner **Pfarrkirche zum Heiligen Mauritius**

320 m lang und wunderschön: Kloster Melk

aus dem 15. Jh. Weiterhin sehenswert sind das **Alte Rathaus**, der Erlahof, und das **Rote Tor**, das oben im Berg inmitten der Weinfelder steht und eine unverwechselbare Aussicht verspricht.

Melk, die „inoffizielle Hauptstadt der Wachau", kann auf eine lange Geschichte zurückblicken. Sogar das **Nibelungenlied** erzählt von Melk als der Ort „Medelike".

Nachdem die Babenberger verschwunden waren, bezogen die Benediktiner die Residenzburg und bildeten eine Klostergemeinde. Das heutige **Stift** betreten wir durch das fantastische **Haupttor** von 1718, von wo aus man in den Vorhof gelangt. Direkt davor liegt die Hauptfront, die von der Donau aus gesehen genauso imposant wirkt, wie wenn wir direkt davorstehen. Prälatenkapelle, **Bibliothek mit 80.000 Bänden**, Bildersaal, **Marmorsaal** mit Deckengemälde, Kaisergang, **Kaiserzimmer** – es ist unglaublich, wieviel sich hier im Stift Melk entdecken lässt. Nicht umsonst wird das Stift als Wiege Österreichs bezeichnet, denn es ist nicht nur das größte Stift Niederösterreichs, sondern auch das einzige im barocken Stil erbaute Stift des ganzen Landes.

Doch auch die Innenstadt von Melk ist bemerkenswert: Auf beiden Seiten der teils engen Straßen ragen herrliche Häuserfassaden aus dem 15. und 16. Jahrhundert empor, die am Rathausplatz mit dem 1575 erbauten **Rathaus** ihren Höhepunkt finden. Die linke Häuserfront wird im wahrsten Sinne des Wortes überstrahlt von der Schönheit und Größe der 320 Meter langen Fassade des Stifts.

Weiter geht's von Melk zunächst parallel der Bundesstraße, dann direkt am Donauufer durch Schönbühel, Schönbühel-Aggsbach, Hofarnsdorf, Rührsdorf und Rossatz zurück zu unserem Campingplatz.

Tipp: Wer lieber den perfekten Donau-Radweg für den Rückweg wählen möchte, rollt einfach auf dem Hinweg wieder retour und nimmt bei Dürnstein die Fähre zurück zum Camp.

Die Gegend ist überdeckt von **Weinstöcken**, rechts funkelt die Donau, hoch ragen die Berge neben uns auf – ein Bild zum Genießen und Verlieben: So ist die **Wachau**, durch die wir radeln.

Burg Aggstein prangt rechterhand würdevoll 300 m über der Donau. Sie wurde vom Raubgrafen Kuenring im 13. Jh. für seine Machenschaften erbaut. Ab 1429 weilte hier der Ritter Jörg Schreck vom Wald, der sicherlich nicht ohne Grund „Schreckenwald" genannt wurde. Er plünderte die Reisenden aus und sperrte sie „oben auf dem steilen Felsen in den engen, nicht mehr drei Schritte langen Raum, bis die Unglücklichen verschmachten".

14 Linz – mehr als nur Geburtsort einer leckeren Torte

Von **Au an der Donau** über Linz

CamperTouren Info

ca. 60 km ohne Abstecher, regionale Beschilderung sowie Beschilderung als Donauradweg. Keine größeren Steigungen. Die Route führt über Radwege, Straßen und Naturwege, einige Passagen auf losem Untergrund.

Start / Ziel: Camping Au an der Donau, www.camping-audonau.at

Auswahl weiterer Camps entlang der Strecke: Campingplatz Ausee, Camping Linz am Pichlinger See, sowie Wohnmobilstellplatz in Steyregg

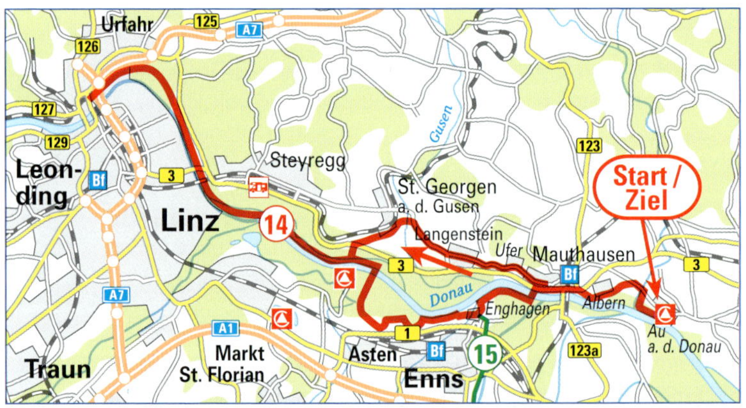

Der exzellente Donauradweg begleitet uns auf fast ebener Strecke von unserem Camp zur Metropole Linz, das uns mit zahllosen Sehenswürdigkeiten in den Bann zieht. Nach dem Radeln und Besichtigen kosten wir natürlich auch ein Stück der leckeren Linzer Torte.

Ein schöner Stellplatz auf einem parkähnlichen Gelände für unseren Wohnwagen, unser Wohnmobil oder unser Zelt? Eine urige Hütte auf Stelzen oder ein großes Schlaffass – beides mit Blick auf´s Wasser? Oder doch lieber in der Pension übernachten? Alles ist machbar auf unserem **Campingplatz Au an der Donau**. Und das beste dabei: Wir haben direkten Anschluss an den herrlichen Donau-Radweg, der uns entspanntes Radeln garantiert.

Los geht's an unserem Camp, das wir auf dem Donauradweg flussaufwärts verlassen. Die gute Beschilderung geleitet uns via Albern, Mauthausen und Ufer nach Langenstein, wo wir zunächst von der Donau weggeleitet werden. Nachdem wir St. Georgen tangiert haben, kehren wir an die Wogen der Donau zurück und folgen dem Ufer vorbei an Steyregg ins Herz von Linz.

Linz ist eine echte Großstadt, doch die Sehenswürdigkeiten liegen eng beisammen, so dass die Besichtigung eine echte Freude für uns wird. Die beginnen wir am besten beim riesigen Hauptplatz, dem **größten Stadtplatz von ganz Österreich**. Umrahmt wird er von herrlichen Bürgerhäusern, die meist in barockem Glanz erstrahlen. Der Blickfang am Platz ist die **Dreifaltigkeitssäule** von 1723, die aus Mitteln der Linzer Bürger und des Stadtrates finanziert wurde – und aus Dank, dass man einen Krieg, einen Großbrand und die Pest überstanden hatte. Ansehen müssen wir uns auch den „**Alten Dom**" mit einem prachtvollen Hochaltar, das Landhaus, den **Planeten-**

Reichlich zu entdecken gibt's für uns in Linz

brunnen, die Klosterkirche und natürlich den **Neuen Dom.** Der war als Pendant zum Wiener Stephansdom gedacht. Und so erschuf Baumeister Vinzenz Statz ein Gotteshaus, das mit 134 m nur unwesentlich niedriger und von der Grundfläche sogar größer wurde.

Ein Besuch von Linz ist nie komplett, ohne dass wir eine **Linzer Torte** probiert haben. Schon im römischen Reich soll es Torten gegeben haben, die so aussahen und so gut mundeten. Das älteste Rezept zu dieser süßen Leckerei stammt aus dem 17. Jh. – also auf in ein Kaffeehaus und testen!

Weiter geht's von Linz, das wir über den Donauradweg auf derselben Strecke wieder verlassen, auf der wir herkamen. So kommen wir wieder an Steyregg vorbei. Noch bevor wir St. Georgen erreichen, rollen wir ein Stück auf der Landzunge weiter und wechseln bei der Schleuse auf dem offiziellen Donauradweg auf das rechte Ufer. Mit einigen Schwüngen durch grüne Landschaften gelangen wir durch Enghagen zur Mündung der Enns in die Donau. An dieser Stelle setzen wir über nach Mauthausen und rollen an Albern vorbei zurück zu unserem Campingplatz.

Nur wenige Meter sind es bis ins Zentrum von St. Georgen an der Gusen, wo uns schon von weitem die leuchtend gelbe **Pfarrkirche** ins Auge fällt. So hell die Kirche, so dunkel die Vergangenheit: Ab 1944 richtete die SS hier ein geheimes unterirdisches Flugzeugwerk ein, das den Tarnnamen **B8 Bergkristall** bekam. Die Stollen hatten vermutlich eine Gesamtlänge von rund 26 km – ein Relikt aus einer wahnsinnigen Zeit.

Tipp: Wer gegen Ende der Tour auf die Fahrt mit der Fähre verzichten möchte, bleibt auf der linken Donauseite und radelt bequem über St. Georgen wieder zurück nach Mauthausen.

Wie wir richtig vermuten, gab es in Mauthausen einst ein Maut-Haus. Nicht außergewöhnlich? Die Geschichte dazu ist es schon: Natürlich gefiel es den Reisenden nicht, dass hier Maut kassiert wurde. Als die übermütigen Mauthausener sogar den Kreuzrittern einen Obolus abverlangten, wurde ihre Stadt kurzerhand niedergebrannt. So gibt es heute drei Ziele in Mauthausen: Das **Schloss Pragstein**, in dem heute das **Heimatmuseum** untergebracht ist, die **Pfarrkirche St. Nikolaus**, die um 1500 erbaut wurde, und, etwas abgelegen in den Granitsteinbrüchen, eine **Gedenkstätte** zum ehemaligen KZ Mauthausen.

Au ist auch bekannt für seinen idyllischen **Auwald**, der dem Ort seinen Namen gab. Nicht zuletzt deshalb wurde aus dem Ort ein bekannter Flößerort. Von hier wurden die Bäume zu mächtigen Flößen gebunden und bis nach Wien oder Budapest gebracht.

15 Der Enns hinterher – genau wie einst die Flößer

Von Steyr nach **Au an der Donau**

CamperTouren Info

ca. 37 km ohne Abstecher, regionale Beschilderung sowie Beschilderung als Enns und Donauradweg. Mehrere kleinere Steigungen, die aber stets moderat ausfallen. Die Route führt über Radwege, Straßen und Naturwege, einige Passagen auf losem Untergrund.

Start / Ziel: Camping Au an der Donau, www.camping-audonau.at

Auswahl weiterer Camps entlang der Strecke: Camping Linz am Fluss

Auf dieser Tour lernen wir einen Teil des Flusses Enns kennen. Der fließt in teils engen Kurven der Donau entgegen und hält für uns einen beschilderten Radweg bereit. Auf unserem Weg liegen mit Steyr und Enns zwei wundervolle Städte, die zu langen Aufenthalten locken.

Wir starten in Steyr, der drittgrößten Stadt Oberösterreichs. Dass sich die Steyr so prächtig entwickelte, lag auch an den **Flößern**. Sie sorgten zusammen mit der Holztrift und der Schifffahrt dafür, das Geld in die Stadtkasse gespült wurde. Später wurden mit den Schiffen außer dem Holz auch Holzkohle, Roheisen und andere Waren transportiert. Die Eisenbahn löste das Schiff schließlich als Verkehrsmittel ab und seitdem die Kraftwerke hier Energie erzeugen, sind auch die Sportboote weitgehend verschwunden.

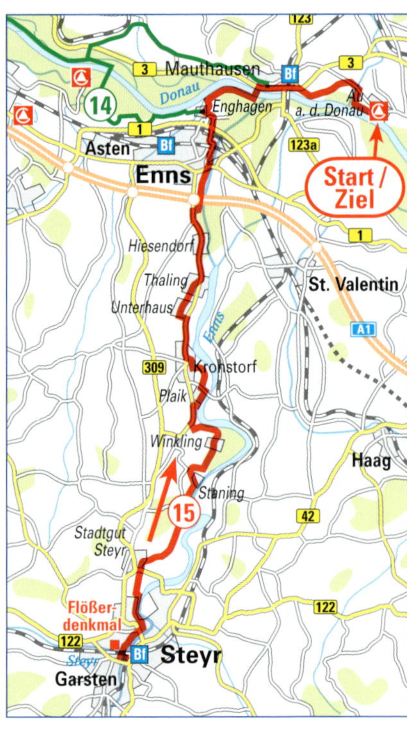

Tipp: Bei dem Tourentitel können wir einen Anblick einfach nicht auslassen: Dort, wo der Fluss Steyr in die Enns mündet, steht seit 1980 auf der Brücke ein Denkmal, das an die Flößer erinnert.

Die Silhouette von Steyr wird von **Schloss Lamberg** geprägt, das sich würdevoll aus dem Häusermeer erhebt und aus der Styraburg hervorging. Schon im 10. Jh. gab es eine Burg in dieser exzellenten Lage. Zu ihren Füßen finden wir eine einladende Innenstadt mit dem zentralen **Hauptplatz**, um den herum sich eine der **besterhaltenen Altstädte** des Landes erstreckt. Zu dieser historischen Bausubstanz zählen z.B. das verspielte **Rokoko-Rathaus,** der Innerberger Stadl, das **Lebzelterhaus**, das Bürgerspital oder das Aichetschlössl. Natürlich kommen Kirchenfreunde auch nicht zu kurz, denn mit der gotischen **Stadtpfarrkirche** und ihrem auffälligen Turm, der Wallfahrtskirche Christkindl oder dem **Benediktinerstift Gleink** ist die Auswahl groß. In die Zeit der Gotik entführt uns das **Bummerlhaus**, das zurecht als das Wahrzeichen der Stadt gilt.

Über die Steyr nach Steyr

Los geht's am Bahnhof von Steyr, den wir zum Enns-Ufer und direkt über den Ennssteg hinweg verlassen. Am anderen Ufer ein paar Meter geradeaus, dann rechts-links-rechts und wieder geradeaus. So können wir vor uns die Brücke über die Steyr nutzen und direkt dahinter rechts abbiegen. Nach ca. 500 m treffen wir auf die Ennstalbrücke, wo wir vorher links und dann rechts abbiegen, um geradeaus über den Rennbahnweg zu fahren. Von hier links abzweigen in die Fachschulstraße, an deren Ende links, dann schräg rechts auf die Sportplatzstraße, im Knick rechts in die Haybergerstraße und dann links am Ufer entlang aus dem Ort heraus. Wir folgen weiter den Schildern des Ennsradwegs, der uns am Stadtgut Steyr vorbei bringt und dann wieder nach einer merklichen Steigung ans Ufer der Enns zurückkehrt. Auf dem Weg liegen Staning und Winkling, bis wir hinter Plaik nach Kronstorf gelangen.

Bei Winkling lockt ein kleiner Abstecher zur **Wallfahrtskirche Winkling**. Sie entstand im Jahre 1775, nachdem an dieser Stelle bei einem Hochwasser eine Marienstatue angeschwemmt wurde.

In einer recht verschachtelten Form empfängt uns die **Pfarrkirche** von Kronstorf. Schon 834 wurde an dieser Stelle erstmals eine Kirche erwähnt. Im **Gasthof Mitterndorfer** sollten wir nicht nur einkehren, sondern uns auch die Fassade ansehen, die feine Stuck-Elemente enthält.

Weiter geht's auf dem Ennsradweg von Kronstorf via Unterhaus, Thaling, Hiesendorf, Enns und Enghagen zum Ufer der Donau. Diesem folgen wir auf dem Donauradweg ein Stück nach rechts, bis wir mit der Fähre nach Mauthausen übersetzen können. Nun sind es nur noch wenige Minuten auf dem Donauradweg, bis wir zurück an unserem Camp sind.

Etwas abseits unseres Weges liegt **Schloss Tillysburg**. Im Jahre 1633 begann man auf Geheiß des Feldherren Tillysburg mit dem Bau dieser großen vierflügeligen Anlage – sie war ein Geschenk für seinen Neffen. Betrachtet man sich die attraktive Anlage, so wünscht man sich auch, so einen Onkel zu haben.

Enns wird als älteste Stadt Österreichs bezeichnet, weil es bereits 1212 die Stadtrechte erhielt. Ob es wirklich die älteste Stadt ist, kann uns eigentlich egal sein, denn bei unserer Fahrt Richtung Stadtmitte kommen wir gleich an zwei wichtigen Sehenswürdigkeiten vorbei: Am **ehemaligen Römerlager Lauriacum** und an der **St.-Laurenz-Basilika**. Ausgegraben wurden auf dem Stadtgebiet die Reste einer karolingischen Wallfahrtskirche, eines alten Stadttempels und einer frühchristlichen Basilika. Das Zentrum von Enns wird bestimmt durch den **Hauptplatz**, der reich an sehenswerten Gebäuden aus dem 16. und 17. Jh. ist. Zu denen gehören auch der 60 m hohe **Stadtturm** und das **alte Rathaus**, in dem auch das Stadtmuseum untergebracht ist.

16 Durch´s Weinland Richtung Slowenien

Von **Graz** nach Leibnitz

CamperTouren Info

ca. 46 km ohne Abstecher, gute, regionale Radweg-Beschilderung sowie teils Beschilderung als Mur-Radweg bzw. als Erzherzog-Johann-Radweg . Keine größeren Steigungen. Die Route führt meist über separate Radwege, einige Passagen auf losem Untergrund.

Start / Ziel: Campingplatz Schwarzlsee bei Graz, www.schwarzlsee.at

Auswahl weiterer Camps an der Strecke: FKK-Bereich des Campingplatzes Schwarzl-Freizeitzentrum, Wohnmobilstellplätze in Graz und Wildon

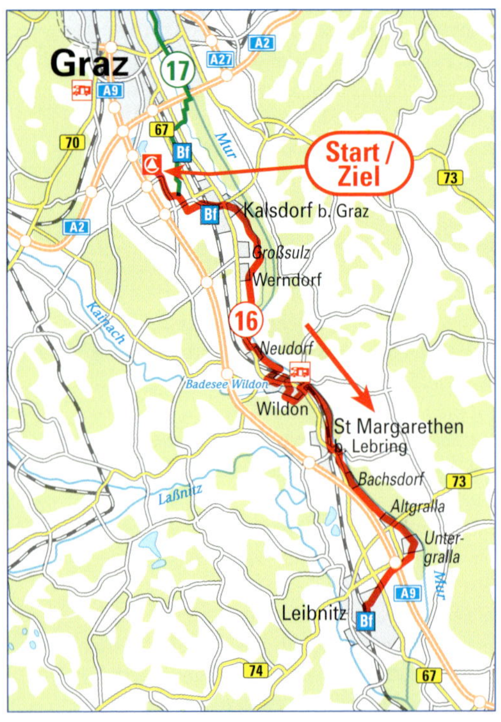

Der tolle Mur-Radweg geleitet uns durch kleine und große Ortschaften, die alle ihren eigenen Charme verbreiten. Unser Ziel liegt in Leibnitz. Von hier ist es nicht mehr weit nach Slowenien, dem wir einen Besuch abstatten können, wenn wir weiter der Mur folgen.

Die **Freizeitanlage Schwarzlsee** gilt als eine der schönsten der ganzen Steiermark. Es ist aber auch klasse hier: Die 400.000 qm Liegewiesen lassen nicht das Gefühl von Enge aufkommen und die Verpflegung könnte mit 6 Gastrobetrieben nicht besser sein. Gemeinsam mit den umliegenden Seen bildet der Schwarzlsee eine endlos scheinende Wasserfläche. Auf 560.000 qm sind Baden, Wasserrutschen, Wasserski, Wakeboard, Tretboot, Stand-Up-Paddeling, Segeln, Tauchen und vieles mehr möglich. An Land haben wir auch die freie Auswahl: Radfahren, Laufen, Beach Volleyball, Beach Soccer, Beach Gym, Inlinern, … die Zeit wird bestimmt nicht reichen, das ganze Angebot zu nutzen!

Los geht´s am Campingplatz, den wir an der Ausfahrt nach rechts verlassen. So gelangen wir geradeaus auf den R9, den Erzherzog-Johann-Radweg. Von der Thalerhofstraße links in die Sackgasse, dann geradeaus über die Bahnhofstraße nach Kalsdorf hinein. Mitten im Ort rechts-links in die Dorfstraße, die uns dann geradeaus auf den Mur-Radweg bringt. Diesem folgen wir durch Klein- und Großsulz und Himmelreich nach Werndorf.

Wenn unterwegs Radel-Lust, Kondition oder Akkuleistung nachlassen, haben wir in mehreren Orten die Gelegenheit, die Tour vorzei-

Das Dächermeer von Graz

tig zu beenden und mit der Bahn zurück nach Graz zu fahren.

Weiter geht´s von Werndorf weiter auf dem Mur-Radweg vorbei an Neudorf, Wildon, St. Margarethen, Bachsdorf, Altgralla und Untergralla nach Leibnitz. Hier steuern wir den Bahnhof an, wo wir in die Bahn steigen und zurück nach Graz fahren. Wenn wir bis zum Bahnhof Abtissendorf fahren, ist es von dort nur noch ein kleines Stück zurück mit dem Rad zum Camp.

Wer unserem Tourenvorschlag folgt und eine Bergetappe am Wildoner Berg einlegt, wird sich über die (vorherige) Abkühlung am **Wildoner Badesee** freuen. Eine 4,5 Hektar große Wasser- und eine fast ebenso große Liegefläche machen die Auszeit perfekt. Das **historische Ortszentrum** von Wildon mit seiner Pfarrkirche liegt gleich nebenan.

Tipp: Wer auf die kleine Bergwertung am Wildoner Berg verzichten mag, folgt einfach weiter dem Mur-Radweg und bleibt unten neben dem Fluss.

Relativ schlicht kommt das Gemeindeamt von Lebring daher, während die **Pfarrkirche Heilige Margaretha** schon von ihrer Lage und ihrer gelben Farbe her unübersehbar ist. Eine Sehenswürdigkeit ganz anderer Art ist das **Krafthaus** des alten Kraftwerks von Lebring, welches als Zeuge der Industriekultur erhalten wurde. Am benachbarten Buchkogel liegt ein **Naturschutzgebiet**, in dem seltene Pflanzen vor dem Aussterben gerettet werden.

Der Ort Gralla gliedert sich in mehrere Ortsteile, wobei es im **Hauptort** Gralla rund um die pittoreske gelbe Kirche einen sehr gepflegten, aufwendig gestalteten Marktplatz gibt.

Das Ziel unserer Streckentour ist die schöne Kleinstadt Leibnitz. Sie wurde als „civitas lipnizza" im Jahr 970 zum ersten Mal erwähnt. Die Ortsmitte markiert der Leibnitzer **Hauptplatz** mit einer schmucken Säule. Drum herum entdecken wir teils schöne historische Häuser und reizvolle Einkehrmöglichkeiten. Neben dem Ort ragt der 381 m hohe **Frauenberg** empor. Nicht minder auffällig sind das **Kloster Leibnitz**, Schloss Seggau und die **Weinbauschule Silberberg**, wo es auch einen **Weinlehrpfad** gibt. Wenn wir neben der Weinbauschule höher hinaufsteigen, können wir oben auf dem **Aussichtsturm** am Kreuzkogel eine atemberaubende Fernsicht genießen.

Wer dem Mur-Radweg noch wenige Kilometer weiter folgt, kann direkt hinter Spielfeld die Grenze nach **Slowenien** passieren. Auch hier ist der Radweg gut ausgebaut, die Ortsnamen allerdings sind wahre Zungenbrecher.

17 Ohne Murren und Knurren entlang der Mur zur Mürz

Von **Graz** nach Bruck

CamperTouren Info

ca. 79 km ohne Abstecher, Verkürzung möglich, gute, regionale Radweg-Beschilderung sowie teils Beschilderung als Mur-Radweg bzw. als Erzherzog-Johann-Radweg. Stetig ansteigende Strecke, allerdings ohne größere Einzelsteigungen. Die Route führt meist über separate Radwege, einige Passagen auf losem Untergrund.

Start / Ziel: Campingplatz Schwarzlsee bei Graz, www.schwarzlsee.at

Auswahl weiterer Camps an der Strecke: FKK-Bereich des Campingplatzes Schwarzl-Freizeitzentrum, Wohnmobilstellplätze in Graz und Neufeistritz

Gleich zu Beginn der Tour stehen wir vor einer Herausforderung: Die Altstadt von Graz zieht uns so in den Bann, dass es schwerfällt, weiter zu radeln. Wer sich doch auf den Weg macht, genießt den guten Mur-Radweg und bekommt unterwegs noch einiges zu sehen.

Hier sind wir goldrichtig: Vor den Toren der wunderschönen Stadt Graz liegt unser **Campingplatz Schwarzlsee** mit direktem Zugang zum Wasser. Große Stellplätze im üppigen Grün der Anlage, beste Sanitäranlagen und natürlich die grandiose Freizeitanlage direkt nebenan lassen bestimmt keinen Verdruss aufkommen.

Los geht´s am Campingplatz, den wir an der Ausfahrt nach rechts verlassen. So gelangen wir geradeaus auf den R9, den Erzherzog-Johann-Radweg. Der führt uns mit mehrfachem Abbiegen um den Flughafen herum und durch den Ort Abtissendorf auf den Mur-Radweg. Der ist bestens ausgebaut und beschildert, so dass wir ihm flussabwärts vorbei an Graz und Judendorf nach Gratwein folgen.

Auf unserer Radtour genießen wir den schönen Radweg entlang der Mur. So erreichen wir nach wenigen Minuten Graz, die Hauptstadt der Steiermark. Nein, hier ist kein Ufo gelandet: Die futuristischen Formen, die wir am Mur-Ufer entdecken, umhüllen das **Kunsthaus**. Graz ist also eine toppmoderne Stadt? Weit gefehlt, denn mit wenigen Pedaltritten erreichen wir die **Altstadt**, in der wir uns im Mittelalter wähnen. Entlang der schmalen Gassen finden wir wunderschöne **Renaissance- und Barockhäuser**. Hier wissen wir gar nicht, wo wir zuerst hinblicken sollen: Das **Alte Rathaus**, der Dom, das **Landhaus** und das Landzeughaus, der bunt bemalte **Herzogshof**, Franziskaner- oder Stadtkirche: Alles steht in der Altstadt zu Recht als UNESCO-Welterbe unter Schutz.

Über der Szenerie thront der **Schlossberg**, auf den eine Seilbahn fährt. Hier finden wir auch den jahrhundertealten **Uhrturm**. Die Festung hier oben auf dem Schlossberg wurde aufgrund eines Friedensbeschlusses gesprengt. Die Grazer Bürger sorgten seinerzeit mit ihrem Geld dafür, dass der Uhrturm und der Glockenturm von den Sprengungen verschont blieb.

Tipp: Ein nicht ernst gemeintes „Vorsicht!" ist noch angesagt, denn Graz macht süchtig: Wenn wir durch diese wunderschönen **Altstadtgassen** schlendern, in den Geschäften und in der **Gastronomie** eingekehrt sind, besteht die große Chance, dass wir unsere Tour erst gar nicht fortsetzen. Warum also nicht einfach hier verweilen und die Radtour an einem anderen Tag weiter entlang der Mur fortsetzen?

Hoch über unseren Köpfen erhebt sich die **Wallfahrtskirche Maria Straßenengel**, die im 14. Jh. in dieser spektakulären Lage erbaut wurde. Interessant auch der ehemalige Zementofen, der inzwischen auch unter Denkmalschutz steht. Wir finden ihn auf dem Gelände eines Chemiebetriebs in der Fabrikstraße.

Weiter geht´s von Gratwein auf dem Mur-Radweg an Kleinstübing und mit geschickter Streckenführung am Brückengewirr der Autobahnen vorbei. Deutschfeistritz, Badl, Frohnleiten, Mixnitz, Mautstatt und Pernegg nach Bruck. Hier rollen wir zum Bahnhof, steigen in die Bahn und fahren am besten zum Bahnhof Abtissendorf zurück. Von hier sind wir rasch zurück am Camp mit unseren Bikes.

Im Deutschfeistritz gibt es gleich mehrere Gründe für einen Aufenthalt: Die Pfarrkirche

Der Uhrturm blickt über die Stadt

St. Martin blickt auf eine farbenfroh gestaltete Innenstadt und auch **Schloss Thinnfeld**, das 1764 für Herrn von Thinnfeld errichtet wurde, ist ein Anblick wert. Nicht nur Technikfans werden vom **Sensenwerk** begeistert sein, das 1849 errichtet wurde und bis 1984 die scharfen Werkzeuge herstellte. Heute hält ein Industriedenkmal diese Technik lebendig.

Die Region, wo die Mürz in die Mur mündet, war schon in der Steinzeit besiedelt. In den folgenden Jahrhunderten verewigten sich neben unseren Vorfahren auch die Römer hier. Inzwischen ist Bruck an der Mur zu einer größeren Stadt angewachsen. Ansehen können wir uns die Reste der **Stadtbefestigung** mit dem Recktor, die kleine Heilig-Geist-Kapelle, die **Minoritenkirche** Maria im Walde, das Kornmesserhaus und einen Uhrturm, der auch hier auf einem Schlossberg steht.

18 Entspannen, radeln, baden, fliegen – alles ist möglich

Von **Annenheim** über Ossiach

CamperTouren Info

ca. 28 km ohne Abstecher, regionale Wegweisung sowie teils Beschilderung als Ossiacher See Radweg. Mehrere kleinere, aber nicht allzu anspruchsvolle Steigungen. Die Route führt meist abseits des Straßenverkehrs über separate Radwege, einige Passagen auf losem Untergrund.

Start / Ziel: CampingBad Ossiacher See in Annenheim, www.camping-ossiachersee.at

Auswahl weiterer Camps entlang der Strecke: Seecamping Berghof, Seecamping Mentl, Seecamping Plörz, Seecamping Köbl, Terrassencamping Ossiacher See, Ideal Camping Lampele, Camping Kalkgruber, Seecamping Laggner, Seecamping Nagele, Seecamping & SeeLodges Hoffmann, Camping Morgenfurt, Seecamping Hoffmann, Camping & Ferienhaus Blasge

Der Ossiacher See liegt in idyllischer Lage zu Füßen der Bergriesen Ossiacher Tauern, Hausberg und Gerlitzen-Alpe. Ganz entspannt und ohne allzu große Steigungen umrunden wir den See auf einem durchgängigen Radweg und entdecken dabei sehenswerte kleine und große Orte.

Unser Campingplatz „**CampingBad Ossiacher See**" liegt malerisch eingebettet in grüne Hügel und zu Füßen der majestätischen Berge wie Ossiacher Tauern, Hausberg und Gerlitzen-Alpe. Und das bei rechtzeitiger Buchung mit direktem Blick vom Camper auf das Wasser und auf jeden Fall mit direktem Zugang zum glasklaren Wasser des Sees, der uns zu Wassersport aller Art einlädt. Wenn das Wetter mal nicht zum Sprung von den langen Badestegen einlädt, können wir uns in der Sauna aufwärmen oder uns im Restaurant verwöhnen lassen. Wer mal keine Lust auf´s Zelten hat, bucht eines der 4-Bett-Hütten, die einfach gestaltet, aber mit Strom ausgestattet sind.

Los geht´s am Campingplatz, den wir an der Ausfahrt nach links entlang der Sankt-Andräer -Straße den Schildern des Ossiacher See Radweg folgend verlassen. Nachdem wir den Seebach überquert haben, links und später parallel zur Straße via Heiligengestade und Ostriach nach Ossiach.

Die lange Liste der **Campingplätze** entlang des Seeufers ist ein eindeutiges Indiz: Rund um den Ossiacher See können wir einen erstklassigen Urlaub verleben! Das sportliche Angebot rund um den See ist sehr vielfältig: Wir können mit **Paragalidern** in die Luft gehen,

Grüne Hügel umschmiegen den Ossiacher See

mit Paddel-Boards, **Segelboote** und Windsurfbretten auf dem Wasser gleiten oder uns **per Pedes** in die Berge bewegen.

Dazu gehört neben dem Sport und der Entspannung freilich auch, dass wir Sehenswertes entdecken. Und so kommen wir nach einigen Radel-Minuten an der **ehemaligen Wallfahrtskirche Heiligen Gestade** vorbei. Hinter dem Hochaltar gab es eine Quelle, der Heilkraft nachgesagt wurde, und schon hatten die Wallfahrer ein gutes Ziel gefunden. Leider war der Boden nicht geschaffen für große Bauwerke, und so wurde die Kirche, nachdem sie teils versunken war, neu errichtet und dann doch gesprengt. Interessant in dem Zusammenhang: Seinerzeit wurde der Altar verkauft, um den Sprengstoff kaufen zu können.

Dann gelangen wir in den Ort, der denselben Namen wie der See trägt: Aus einem Benediktinerkloster heraus entwickelte sich der heute touristisch perfekt erschlossene Ort Ossiach. Noch heute ist das **Stift Ossiach** mit der **Stiftskirche** das markanteste Bauwerk.

Weiter geht´s von Ossiach über den Ossiacher See Radweg durch Alt Ossiach. Nachdem wir einen kleinen Abstecher vom See weg gefahren sind, kehren wir bei Steindorf wieder ans Ufer zurück. Unterberg, Bodensdorf, Sattendorf und Annenheim liegen auf unserem Weg am Ufer entlang zurück zu unserem Campingplatz.

An der Stelle, wo uns der Seeradweg vom Ufer weg leitet, können wir einen Abstecher nach Feldkirchen in Kärnten unternehmen, das uns rund um den **Hauptplatz** mit vielen historischen und gleichsam bunten Fassaden empfängt. Besonders imposant ist der **Bamberger Amtshof**, der so feudal wie ein „echtes" Schloss gestaltet wurde.

Tipp: In Steindorf müssen wir uns unbedingt das „**Steinhaus**" ansehen. Was zunächst so wirkt, als hätten die Jungs vom Bau ganz viel falsch gemacht, entpuppt sich bei näherem Hinsehen als Meisterwerk des Architekten Günter Domenig. Sagenhafte 850 qm Nutzfläche bietet das Haus am Ufer des Sees und hält neben viel Glas- und Steinelementen auch eine „Schlucht" bereit.

Auf unserer Tour entlang des Seeufers kommen wir durch viele kleine und sehenswerte Ortschaften, die alle ihren eigenen Charme versprühen. So finden wir z.B. in Bodensdorf die strahlend weiße **Pfarrkirche St. Josef** oder in Sattendorf einen farbenfrohen Bahnhof.

Tipp: In Annenheim lohnt eine 30-minütige Fahrt mit der Kanzel- und weiter mit der Gipfelbahn hoch hinauf auf 1.911 m zum Gipfel der Gerlitzen. Auch selbst, wenn man den Nervenkitzel eines Paragleiten-Tandemfluges wieder zurück ins Tal nicht genießen möchte, hat man hier oben einen unvergesslichen 360 Grad-Panoramablick auf Kärntens Berg- und Seenlandschaft.

19 Kärntens Perle an der Drau

Von **Annenheim** über Villach

CamperTouren Info

ca. 34 km ohne Abstecher, regionale Wegweisung sowie teils Beschilderung als Ossiacher-See Radweg sowie als Alpe-Adria-Radweg und Millstätterweg. Mehrere kleinere, aber nicht allzu anspruchsvolle Steigungen. Die Route führt meist abseits des Straßenverkehrs über separate Radwege, einige Passagen auf losem Untergrund.

Start / Ziel: CampingBad Ossiacher See in Annenheim, www.camping-ossiachersee.at

Auswahl weiterer Camps entlang der Strecke: Camping Seehof, Camping Gerli

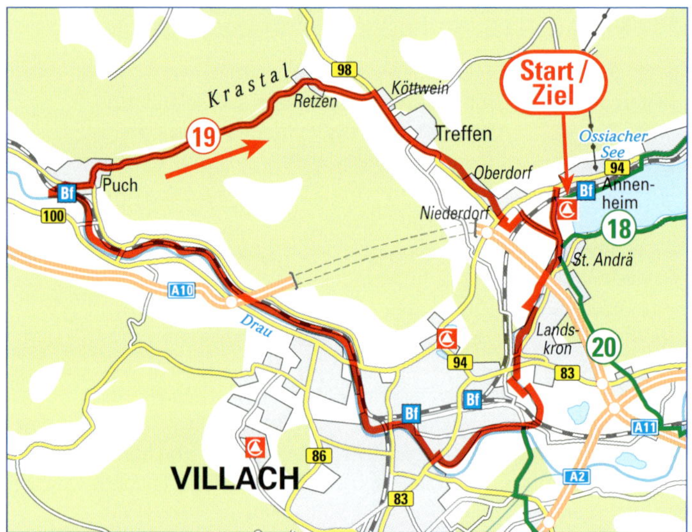

Auf entspannten und bestens ausgebauten Wegen erreichen wir entlang der Drau die altehrwürdige Stadt Villach. Hier tauchen wir ein in die teils engen Gassen der Altstadt und bestaunen die drastischen Darstellungen des Prangers.

Der **Ossiacher See** ist der drittgrößte See von Kärnten und zugleich eine der beliebtesten Urlaubs-Destinationen des Landes. Obwohl er eine Wasserfläche von mehr als 10 qkm bedeckt und bis zu 52 m tief ist, lockt er im Sommer mit angenehmen Badetemperaturen.

Los geht´s am Campingplatz, den wir wieder an der Ausfahrt nach links entlang der Sankt-Andräer-Straße den Schildern des Ossiacher-See Radweg folgend verlassen. Vor dem Seebach biegen wir dieses Mal rechts ab und folgen dem Verlauf des Flusses unter der Tauern-Autobahn hindurch und vorbei an Landskron bis zur Mündung in die Drau in Villach. Ab hier folgen wir dem Drau-Radweg nach rechts, der stets am Ufer entlang verläuft.

In der Liste der größten Städte Österreichs belegt Villach den 7. Rang, doch bei der Hitliste der schönsten Städte würden wir Villach bestimmt einen der vordersten Plätze einräumen, denn die Stadt schmiegt sich grandios an das Ufer der **Drau**, die auch noch einen schwungvollen Bogen vollzieht. Schon seit der Jungsteinzeit siedelten Menschen an diesem schönen Fleckchen Erde.

Tipp: Etwas unscheinbar steht der **Pranger** auf dem Hauptplatz Villachs. Schon im 15. Jh. wurde hier der erste Schandpfahl aufgestellt, weil hier die meisten Bürger vorbeikamen und den Sünder betrachten konnten. Wenn wir den Pyramiden-Aufsatz genau betrachten, stellen wir fest: Hier werden die möglichen **Strafen** bildhaft dargestellt:

Villach ist ohne Frage eine der schönsten Städte Österreichs

Hand abhacken, Ohr abschneiden, Augen ausstechen und auspeitschen. Wenn das nicht abschreckend wirkt…

Der **Hauptplatz** ist nicht besonders breit, dafür umso länger, denn er wurde im Verhältnis 8:1 angelegt. An seinen Flanken gesellen sich wunderschöne, kunterbunte historische Häuser nebeneinander. Vom Platz aus gehen mehrere kleine Gassen ab, in denen wir weitere Häuser der **Altstadt** bewundern können, wobei die Gerbergasse und **Lederergasse** mit ehemaligen Handwerkerhäusern die vielleicht schönsten sind.

Weiter geht's von Villach, das wir am Ufer der Drau entlang über den gleichnamigen Radweg verlassen. Nach wenigen Minuten erreichen wir den Ort Puch, wo wir rechts abzweigen und entlang der Weißensteiner Straße, unter der Drautalbahn hindurch, am Bahnhof vorbei radeln. Nun geht es kräftig bergauf, wenn wir Puch links auf der Krastal-Straße verlassen. So radeln wir durch das Krastal, kommen durch Retzen und treffen bei Köttwein auf eine Straße, der wir nach rechts folgen. Die Schilder des Millstätterweges geleiten uns durch Treffen, Oberdorf und Niederdorf wieder zum Ufer des Ossiacher Sees, wo wir die Radrunde am Campingplatz beenden.

Der **Alpe-Adria-Radweg** ist einer der spannendsten Radwege in den Alpen. Der „Trail", wie er auch genannt wird, startet am Fuße des Großglockners und überwindet den Alpenkamm, indem er neben österreichischem auch slowenisches Territorium durchzieht, um im italienischen Venetien an der Adria zu enden

Tipp: Hinter dem Ort Puch verlässt unsere Strecke das Tal der Drau und schraubt sich hoch auf 655 m, wobei wir rund **155 Höhenmeter** auf gut 4 km verkraften müssen. Es ist also eine Überlegung wert, von Puch aus wieder am Drau-Ufer und am Ufer des Seenbaches zurück zu radeln.

Das **Krastal**, durch das wir radeln, dürfte schon seit etwa 500 v.Chr. besiedelt sein. Weit bekannt ist der hier abgebaute, edle **Krastaler Marmor**, der auch schon vor fast 2.000 Jahren von den Römern genutzt wurde.

20 Stippvisite am Faaker See

Von **Annenheim** über Drobollach am Faaker See

CamperTouren Info

ca. 27 km ohne Abstecher, regionale Wegweisung sowie teils Beschilderung als Karnischer Radwanderweg, als Drau-Radweg sowie als Alpe-Adria-Radweg. Eine kräftige, knapp 3 km Steigung, die eine gewisse Grundkondition erfordert. Die Route führt meist abseits des Straßenverkehrs über separate Radwege, einige Passagen auf losem Untergrund.

Start / Ziel: CampingBad Ossiacher See in Annenheim, www.camping-ossiachersee.at

Auswahl weiterer Camps entlang der Strecke: Wiesencamping & Pension Melcher-Marhof, Camping Plogitsch, Strandcamping Anderwald, Camping Arneitz, Strandcamping Gruber

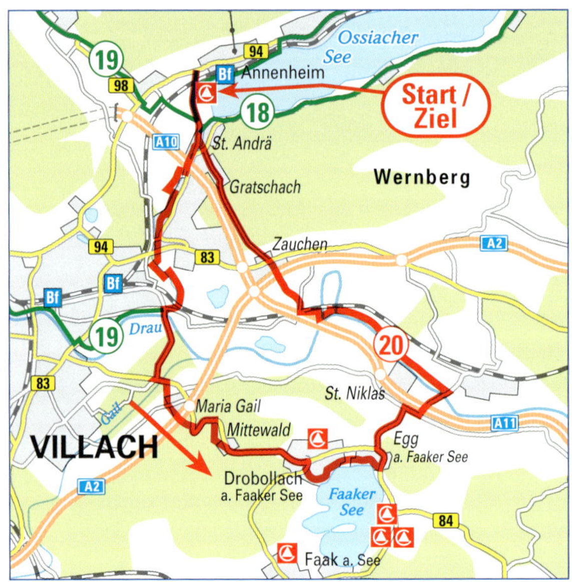

Bei dieser Tour haben wir eine schweißtreibende Steigung zu verkraften. Die Mühen werden mehrfach entschädigt mit dem herrlich gelegenen Faaker See, der uns rasch in seinen Bann zieht.

Rund um den **Ossiacher See** dürfte so ziemlich jeder **Sportler** auf seine Kosten kommen: Wir können verschiedenste Boote ausleihen, den Kletterwald besuchen, Golfen und Minigolfen, an geführten Mountainbike-Touren teilnehmen, Wasserski laufen und noch viel mehr.

Naturfreunde zieht es auf die **Burg Landskron**, die in spektakulärer Lage auf einem Felsen liegt. Etwas unterhalb der Burg können wir die putzigen Japanmakaken am **Affenberg** hautnah beobachten und auf der Burg in der **Adlerarena** den Flugvorführungen beiwohnen, bei denen die Könige der Lüfte in die Höhe steigen.

Los geht´s wieder am Campingplatz, den wir abermals nach links entlang der Sankt-Andräer-Straße den Schildern des Ossiacher See Radweg folgend verlassen. Vor dem Seebach biegen wir wieder Mal rechts ab und folgen dem Verlauf des Seebachs bis zur Mündung in die Drau. Hier überqueren wir die Drau, radeln ein Stück auf dem Alpe-Adria-Radweg geradeaus und treffen auf eine Querstraße, mit der wir nach links den Fluss Gail überqueren. Nun radeln wir durch Maria Gail und schnaufen beim Queren der Autobahn kräftig durch, denn es geht teils steil bergauf durch Mittewald nach Drobollach am Faaker See, wo wir das Seeufer ansteuern.

Rund 2,2 qkm bedeckt der **Faaker See** und ist damit deutlich kleiner als „unser“ Ossiacher See. Da er eine Wassertiefe von „nur“ rund 30 m hat, wird er aber im Frühjahr noch schneller warm, so dass wir uns nach dem kraftrau-

Magnet für Erholungssuchende – der Faaker See mit seiner idyllischen Insel in der Seemitte

benden Aufstieg bestens in den Fluten abkühlen können. Rund um den See hat sich eine perfekte touristische Infrastruktur entwickelt, so dass wir reichlich **Einkehrmöglichkeiten** finden.

Tipp: Es ist nicht zu überhören, wenn im September am Faaker See die **European Bike Week** stattfindet, denn dann bebt hier die komplette Region. Über 100.000 Motorradfans, unter ihnen rund 40.000 Harley-Davidson-Fahrer, strömen zu diesem Happening, bei dem natürlich auch Musik und Party nicht zu kurz kommen.

Von Egg aus sind wir am Ufer entlang auch rasch in **Faak am See**, der sich zu einem der Hauptorte entwickelt hat. Der Ort liegt auf 566 Metern Höhe und ist nicht nur bestens ans Straßen- sondern auch ans Schienennetz angeschlossen. Mitten im See entdecken wir eine **Insel**, auf der sogar ein Hotel steht – wer also ganz besonders idyllisch nächtigen möchte, ist hier genau richtig.

Weiter geht's vom Seeufer in Drobollach am Faaker See, dem wir im Uhrzeigersinn folgen. Bei Egg zweigen wir links ab, folgen ein paar Meter der Straße und wenden uns dann nach rechts. Die kleine Straße bringt uns in entspannter Fahrt hinunter nach St. Niklas an der Drau. Am Kreisel rechts und dann links über die Drau-Brücke. Auf der anderen Seite links und am Ufer entlang. Vor der Autobahnunterführung rechts, über die nächste Autobahn hinweg, geradeaus durch Zauchen nach Gratschach und St. Andrä. Ab hier folgen wir der Sankt-Andräer-Straße wieder zurück zu unserem Campingplatz.

Wir radeln über die stark befahrene **Karawanken-Autobahn** hinweg. Der gleichnamige Tunnel wurde 1981 fertiggestellt, wodurch die Fahrzeit nach Slowenien erheblich verkürzt wurde. Seitdem müssen Gespann- und Wohnmobilfahrer keinen langen Umweg um die Berge herum fahren.

21 Kärntens tiefster See – ist es auch der schönste?

Von **Döbriach** über Seeboden

CamperTouren Info

ca. 28 km ohne Abstecher, regionale Wegweisung sowie teils Beschilderung als Millstätterweg R2B. Mehrere kurze, aber teils kräftige Steigungen, die eine gewisse Grundkondition erfordern. Die Route führt meist abseits des Straßenverkehrs über separate Radwege, einige Passagen auf losem Untergrund.

Start / Ziel: Komfort-Campingpark Burgstaller in Döbriach, www.burgstaller.co.at

Auswahl weiterer Camps entlang der Strecke: Seecamping Mössler, Schwimmbadcamping Mössler, Camping Brunner am See, Happy Camping Golser, Camping Gauglerhof, Camping Neubauer, FKK- und Textil Terrassencamping Pesenthein, Strandcamping Winkler

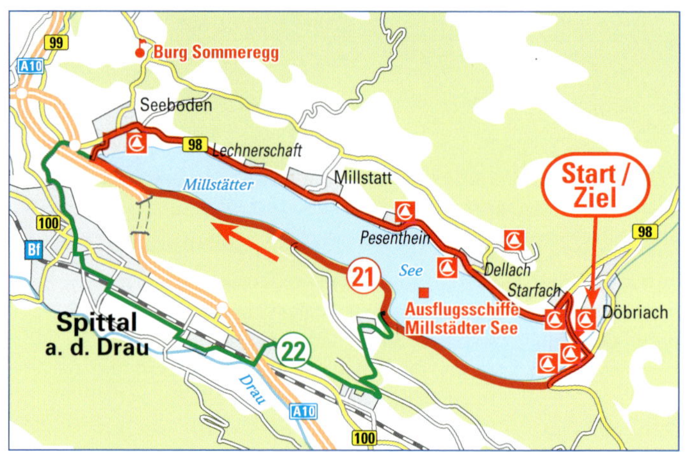

Die lange Liste der Campingplätze macht es deutlich: Urlaub in Kärnten ist einfach wunderschön – und am Millstätter See lässt es sich ganz besonders toll erholen. Also machen wir uns auf, diesen 12 km langen, aber nur maximal 2 km breiten See näher kennenzulernen. Eine Tour um den See herum ist genau das richtige für eine entspannte Tagestour, denn es gibt viel zu entdecken am Wegesrand.

Wie schon unser Tourtitel andeutet, empfängt uns der **Millstätter See** mit einigen Superlativen: Unglaubliche 141 m misst der See an seiner tiefsten Stelle und ist damit Kärntens tiefster See, was auch dafür sorgt, dass er mit 1204 Millionen Kubikmetern der wasserreichste des Bundeslandes ist. Wie ein 12 km Fjord schmiegt sich der Millstätter See zu Füßen der bis zu 2.000 m hohen Alpenriesen. Ein gar nicht einmal so hoher Bergrücken trennt den See vom Fluss Drau.

Los geht´s am Campingplatz, den wir über den Strandweg Richtung Seeufer verlassen, um vor dem Ufer links abzubiegen auf die Seefeldstraße. An deren Ende rechts auf die Glanzerstraße, die sogleich deutlich ansteigt. Auch auf den nächsten Kilometern bleibt es etwas anstrengend, denn in einem stetigen Auf und Ab radeln wir am Ufer entlang bis nach Seeboden.

In Seeboden können wir bestens durchatmen, denn wir sind in einem Luftkurort angekommen. Die rund 6.500 Einwohner haben sich bestens auf Besucher eingestellt – wir finden beste **Einkehrmöglichkeiten**, um unseren Kalorienhaushalt wieder aufzufüllen. Ruhe und Entspannung finden wir im weitläufigen **Klingerpark**.

Wunderbare Ausblicke erwarten uns rund um den Millstätter See

Tipp: Wenn die Muskelkraft oder ggf. die Akkuleistung einmal nachlassen, können wir an mehreren Stellen auf das Schiff steigen. Die **Ausflugsschiffe** verkehren regelmäßig auf dem Millstätter See und laufen verschiedene Häfen an.

Ein schönes Fotomotiv bietet das hölzerne Gebäude des **Fischereimuseums**. Im Innern erfahren wir mehr über den Fischfang, der hier am See natürlich eine lange Tradition hat. Etwas abseits, aber leider auch deutlich über dem Ort liegt **Burg Sommereck** auf einem der Millstätter Berge. Der beschwerliche Aufstieg lohnt sich nicht nur für die tolle Aussicht, sondern auch wegen der möglichen Einkehr in der Gaststätte und dem Foltermuseum, das die Gräueltaten zeigt, die bei der Inquisition vonstattengingen.

Weiter geht's von Seeboden, das wir entlang der Hauptstraße verlassen, um uns wieder ans Ufer des Sees zu gesellen. Die Orte Lechnerschaft, Millstatt, Pesenthein, Dellach und Starfach liegen am Wegesrand, bis wir wieder zurück zu unserem Campingplatz gelangen.

Am Ortsausgang von Seeboden können wir uns noch im **Klauberpark** aufhalten, der auch einen **Badestrand** bereithält.

Das im 11. Jh. gegründete **Stift Millstatt** besaß weite Ländereien und sorgte für viele Jahrhunderte auch für Wohlstand in der Gegend. Noch heute ist das Stift mit seinen Türmen und der **Stiftskirche** das markanteste Gebäude weit und breit, so dass es auch bei uns auf dem Pflichtprogramm steht. Aus dem Stift heraus entwickelte sich die Marktgemeinde Millstatt, die sich heutzutage voll auf den Tourismus eingestellt hat. Dass sich aber auch schon unsere Vorfahren gerne hier aufgehalten haben, sehen wir an den vielen Villen, die uns in und um Millstatt herum ins Auge fallen. Auf einem Villenweg werden wir an mehreren der Prachtbauten vorbeigeführt.

22 Hier pulsiert das Herz Oberkärntens

Von **Döbriach** über Spittal

CamperTouren Info

ca. 38 km ohne Abstecher, regionale Wegweisung sowie teils Beschilderung als Millstätterweg R2B sowie als Drau- bzw. Alpe-Adria-Radweg. Eine kurze Steigung zu Beginn, eine kräftige Steigung, die eine gewisse Grundkondition erfordert, gegen Ende der Tour. Die Route führt meist abseits des Straßenverkehrs über separate Radwege, einige Passagen auf losem Untergrund.

Start / Ziel: Komfort-Campingpark Burgstaller in Döbriach, www.burgstaller.co.at

Auswahl weiterer Camps entlang der Strecke: Seecamping Mössler, Schwimmbadcamping Mössler, Camping Brunner am See, Happy Camping Golser, Camping Draufluss

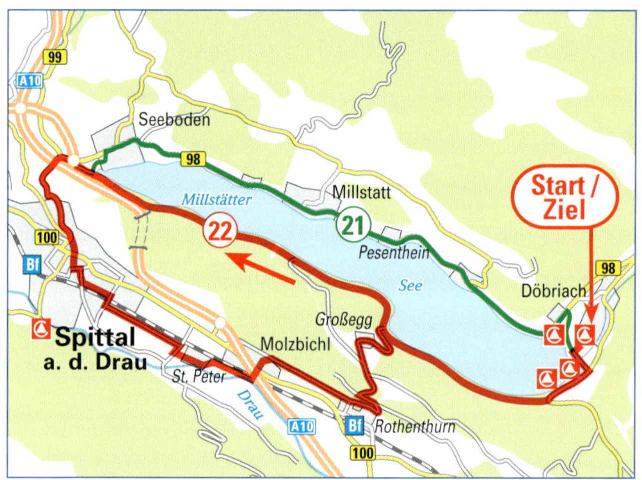

Diese Tour präsentiert sich als sehr abwechslungsreich, denn zunächst radeln wir auf hügeliger Strecke an unserem liebgewonnenen Millstätter See entlang, bevor es in entspannter Fahrt bergab nach Villach geht. Um eine Rad-Runde zu vollziehen, folgen wir dem Verlaufe der Drau mit ihrem erstklassigen Radweg einige Kilometer, ehe uns kurze, aber kräftigte Steigung über den Berg zurück zum See führt.

Unser „**Komfort-Campingpark Burgstaller**" zählt bis zu 150.000 Übernachtungen pro Jahr und ist damit das größte Touristikunternehmen Kärntens. Für Familien mit Kindern wird ein Traum war, denn das Angebot für die Kids ist einfach unglaublich: Betreuung im Kids Klub, Animationsprogramme, eine Parkbahn und noch vieles mehr. Die sind hier immer beschäftigt, und auch das leidige Thema des „Säuberns" ist hier keines, denn alle reißen sich darum, endlich wieder ins „U-Boot" zu dürfen. Ja, das Sanitärgebäude ist einem echten U-Boot nachempfunden.

Doch auch wer nicht mit Kindern reist, kommt voll auf seine Kosten: Perfekte Sanitäranlagen, gepflegte Stellplätze, Einkehrmöglichkeiten und noch viel mehr machen den Platz auch für „Senioren" attraktiv, für die es auch besondere Willkommenswochen gibt.

Los geht´s vom Campingplatz, den wir über den Strandweg zum Seeufer verlassen, um dort links auf die Seefeldstraße und dann rechts auf die Glanzerstraße abzubiegen, die deutlich ansteigt. Wieder geht es in hügeliger Fahrt am Seeufer entlang bis vor die Tore von Seeboden. Doch dieses Mal lassen wir die Ortsmitte „rechts liegen" und folgen dem Verlauf der Bundesstraße ein kleines Stück, die dann in einem Linksbogen in die Gmünder Straße übergeht

In Dorbiach haben wir die Qual der Wahl bei den vielen guten Camps

und unter der Tauern Autobahn hindurchführt. Am Flüsschen Lieser entlang rollen wir entspannt bergab ins Herz von Spittal.

Am „Ende" unseres Aufs und Abs am Ufer des Millstätter Sees tangieren wir Seeboden, das als „**Streudorf**" bezeichnet wird, weil wir so recht kein historisches Zentrum ausmachen können. Dafür zählen sage und schreibe 22 Ortschaften zum Gemeindegebiet. Direkt an unserem Wegesrand plätschert der **Seebach**, ein natürlicher Ablauf des Millstätter Sees.

Weiter geht's von Spittal, das wir den Schildern des Drau- bzw. des Alpe-Adria-Radwegs folgend verlassen. Der verläuft ab der kleinen Lieserbrücke vom Kreisel aus über Hösslgasse, Kapellengasse, rechts Fridtjof-Nansen-Straße, rechts „Übers Land" und links Tangener Weg aus Spittal hinaus. So rollen wir durch St. Peter und verlassen den Drau-Radweg hinter der Autobahn rechts Richtung Molzbichl. Auf der Straße Aichforst geht es weiter schnurgeradeaus nach Rothenthurn. Nun heißt es Durchschnaufen, denn es geht steil hinauf am Schloss vorbei. Nach rund 3 km ist der Anstieg bei Großegg geschafft. Nun rollen wir entspannt hinab zum Seeufer, dem wir nach rechts folgen, um nach einer weiteren, kleinen Steigung wieder zurück zu unserem Campingplatz zu gelangen.

Nun sind wir in **Oberkärnten** unterwegs. So ganz genau lässt sich die Grenze zwar nicht ziehen, aber rund 6.000 qkm werden dieser Region zugerechnet, die fast komplett auf einer Höhe über 1.000 m liegt. Zum Greifen nah und doch so hoch und fern sind die **Hohen Tauern**, deren Gipfel sich bis auf 3.798 türmen. Wer also Lust auf hochalpine Touren hat, ist hier genau richtig! Das städtische und zugleich auch **kulturelle Zentrum** der Region ist Spittal, das uns mit seinen zahllosen **historischen Gebäuden** immer wieder rasch in den Bann zieht.

Tipp: Die Steigung hinter Rothenthurn ist beachtlich – rund 3 km kurbeln wir den **Berg** hinauf. Wer sich dies lieber ersparen möchte, radelt wieder ab der Drau zurück nach Spittal und von hier zurück nach Seeboden. Von dort aus können wir dann einfach wieder am Seeufer nach Döbriach retour fahren.

Der „rote Turm" dürfte der älteste Teil vom heutigen **Schloss Rothenthurn** sein, das sich ungemein fotogen im See davor spiegelt. Während der Turm wohl schon im 11. Jh. errichtet wurde und die restlichen Gebäude im 16. und 17. Jh. hinzu kamen, gab es schon früh einen unterirdischen Gang zur sogenannten Maximiliansburg zwischen Molzbichl und dem Ort Rothenthurn.

23 Thementouren rund um die Mozartstadt

Von **Salzburg** über Piding

CamperTouren Info

ca. 34 km ohne Abstecher, regionale Beschilderung sowie Beschilderung als Tauern- bzw. Mozartradweg. Mehrere kurze Steigungen, die sich auf die gesamte Strecke verteilen. Die Route führt über Radwege, Straßen und Naturwege, einige Passagen auf losem Untergrund.

Start / Ziel: Panorama-Camping in Salzburg, www.panorama-camping.at

Auswahl weiterer Camps entlang der Strecke: Camping Nord-Sam sowie Wohnmobilstellplatz in Salzburg

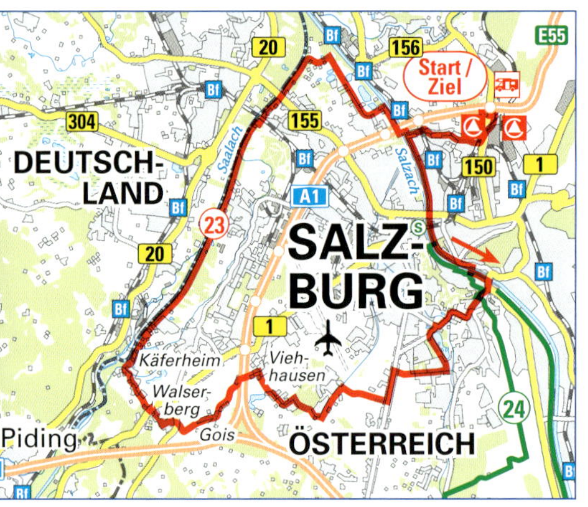

Der Tauern- und der Mozartradweg geleiten uns auf unserer Tour rund um die Mozartstadt Salzburg. Nachdem wir die zahllosen Sehenswürdigkeiten der viertgrößten Stadt Österreichs genossen haben, radeln wir durch die bewaldeten Höhen zur Saalach hinüber.

Salzburg ist nicht nur die viertgrößte Stadt Österreichs, sondern ohne Frage auch eine der schönsten des Landes. Unübersehbar thront die **Festung Hohensalzburg** über der Salzach. Zu ihren Füßen gibt es unglaublich viel zu sehen, wie z.B. den strahlend weißen und mit gleich 2 Türmen versehenen **Salzburger Dom**, die prachtvollen historischen Bauten der **Altstadt**, zahllose Gotteshäuser, Schloss Mirabell, Schloss Leopoldskron oder einer der vielen einladenden **Plätze** der Stadt.

Los geht's an der Ausfahrt des Camps, die wir nach rechts auf der Rauchenbichler Straße verlassen. Mit einem Schlenker überqueren wir die Bundesstraße und die Bahn, um dahinter an der querenden Landstraße rechts abzubiegen. Wir folgen dem Mozartradweg. An der Bundesstraßen-Auffahrt passieren wir die B 150 nochmals und rollen durch das Tal des Alterbaches. Am Fernheizkraftwerk vorbei erreichen wir die Salzach, deren Radweg wir nach links folgen. So kommen wir direkt an der Altstadt Salzburgs vorbei.

Tipp: Wem zwischen den vielen Sehenswürdigkeiten einmal der Sinn nach etwas Ruhe steht, der rollt auf der Hellbrunner Allee zum **Landschaftsgarten Hellbrunn**. Schon wenn wir hier vor den prachtvollen Wasserspielen verweilen, kehrt unmittelbar eine innere Entspannung ein. Auf der großen Gartenachse liegt **Schloss Goldenstein**. Auch Schloss Anif, die **Kayserburg** und Schloss Herrnau sind in unmittelbarer Nähe gelegen, so dass wir auf weitere Sehenswürdigkeiten nicht verzichten brauchen.

Natürlich müssen wir in Salzburg auch auf den Spuren von **Wolfgang Amadeus Mozart** wandeln, der am 27.01.1756 hier gebo-

Ein Besuch in Salzburg ist eine Reise in die Vergangenheit

ren wurde und in seinem kurzen Leben ein umfangreiches Werk erschuf. Bis heute gilt er als einer der wichtigsten Künstler der klassischen Musik. Wer mit Klassik Musik nicht so viel anfangen kann, widmet sich den nicht minder berühmten **Mozartkugeln**, die in Salzburg natürlich an jeder Ecke vermarktet werden. Die Leckerei besteht aus Schokolade, Nougat, Pistazien und Marzipan - köstlich!

Weiter geht's auf dem Radweg entlang der Salzach, die wir mit dem Mozartsteg würdevoll überqueren können. Auf der anderen Seite radeln wir links weiter am Ufer entlang. Nachdem wir die nächste Brücke gerade aus passiert haben, biegen wir rechts ab und rollen zu Füßen der Hohensalzburg auf dem Mozartweg bergauf. Auch der Tauernradweg ist hier als Fernradweg gekennzeichnet. Diesem folgen wir am Flughafen vorbei, über die Glan und nach Viehausen. In Gois biegen wir rechts vom Tauernradweg ab und fahren über Walserberg und Käferheim hinunter zum Ufer der Saalach. Hier bleiben wir am rechten Ufer des Flusses. Vor den Sportplätzen zweigen wir rechts ab und gelangen wieder an die Salzach. Hier nutzen wir die erste Brücke, es ist die Autobahnbrücke, um das Ufer zu wechseln. Dahinter rechts und gleich wieder links. Von hier deutlich bergauf und zurück auf derselben Strecke zum Camp, auf der wir herkamen.

Nur wenige Pedalumdrehungen von der Stelle entfernt, wo wir auf die Saalach treffen, liegt der Ort Piding. Er gehört zum Berchtesgadener Land und ist damit schon deutsches Staatsgebiet. Der kleine Schlenker lohnt sich, denn das **Schloss Staufeneck**, das sich im dichten Grün des Berges versteckt, ist eine echte Augenweide. Interessant ist auch das ehemalige **Mauthaus** im Ort Mauthausen, das schon im Jahre 908 erstmals erwähnt wurde.

Kartentipp:
ADFC-Regionalkarte Chiemgau,
1:75.000, ISBN 978-3-96990-023-9, € 9,95
Digital für Smartphones und Tablets: www.fahrrad-buecher-karten.de/rk-digital

24 Salzige Tour – auf Wunsch mit würziger Bergwertung

Von **Salzburg** über Hallein

CamperTouren Info

ca. 46 km ohne Abstecher, regionale Beschilderung sowie Beschilderung als Tauern- bzw. Mozartradweg. Mehrere kurze Steigungen, die sich auf die gesamte Strecke verteilen. Die Route führt über Radwege, Straßen und Naturwege, einige Passagen auf losem Untergrund.

Start / Ziel: Panorama-Camping in Salzburg, www.panorama-camping.at

Auswahl weiterer Camps entlang der Strecke: Camping Nord-Sam, Campingplatz Schloss Aigen, Camping Auwirt sowie Wohnmobilstellplatz in Salzburg

Auf dieser Tour genießen wir nochmals die hervorragende Radtrasse, die dem Verlaufe der Salzach folgt. Der Tauern- und der Mozartradweg weisen uns zuverlässig den Weg nach Hallein, das uns mit seiner historischen Altstadt empfängt. Auch interessante und außergewöhnliche Museen wie das Pulvermuseum liegen am Wegesrand.

Hoch über den Dächern der Mozartstadt Salzburg verbringen wir unseren Urlaub auf dem Platz „**Panoramacamping Salzburg**". Die 70 Stellplätze sind nicht nur bestens ausgestattet, sondern bieten uns auch eine vorzügliche Sicht auf die Stadt sowie die umliegende Alpenkette. Wer keine Lust hat, im Urlaub zu kochen, findet im Biergarten beziehungsweise im Restaurant mit Sicherheit einige schmackhafte regionale Speisen.

Los geht's wieder an der Ausfahrt des Camps, die wir nach rechts auf der Rauchenbichler Straße verlassen. Mit einem Schlenker überqueren wir die Bundesstraße und die Bahn, um dahinter an der querenden Landstraße rechts abzubiegen. Wir folgen dem Mozartradweg. An der Bundesstraßen-Auffahrt passieren wir die B 150 nochmals und rollen durch das Tal des Alterbaches. Am Fernheizkraftwerk vorbei erreichen wir die Salzach, deren Radweg wir nach links folgen. Wir

Die Salzach begleitet unseren Weg nach Hallein

sind ab hier in der Obhut des Mozart- und des Tauernradwegs, der uns ganz entspannt nach Hallein bringt.

Wir sind in einer ehemals „explosiven Gegend" unterwegs, denn unweit unseres Radwegs, in Elsbethen-Glasenbach, wurde bis 1917 Schießpulver hergestellt. In der ehemaligen Werkstatt erzählt uns heute das **Museum zum Pulvermacher** mehr über diese Geschichte, aber auch über die Vergangenheit der Region, durch die wir rollen.

Auch **Schloss Urstein** liegt nicht weit von unserer Route entfernt auf einer Felsterrasse über der Salzach. Rund um den wuchtigen Bau wurden die Gärten nach altem Vorbild wiederhergestellt.

Für die Stadt Hallein müssen wir einige Zeit einplanen, denn der Stopp wird länger ausfallen. Zunächst sehen wir uns das schöne **Rathaus** an, das uns nicht nur von der außergewöhnlichen Architektur her, sondern wegen der Farbgestaltung begeistert. Auch die anderen Häuser der **Altstadt** ziehen uns rasch in ihren Bann, unter ihnen auch das **Ziegelstadl**, ein historisches Salinenbauwerk in dem heute Veranstaltungen durchgeführt werden. Von der ehemaligen **Stadtbefestigung**, die um 1300 erbaut wurde, sind noch das Griestor und Teile der Festung vorhanden. Besuchenswert ist auch das **Keltenmuseum Hallein**, das uns weit in die regionale Historie entführt.

Weiter geht´s von Hallein, das wir am Keltenmuseum vorbei auf der Dürrnberg-Landesstraße den Berg hinauf verlassen. Dann radeln wir durch Marktschellenberg, Sankt Leonhard und Grödig wieder zurück nach Salzburg. Die Hohensalzburg lassen wir „links liegen" und steuern zum Ufer der Salzach. Ab hier radeln wir auf derselben Strecke zurück, auf der wir herkamen, d.h. zunächst am Flussufer entlang und dann den Berg hinauf zurück zum Camp.

Tipp: Hinter Hallein wird es richtig anstrengend, denn wir kurbeln einen **steilen Anstieg** hinauf, um rund 200 Höhenmeter zurückzulegen. Wer sich den teils steilen Aufstieg ersparen möchte, fährt einfach am Ufer der Salzach so wieder zurück, wie wir herkamen.

Fast unmerklich sind wir in Marktschellenberg wieder auf deutschem Grund und Boden gelandet. Wie im unweit entfernt gelegenen Berchtesgaden wurde auch in Schellenberg eine **Saline** angelegt, die bis 1805 betrieben wurde. Wie der Name vermuten lässt, gab es natürlich auch Marktrechte und eine Niedergerichtsbarkeit, die vom „Marktrichter" ausgeführt wurde. Die weithin sichtbarsten Bauwerke sind die **Wallfahrtskirche Maria Heimsuchung** und die **Pfarrkirche Sankt Nikolaus**. Genauer hinsehen müssen wir, wenn wir uns die **Kugelmühle** anschauen wollen, die am Ende der Almbachklamm liegt.

25 Die kleinste Gemeinde Österreichs

Von **Fügen** über Kramsach

CamperTouren Info

ca. 31 km ohne Abstecher, gute, regionale Radweg-Beschilderung sowie als Zillertal- und Inn-Radweg. Zwei Steigungen auf dem Rückweg, die vermieden werden können. Die Route führt über straßenbegleitende Radwege, über Nebenstraßen und separate Radwege, einige Passagen auf losem Untergrund.

Start / Ziel: Camping und Aparthotel Zillertal – natürlich Hell, www.hell-tirol.at

Auswahl weiterer Camps entlang der Strecke: Camping Inntal, Seecamping Stadlerhof, Camping Seehof, Camping Seeblick Toni, Wohnmobilstellplatz in Kramsach

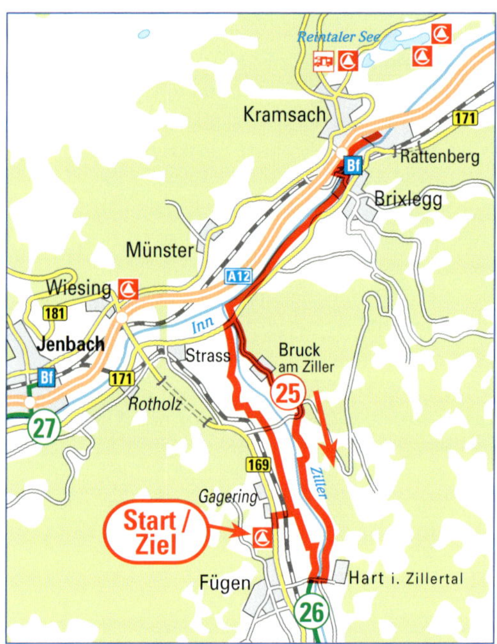

Wir rollen auf guten und meist auch ebenen Wegen entlang der Tiroler Flüsse Ziller und Inn. Dabei entdecken wir einige wunderschöne Ortschaften und haben auf dem Rückweg auch noch tolle Fernsichten – wenn wir uns zwei Anstiege nicht scheuen. Weniger sportliche können aber auch durch´s Tal zurückrollen.

Wer bei **Hell´s Camping** die englische Übersetzung bemüht, liegt wirklich völlig falsch, denn auf diesem Campingplatz wähnen wir uns nun wirklich im Himmel. Das liegt zum einen an der unglaublich schönen Lage vor den Toren von Fügen im Zillertal. Aber es liegt auch an der Familie Hell, die uns perfekte Stellplätze mit erstklassigen Sanitäranlagen bietet und sich zugleich ein höchstmögliches Maß an Umweltschutz auf die Fahnen geschrieben hat. Außer bester Erholung in der **Wellnessoase** können wir das Nötigste im Minishop besorgen.

Los geht's an der Ausfahrt des Camps, das wir auf der Straße namens Gagering nach links verlassen. In Höhe der Bahnhaltestelle rechts in die Straße „Auenweg", über die Bundesstraße hinweg und schräg rechts versetzt weiter. An der nächsten Kreuzung links und dann parallel zum Fluss Ziller auf dem Zillertal-Radweg, bis wir bei Strass auf den Inn-Radweg treffen. Dem folgen wir nach rechts über die Ziller, dahinter direkt wieder links und weiter in einer Rechtskurve am Inn entlang. Parallel zum Ufer erreichen wir Kramsach bzw. Rattenberg auf der anderen Uferseite.

Nicht weit von unserem Radweg entfernt liegt Strass mit seinem Ortsteil Rotholz. Nachdem hier 1580 das Jagdschloss Thurneck erbaut wurde, nutzte man später die Bausubstanz, um daraus ein hochbarockes **Schloss** zu formen.

In spektakulärer Lage finden wir den **Wallfahrtsort Maria Brettfall** auf einem Felsen hoch über dem Zillertal.

Der Reintaler See bei Kramsach ist wie geschaffen für ein Bad

Vermutlich waren es die „Kranzen", die Wacholderbüsche, aus denen sich der Name Kramsach ableitete. Etwas abseits im Ortsteil Mariatal finden wir die **Wallfahrtskirche Mariathal**, das am Ausgang der Tiefenbachklamm liegt. Im Ortsteil Moosen hingegen werden seit 1974 Tiroler Bauernhöfe in einem **Freilichtmuseum** präsentiert.

Und noch ein weiterer Abstecher sollte auf dem Programm stehen: Auf der anderen Uferseite wartet in Rattenberg die mit gerade einmal 0,11 qkm kleinste Gemeinde Österreichs. Schon das malerische **Panorama** am Ufer des Inn lässt uns erwartungsvoll hinüber radeln. Und wir werden nicht enttäuscht: Wunderschöne **historische Häuser** säumen die Straßen. Dabei sollten wir uns vor allem der Hassauer- oder der Südtirolerstraße widmen. Das **Augustinermuseum** im ehemaligen Stift zeigt uns religiöse Stücke aus der Region, während sich das **Museum** in den **Nagelschmiedhäusern** dem Handwerk vergangener Zeiten widmet. Unübersehbar ist der Schlossberg, auf dem eine Burgruine thront. Der Ort unten liegt übrigens so versteckt unter dem Berg, dass es für fast 3 Monate kaum Sonnenlicht hier gibt.

Weiter geht's von Kramsach zunächst wieder auf dem Inn-Radweg so zurück, wie wir herkamen. Dann aber überqueren wir nicht die Ziller, sondern bleiben links des Ufers und kurbeln hinauf nach Bruck. Auch hinter dem Ort geht's weiter bergauf. Nachdem wir wieder unten sind, können wir mittels Brücke das Ufer wechseln, folgen dem Fluss etwas nach rechts, biegen links, rechts und später noch zweimal links ab, um vom Ort Gagering zurück zu unserem Camp zu radeln.

Tipp: Auf der beschriebenen Strecke geht es zweimal kräftig **bergauf**. Wer sich diese Mühen ersparen möchte, fährt auf dem Hinweg wieder durch das Tal retour.

Der Ort Bruck im Zillertal wurde im Jahre 1188 erstmals urkundlich erwähnt. Am benachbarten Reitherkogel wurde eine Zeit lang erfolgreich Silber und Kupfer geschürft, wovon heute nicht mehr viel erkennbar ist. Unübersehbar hingegen ist die strahlend weiß getünchte **Kirche St. Leonhard**.

26 Zillertal-Impressionen – fast ohne Anstrengungen

Von Mayrhofen nach **Fügen**

CamperTouren Info

ca. 26 km ohne Abstecher, gute, regionale Radweg-Beschilderung sowie als Zillertalradweg. Stetig leichtes Gefälle. Die Route führt über straßenbegleitende Radwege, über Nebenstraßen und separate Radwege, einige Passagen auf losem Untergrund.

Start: Bahnhof Mayrhofen

Ziel: Camping und Aparthotel Zillertal – natürlich Hell, www.hell-tirol.at

Auswahl weiterer Camps entlang der Strecke: Camping Mayrhofen, Camping Hofer, Erlebnis Comfort Camping Aufenfeld, Camping Hochzillertal, Wohnmobilstellplatz in Stumm

Sehr angenehm: Wir fahren mit der Bahn nach Mayrhofen und schwingen uns dort auf die Fahrräder. Von hier geht es für rund 26 km fast genau 100 Höhenmeter bergab. Auf meist guter Trasse rollen wir so ganz entspannt durch´s schöne Zillertal.

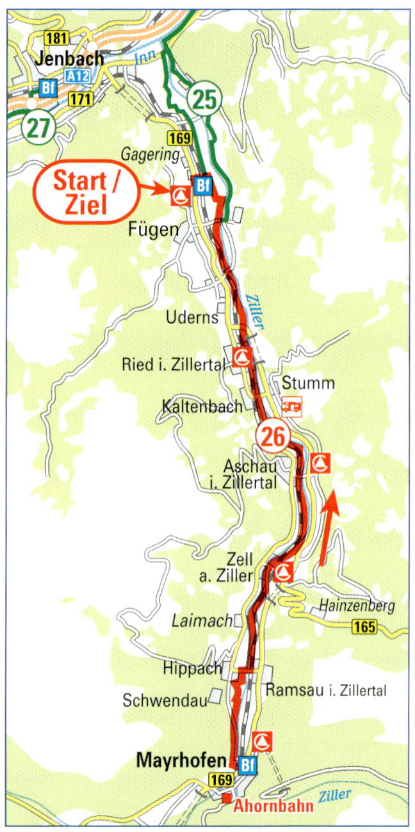

Unser Campingplatz liegt vor den Toren des begehrten Urlaubsorts Fügen im Zillertal. Zugleich ist Fügen, das vermutlich schon in der Bronzezeit besiedelt war, die größte Gemeinde des Zillertals. Unübersehbar ist das wuchtige **Schloss Fügen**. Georg von Keutschach ließ sich einst an dieser Stelle einen **Wohnturm** mit Schießscharten erbauen. Später wurde daraus das heutige Schloss, wobei der Turm noch erhalten ist. Nachdem wir uns auch die **Pfarrkirche Mariä Himmelfahrt** angesehen haben, informieren wir uns im **Heimatmuseum** über die Vergangenheit des Ortes.

Los geht's an der Ausfahrt des Camps, das wir auf der Straße namens Gagering nach links verlassen, um nach wenigen Minuten mit Rechtsabbiegen zur Bahnhaltestelle Gagering zu gelangen. Hier steigen wir in die Bahn und lassen uns nach Mayrhofen bringen. Der Zillertal-Radweg führt uns vorbei an Schwendau nach Ramsau.

Aus einem bischöflichen Meierhof entwickelte sich der heute touristisch bestens erschlossene Ort Mayrhofen. Startschuss

Das schöne Zillertal mit Blick auf Fügen

für den Tourismus war die auf 2042 m Höhe gelegene 1879 erbaute **Berliner Hütte**, die inzwischen unter Denkmalschutz steht und immer noch die größte Hütte der Zillertaler Alpen ist – 180 Gäste können in der Hütte nächtigen. Rund um die **Kirche Unsere Liebe Frau** finden wir sowohl historische als auch moderne Gebäude, wie z.B. das **Europahaus**. In jeder Gasse des Ortes erkennen wir, dass sich Mayrhofen voll auf uns Touristen eingestellt hat.

Tipp: Wer noch höher hinaus möchte, steigt in die **Ahornbahn**. Die 2009 komplett neu aufgebaute Bergbahn ist die größte Pendelbahn Österreichs und liftet uns auf 1966 m Höhe. Der Radweg folgt ab Mayrhofen immer wieder direkt dem Ufer der Ziller – so rollen wir oft durch weite Felder und mit gemütlichem Plätschern neben uns.

Weiter geht's von Ramsau auf unserem Radweg durch das Zillertal vorbei an Hippach, Zell, Aschau, Kaltenbach, Ried, Uderns und Fügen zurück zu unserem Camp in Fügen-Gagering.

Hinter Ramsau kommen wir an der schicken Zillerpromenade vorbei, die noch zu Hippach gehört. Ein Abstecher in den Hippacher Ortsteil Laimach lohnt sich wegen des gleichnamigen **Wasserfalls** und wegen des **Museums „Stille Nacht, heilige Nacht"**. In dem denkmalgeschützten „Strasser-Häusl" erfahren wir, dass die Kinder der Familie Strasser einst das international bekannte Weihnachtslied komponierten.

In Zell am Ziller informieren wir uns im **Regionalmuseum** über das einst entbehrungsreiche Leben, das die Menschen hier im Zillertal lebten. Dann schauen wir mal, ob wir rund um den tollen **Dorfplatz** einkehren und uns die stolzen Häuser um den Platz herum ansehen können.

Wer eine Bergwertung einlegen mag, folgt von Zell den Schildern nach Hainzenberg und kann sich dabei das **Goldschaubergwerk** ansehen.

Bei Aschau wechseln wir vom sogenannten „hinteren" ins „vordere" Zillertal. Ansehen können wir uns hier die farbenfrohe **Kirche Maria zum Stiege** und die spannende Brücken-Konstruktion der Zillertalbahn aus Stahlfachwerk.

Noch markanter ist **Schloss Stumm** mit seinen tollen runden Türmen an den Außenecken. Es wurde 1550 dort erbaut, wo zuvor das Amtshaus stand.

Uderns ist sozusagen das Basiscamp zum **Hochgebirgs-Naturpark der Zillertaler Alpen**. Von hier starten die Touristen in die herrliche Bergwelt und entdecken per Ski oder per pedes das herrliche Panorama. Besonders Mutige wagen sich auf die wackelige **Hängebrücke** am Schlegeisspeicher.

27 Radeln am Inn ist mega-in

Von **Innsbruck** nach Jenbach

CamperTouren Info

ca. 46 km ohne Abstecher, gute, regionale Radweg-Beschilderung sowie Beschilderung als Inn-Radweg. Keine Steigungen. Die Route führt über straßenbegleitende Radwege, über Nebenstraßen und separate Radwege, einige Passagen auf losem Untergrund.

Start: Camping Innsbruck - Kranebitterhof, www.kranebitterhof.at

Ziel: Bahnhof Jenbach

Auswahl weiterer Camps entlang der Strecke: Camping Judenstein, Schwimmbad-Camping, Schloss-Camping Aschach, Wohnmobilstellplätze in Hall, Schwaz und Jenbach

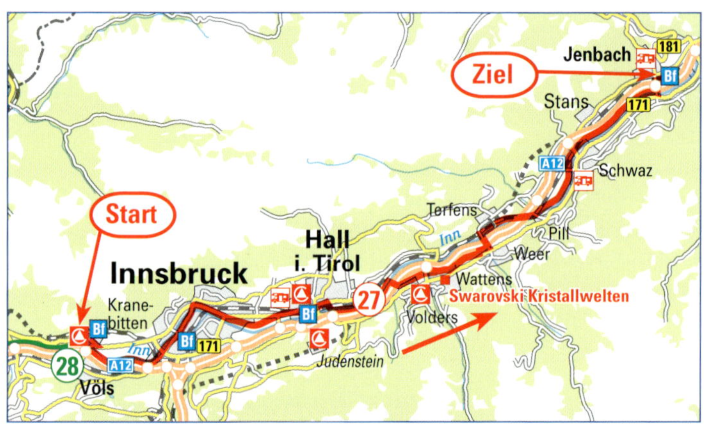

Der Inntalradweg ist ohne Frage einer der schönsten Radwege des Landes. Grund genug, ihn gleich in zwei Richtungen zu testen. Bei dieser Tour rollen wir flussabwärts und statten Innsbruck einen Besuch ab. Wer länger auf unserem Camp weilt, sollte für Innsbruck mindestens einen ganzen Tag einplanen, denn es gibt viel zu sehen.

Innsbruck ist weit mehr als „nur" die Landeshauptstadt Tirols – Innsbruck liegt malerisch am Ufer des Inn, eingebettet in die Alpenwelt und überquellend an Sehenswertem. Direkt am Ufer des Inn decken wir uns in der **Markthalle** mit unterschiedlichen Gaumengenüssen ein, bevor wir schräg gegenüber die Altstadt erkunden. Der prachtvolle **Dom**, die große **Hofburg**, das Alte und das Neue Landhaus, das wertvolle „**Goldene Dachl**" – ein spätgotischer Prunkerker – oder einfach nur die quirlige **Fußgängerzone** mit den Einkaufs- und Einkehrmöglichkeiten: Die Zeit verfliegt in Innsbruck im Nu.

Etwas abseits der Innenstadt finden wir weitere Attraktionen: Bei der Jugendherberge liegt ein Klettergarten, der **Botanische Garten** bietet Blühendes, das **Anatomische Museum** Gruseliges, das Stadtmuseum Historisches und das **Radiomuseum** Seltenes. Auch das Andreas-Hofer-Denkmal in der Nähe vom **Bergisl** sollte auf dem Besuchsplan stehen.

Los geht's an der Ausfahrt des Camps, die wir auf der Kranebitter Allee nach links verlassen, um alsbald zweimal rechts abbiegend den Inn zu überqueren. Auf der anderen Seite rollen wir vom Kreisel zum Inn und folgen ab hier dem beschilderten Inn-Radweg. Der führt uns stets am Ufer entlang um Innsbruck herum nach Hall in Tirol.

Wir haben Innsbruck noch gar nicht richtig verlassen, da gelangen wir nach Hall in Tirol. „Salina in Intal luxta Tvr castrum" – „Saline im Inntal nahe der Burg Thaur": Schon 1232

Rund um den **Markterhebungsbrunnen** von Wattens finden wir schöne Fassaden und ein Museum zur Industrie- und Vorgeschichte der Region. Deutlich ausgefallener ist das **Schreibmaschinenmuseum** mit 450 Exponaten.

Tipp: Unvergesslich ist ein Besuch in den **Swarowski Kristallwelten** bei Wattens. Im Jahre 1995 schuf der Künstler André Heller zum 100sten Firmenjubiläum eine funkelnde Welt aus Glas.

Innsbruck ist immer gut besucht

Die „Heimat" von Swarowski

wurde das beschrieben, was uns unten neben der verkehrsreichen Kreuzung erwartet: Ein kleiner **Park**, eine alte Salinenhalle und vor allem eine sehr fotogene **Burg**. Noch schöner wird es, wenn wir durch die engen, kopfsteingepflasterten Gassen nach oben in die **Altstadt** kurbeln, denn rund um die tolle **Kirche St. Nikolaus** gibt es nur Radler, Fußgänger und herrliche Einkehrmöglichkeiten. Nachdem wir uns auch der Jesuiten- und der Stadtpfarrkirche gewidmet haben, setzen wir die Tour fort.

Weiter geht's von Hall in Tirol auf dem Inl-Radweg, der weiter konsequent dem Ufer folgt und uns vorbei an Volders, Wattens, Weer, Terfens, Pill, Schwaz, Stans nach Jenbach bringt. Hier steigen wir in die Bahn und fahren wieder zurück durch das Inntal und steigen am Bahnhof Kranebitten wieder aus. Zum Camp sind es dann nur wenige Kurbelumdrehungen.

Das Örtchen Weer liegt mit seiner **Kirche St. Gallus** etwas erhöht über dem Inntal, während das nachfolgende Terfens 1985 zum „**Schönsten Blumendorf Europas**" gewählt wurde. Nach der ganzen Blütenpracht gibt es in Schwaz mal etwas völlig anderes zu entdecken. Und das liegt weit unter Tage, denn das Silberbergwerk verhalf dem Ort im 16. Jh. zu großem Wohlstand. Da Schwaz seinerzeit eine der größten Bergbauzentren Europas war, kamen auch viele Menschen hierher. Mehr dazu erfahren wir im **Besucherbergwerk** – dabei brauchen wir aber warme Kleidung!

„Oberirdisch" können wir uns die **Kirche Mariä Himmelfahrt**, das Franziskanerkloster, das Fugger- und das **Handelshaus** anschauen. Außerhalb des Ortes thront **Burg Freudensberg** 170 m über dem Inntal und erstaunt uns mit seiner ausgefallenen Gestaltung.

28 Flussradeln zu Füßen der 2000er

Von **Innsbruck** nach Imst

CamperTouren Info

ca. 53 km ohne Abstecher, gute, regionale Radweg-Beschilderung sowie Beschilderung als Inn-Radweg. Stetig leichter Anstieg. Die Route führt über straßenbegleitende Radwege, über Nebenstraßen und separate Radwege, einige Passagen auf losem Untergrund.

Start: Camping Innsbruck - Kranebitterhof, www.kranebitterhof.at

Ziel: Bahnhof Imst

Auswahl weiterer Camps entlang der Strecke: Camping Eichenwald, Campingcenter Oberland, Aktiv Camping am Schwimmbad, Campingpark Imst-West, Wohnmobilstellplatz in Stams

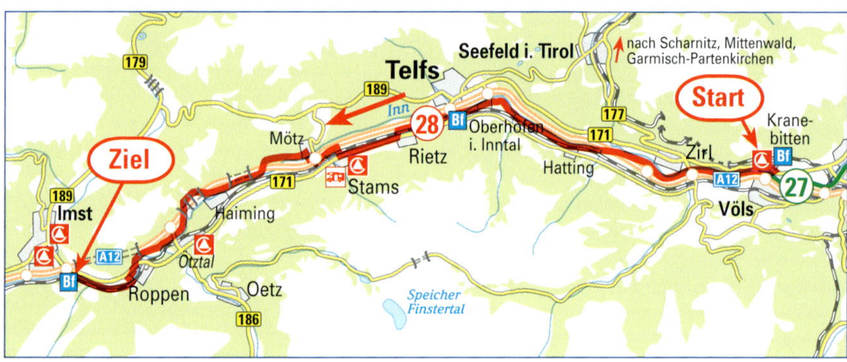

Ehrfürchtig blicken wir von unserem erstklassigen Inntal-Radweg hinauf zu den mächtigen Bergriesen, die sich neben uns erheben. Über 2.800 m hoch sind die Gipfel hier. Doch auch hier im Tal gibt es eine Menge zu entdecken und zu genießen!

Außenrunde oder Innenrunde? Oder doch lieber einen Stellplatz wie gewohnt in Reihe und Glied? Wer sich auf dem **Campinglatz Kranebitterhof** seinen Wunschplatz reserviert hat, kann alle Annehmlichkeiten der Anlage genießen: Ein zweistöckiges Sanitärgebäude, das Restaurant, die tolle Lage am Inn zu Füßen der Alpen-Bergriesen und nur wenige Minuten von der City Innsbrucks entfernt!

Los geht's an der Ausfahrt des Camps, die wir auf der Kranebitter Allee nach links verlassen, um alsbald zweimal rechts abbiegend den Inn zu überqueren. Auf der anderen Seite rollen wir vom Kreisel links abfahrend zum Inn und folgen ab hier dem beschilderten Inn-Radweg, aber dieses Mal flussaufwärts. So kommen wir vorbei an Zirl, Hatting und Oberhofen nach Telfs.

Zirl wird bewacht von der weit oberhalb von uns zu sehenden **Burgruine Fragenstein**. Unten entdecken wir rund um die verzierte Pfarrkirche einige stattliche alte Anwesen, wie z.B. das **Garberhaus**.

Strahlend weiß getüncht empfängt uns die Pfarrkirche St. Ägidius von Hatting, während wir im umliegenden **Naturschutzgebiet Gaisau** Ruhe und Erholung finden.

Tipp: Zwischendurch locken uns Schilder zu den bekannten Fremdenverkehrszentren Seefeld, Scharnitz, Mittenwald bzw. Garmisch-Partenkirchen. Ein solcher „Abste-

Hohe Berge begleiten die komplette Tour

cher" will aber gut überlegt sein, denn auch mit gut trainierten Waden oder einem E-Bike ist die Steigung hinauf nach Seefeld beträchtlich. Wer sich dies zutraut, wird belohnt mit der wunderbaren Welt des **Karwendel-Gebirges**.

Deutlich größer als die anderen Orte, die wir tangieren, ist Telfs, wo nicht nur das **Rathaus** sehr farbenfroh gestaltet wurde, sondern auch weitere Häuser der **Altstadt** – und auch die **Pfarrkirche St. Peter und Paul** leuchtet uns entgegen. Die stolzen historischen Häuser berichten von der Zeit, als die Textilindustrie hier für Wohlstand sorgte.

Weiter geht's von Telfs weiter auf dem Inn-Radweg via Rietz, Stams, Mötz, Haiming und Roppen nach Imst. Hier steigen wir in die Bahn und fahren wieder nach Innsbrück-Kranebitten zurück. Vom Bahnhof sind es dann nur noch wenige Minuten zurück zu unserem Camp.

In Rietz geht es wieder deutlich beschaulicher zu, wenngleich die **Alpenriesen** neben uns für eine eindrucksvolle Kulisse sorgen. Die Gemarkung von Rietz reicht bis hinauf auf 2.884 m Höhe, wo sich auch die **Stubaier Alpen** als beliebtes Skigebiet anschließen.

Mutprobe am Stamser Steg

Der **Stamser Steg** ist eine der Attraktionen des Örtchens Stams. Der „Steg" überspannt als Hängebrücke schon seit 1935 den Inn. Freunde der sakralen Kunst wenden sich in Stams der Pfarrkirche und der **Stiftskirche** zu. Diese geht auf das 1273 gegründete Zisterzienserkloster zurück.

Unser Tourziel Imst ist bei vielen Urlaubsgästen immer wieder gerne besucht, denn von hier können tolle Ausflüge unternommen werden, wie z.B. mit der spektakulären **Arlbergbahn** oder mit dem Schlauchboot durch die **Imster Schlucht**. Ruhigere Naturen werden vom Anblick der herrlichen **Bürgerhäuser**, der Pfarrkirche oder dem Kloster begeistert sein. Aber wir müssen auch genau hinschauen, denn es gibt in Imst **35 Brunnen**, was dem Ort zurecht den Beinamen „Brunnenstadt" einbrachte.

29 Die Stadt, die dem See den Namen gab – oder ist es umgekehrt?

Von **Gampelen** über Marin-Epagnier

CamperTouren Info

ca. 27 km ohne Abstecher, gute, regionale Radweg-Beschilderung. Mehrere kurze aber „knackige" Steigungen, die eine gewisse Grundkondition erfordern. Die Route führt über straßenbegleitende Radwege, über Nebenstraßen und separate Radwege, einige Passagen auf losem Untergrund.

Start / Ziel: TCS Camping Gampelen Neuenburgersee, www.tcs.ch

Auswahl weiterer Camps entlang der Strecke: Camping de La Tène, Wohnwagen- und Wohnmobilstellplatz in Neuchatel

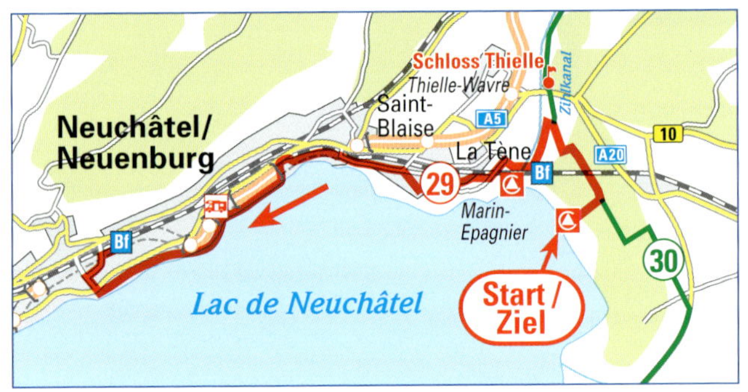

Sagen wir nun Neuchatel oder Neuenburg? Gab der Ort nun dem See den Namen oder umkehrt? Es ist müßig, sich mit diesen eher „akademischen" Themen zu beschäftigten. Viel zu schön ist das Ufer am Lac de Neuchatel, das uns immer wieder zum Entspannen und Baden einlädt.

Ist das herrlich: Unser Campingplatz „**TCS Camping Gampelen Neuenburgersee**" liegt direkt am Ufer des glitzernden Lac de Neuchatel, der auch Neuenburger See genannt wird. Auf meist ebenem Grasboden können wir wählen, ob wir lieber ein schattiges Plätzchen unter den hohen Bäumen oder doch einen Sonnenplatz beziehen möchten. Wer sein eigenes Bett nicht mitbringt, kann auch „Glamping" wählen – dazu stehen außergewöhnliche Biwaks und Holzhütten oder Schlaffässer zur Verfügung.

Wenn das Wetter einmal nicht mitspielt, oder ein längerer Ausflug geplant ist, können wir sogar ein E-Auto am Platz mieten.

Los geht's an unserem Campingplatz, den wir über die Seestraße verlassen, um links in die Straße Reckholdern einzubiegen. Mit links-rechts und dann wieder links Abbiegen gelangen wir ans Ufer des Canal de La Thielle, dem wir ein paar Meter folgen, um ihn beim Bahnhof zu überqueren. Hinter der Brücke folgen wir mit einem kleinen Schlenker den Schienen und zweigen links in die Rue du Champs-des-Piécettes ein. Geradeaus in die Chemin de Robinson, dann rechts, nach wenigen Pedaltritten links in die Chemin de Chenevier und rechts in die Rue Charles Perrier. So gelangen wir links über die Rue de la Gare ins Herz von Marin-Epagnier.

Zu Beginn unserer Tour folgen wir ein Stück dem **Canal de la Thielle** der auch „Zihlkanal" genannt wird. Er verbindet auf rund 8,5 km „unseren" Lac de Neuchatel mit dem Lac de Bienne, dem Bieler See. Schon im Jahre 1891 wurde der Kanal fertiggestellt, der zwischen 80 und 90 m Breite misst. Mit dem Kanal wurde eine schiffbare Verbindung zwischen

Das riesige Schloss Neuchatel liegt hoch über dem See

den Seen geschaffen. Zugleich wurde aber auch erreicht, dass die Regionen nicht so oft überflutet wurden, wir vor der Errichtung des Kanals.

Wie der Name erahnen lässt besteht die Gemeinde Marin-Epagnier aus zwei Ortschaften, die vermutlich schon zur Stein- bzw. Bronzezeit besiedelt waren. Wir sind hier genau an der Grenze zwischen den deutsch- und den französischsprachigen Regionen der Schweiz. Ob das der Grund ist, warum sich hier besonders viele Unternehmen der **Feinmechanik** wie Uhrenhersteller niederließen, bleibt offen.

Ganz klar aber ist, warum so viele Gäste immer wieder gerne hierher kommen: Von den wunderbaren **Sandstränden** aus hat man einen herrlichen Blick auf die umliegenden Berge, während wir ins kühle Nass des Sees steigen.

Weiter geht´s von Merin-Epagnier, das wir an der Gendarmerie vorbei auf der Rue Louis de Meuron verlassen: Bei Saint-Blaise bleiben wir diesseits der Schienen und orientieren uns auf den folgenden Kilometern am Ufer des Lac de Neuchatel. Die Autobahn A5 bleibt leider auch in der Nähe, doch die vielen Jachthäfen und die Aussicht auf das Wasser entschädigen uns für den Lärm. Beim Hafen von Neuchatel verlassen wir das Ufer und kurbeln steil hinauf in die Innenstadt bzw. zum Bahnhof. Da die Strecke nicht allzu lang, aber schön war, radeln wir auf derselben Trasse wieder retour zum Camp, auf der wir herkamen.

Neuchatel, oder auch Neuenburg genannt, ist nicht nur die namensgebende Stadt für den großartigen See, sondern auch Hauptstadt des gleichnamigen Kantons. Wunderschön liegt die **Altstadt** in erhabener Lage oberhalb des Sees. Die Skyline wird dabei von der Kollegiatkirche und dem Schloss dominiert, das sich mit seiner weißen Fassade gut vom Gotteshaus abhebt. Während sich zu ihren Füßen das Rathaus eher streng präsentiert, gibt sich das **Hotel DuPeyrou** sehr schmuckvoll.

Die Maison des Halles müssen wir uns auch noch ansehen, bevor wir uns in der Innenstadt auf eine Brunnentour begeben – **Greifenbrunnen**, der Gerechtigkeitsbrunnen und der **Bannerträgerbrunnen** sind dabei besonders sehenswert.

Tipp: Wer des Radelns müde ist, kann in Neuchatel in die **Bahn** steigen und sich zurückfahren lassen. Am Bahnhof Zihlbrücke müssen wir dann aussteigen und haben dann nur noch wenige Pedalumdrehungen bis zum Campingplatz.

Kurz vor Ende der Tour bietet sich noch ein kleiner Abstecher an, denn nur wenige Meter von unserem Radweg entfernt liegt **Schloss Thielle**. Die Grafen von Neuenburg ließen die stolze Wasserburg 1261 errichten, um die benachbarte Brücke über die Zihl zu schützen.

30 Die Seen „nebenan" sind auch sehr schön

Von **Gampelen** über Erlach

CamperTouren Info

ca. 31 km ohne Abstecher, gute, regionale Radweg-Beschilderung. Zwei ordentliche Steigungen, die eine gewisse Grundkondition erfordern. Die Route führt über straßenbegleitende Radwege, über Nebenstraßen und separate Radwege, einige Passagen auf losem Untergrund.

Start / Ziel: TCS Camping Gampelen Neuenburgersee, www.tcs.ch

Auswahl weiterer Camps entlang der Strecke: Camping de La Tène, Camping terrain de Bellerive, Camping des Peches, Camping Mon Plaisir, Camping Erlach, Campingplatz Arbogast, Camping de 3 Lacs, Wohnmobilstellplätze bei Vinelz

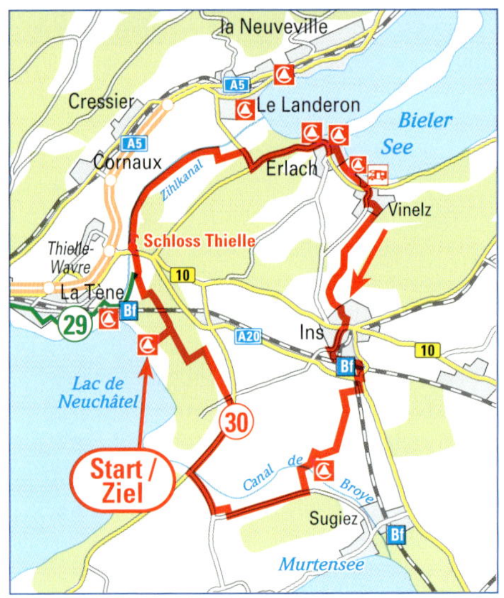

Unser Campingplatz liegt „strategisch günstig" mitten im Drei-Seen-Land. Was also liegt näher, als sich alle drei Seen auf einer Tour einmal genauer anzusehen? Obwohl wir in der gebirgigen Schweiz unterwegs sind, können wir auf einer Rundtour rollen, die auch von Hobbyradlern – vielleicht mit knappen 2 km schieben – gut zu schaffen ist.

Unser Campingplatz liegt eingebettet in das **Naturschutzgebiet Fanel.** Hier finden seltene Wasservögel ein Refugium zum Brüten und Überwintern. Damit die Tiere auch wirklich ihre Ruhe haben, sind weite Teile des Schutzraumes nicht zugänglich. Dennoch können wir das Gebiet auf ausgewiesenen Wegen erkunden und von der dicht umwachsenen Besucherplattform einen Blick auf die gefiederten Bewohner erhaschen.

Der **Lac de Neuchatel,** an dem wir unseren Urlaub verleben, bedeckt eine Fläche von rund 218 qkm und ist damit der größte See, der vollständig auf schweizer Territorium liegt. Schon seit 1826 kreuzen Schiffe auf dem Wasser, was auch für uns Radler immer eine schöne Alternative zum Kurbeln darstellt.

Los geht's wieder an unserem Campingplatz, den wir über die Seestraße verlassen, um links in die Straße Reckholdern einzubiegen. Mit links-rechts und dann wieder rechts Abbiegen fahren wir am Schloss Thielle vorbei. Hinterm Schloss scharf links zum Zihlkanal und nach fast 4 km gelangen wir im Zickzack beim Ort St. Johansen nach Erlach.

Erlach liegt malerisch am Ufer des **Bieler Sees,** der rund 40 qkm Wasserfläche bedeckt und den französischen Namen Lac de Bienne trägt. Der Rhonegletscher grub einst eine tiefe Rinne, in der ein riesiger See, genannt Solothurner See, entstand. Der heutige Bieler See ist nur ein „Rest", der davon überblieb – und das ist auch schon beeindruckend groß!

An den Hängen des Bieler Sees wächst guter Wein

Es ist etwas beschwerlich die Stadt Erlach zu erkunden, da es gefühlt „immer bergauf" geht – schnell merken wir, warum es eine Obere und eine Untere **Altstadt** gibt. Doch die wunderschön erhaltenen **historischen Häuser** entschädigen mehrfach für die Mühen. Gekrönt wird Erlach im wahrsten Sinne von **Schloss Erlach**, das auf einer Anhöhe über den Ort wacht.

Weiter geht´s von Erlach, das wir über den Seestrandweg verlassen. Mit zweimal rechts- und einmal links Abbiegen gelangen wir mit einer ersten, kurzen Steigung nach Vinelz. Hier am Ortsende rechts und mit einer sehr kräftigen Steigung hinauf nach Ins. Den Ort verlassen wir am Bahnhof vorbei in Richtung Sugiez, fahren vor dem Camping des 3 Lacs rechts, dann links über den Canal de la Broye und treffen hinter dem Kanal auf die Route de Chaumont, der wir nach rechts folgen. Mit einigen Malen Abbiegen bleiben wir in Kanalnähe, bis wir rechts mit der Route de Neuchatel die Brücke nehmen können. Wenige Meter später links und durch die Natur zurück zu unserem Campingplatz.

Turmreiches Schloss Erlach

Tipp: Wir können hinter dem Canal de la Broye links auf der Route de Chaumont der Beschilderung einige Minuten weiter folgen und gelangen via Sugiez ans Ufer des **Murtensees**, oder auch Lac de Morat genannt. Er ist der kleinste der drei Seen auf unserer Radrunde.

Die Region, durch die wir radeln, nennt sich „**Großes Moor**". Wo einst der Rhonegletscher schmolz, bildete sich später eine weitläufige, sumpfige Landschaft, die bis heute die Heimat einiger seltener Tiere und Pflanzen ist.

31 Ein See an vier Waldstätten – der Vierwaldstätter See

Von **Luzern** über Horw

CamperTouren Info

ca. 25 km ohne Abstecher, gute, regionale Radweg-Beschilderung sowie teils als Nord-Süd- bzw. Seen-Route. Mehrere kleine Steigungen über die Tour verteilt. Die Route führt meist über separate Radwege, einige Passagen auf losem Untergrund.

Start / Ziel: Camping International Lido in Luzern, www.camping-international.ch

Auswahl weiterer Camps entlang der Strecke: TCS Camping Luzern

Es fällt schwer, dem Charme von Luzern zu entkommen, denn diese wunderschöne Stadt zieht einen schnell in den Bann. Wenn wir uns losgerissen haben, radeln wir stets am Ufer des Sees entlang und genießen zum Abschluss noch eine kleine Kreuzfahrt.

Die vielen Hotels, Pensionen und Campingplätze rund um unser Basiscamp machen es deutlich: Hier lässt es sich vorzüglich entspannen. Eine tolle Lage direkt am **Ufer**, umgeben von stolzen **Bergen** und Luzern ist nur ein paar Minuten entfernt – schöner geht´s kaum!

Los geht's wieder an unserem Campingplatz, den wir am Seeufer Richtung Luzern verlassen, das wir via Spitteler-, National- und Schweizerhofquai sowie über die Seebrücke am Bahnhof erreichen. Dieses Mal fahren wir aber links um den Bahnhof herum. Nach einem Bogen um die Werft gelangen wir von der Werfte- auf die Ladenbergstraße, die schnurgerade verläuft. Die Radwegschilder der Nord-Süd- bzw. Seen-Route helfen uns hier auch, den Weg zu finden. Am Ende der Straße rechts, am Eiszentrum vorbei, dann links in die Tribschenstraße, die nach den Kurven in die Langensandstraße übergeht. Wir bleiben stets entlang dieser Straße, die uns aus Luzern heraus geleitet. St. Nikolausen und Kastanienbaum liegen auf unserem Weg nach Horw.

Schon bei unserer Fahrt in die Luzerner Innenstadt bekommen wir hautnah die Schokoladenseite der Stadt zu sehen: Am National- und am Schweizerhofquai erheben sich mit dem **Kursaal** und einigen erstklassigen Hotels Paradebeispiele der „**Belle Epoche**". Und so geht es weiter: Die nachfolgende Mündung

Luzerns Paradeseite

der Reus in den Vierwaldstätter See, die von der **Kapellbrücke** überspannt wird. Die **Jesuitenkirche**, das **Rathaus** mit einem Quai davor und dem besonders malerischen **Wasserturm**. Schon jetzt ist klar: Wir brauchen sehr viel Zeit, denn es gibt reichlich zu sehen. Nicht umsonst steht die Kantonshauptstadt auf dem Plan vieler Reisegruppen aus Übersee.

Woher der Ortsname stammt, ist nicht ganz klar – eine schöne Herleitung stammt aus dem lateinischen Namen Lucerna für Leuchte, denn bis heute ist der Begriff „**Leuchtenstadt Luzern**" ein fester Begriff. Nicht nur deshalb sollten wir die Leuchten der Stadt erfreut betrachten – sie werden auch mit „grünem" Strom betrieben. Schon seit 1999 wurde Luzern der Titel **Energiestadt** verliehen, den man 10 Jahre später mit einer Goldprämierung veredelte.

Tipp: Auch wenn wir am Ende noch eine Schiffstour vorgesehen haben: Auch in Luzern bietet sich eine Tour mit einem der fünf **Raddampfer** an. Die Schifffahrtsgesellschaft des Vierwaldstättersees betreibt hier die größte Süßwasser-Dampferflotte der Welt.

Der schon erwähnte Wasserturm gilt als Wahrzeichen der Stadt Luzern, denn er ziert die Mitte der Kapellbrücke, die mit 202 m die **zweitlängste gedeckte Holzbrücke Europas** ist. Ähnlicher Bauart ist die Spreuerbrücke, die auch ein tolles Fotomotiv abgibt.

Bei den vielen Museen fällt die Auswahl schwer: Vielleicht besuchen wir das **Verkehrsmuseum** der Schweiz mit Flugzeugen, Schiffen, Autos, Loks und vielem mehr, was Bewegung ins Leben bringt. Oder vielleicht doch lieber Kultur im **Richard-Wagner-Museum** oder im Kunstmuseum? Bergfans werden bestimmt am **Alpineum** nicht vorbeikommen, das uns ein erstklassiges Alpenpanorama in 3D präsentiert.

Weiter geht's von Horw, das wir in der Nähe des Campingplatzes im Kreisverkehr über die 3. Ausfahrt verlassen, die parallel der Bahnschienen entlang führt. Nun bleiben wir stets in Ufernähe und radeln durch Hergiswil, Stansstad und Maria in Linden. Auf den letzten Metern heißt es nochmals durchschnaufen, denn bei Kehrsiten geht es nochmals kurz, aber kräftig bergauf, bevor wir Kehrsiten-Bürgenstock erreichen. Hier steigen wir auf das Schiff und lassen uns in einer guten halben Stunde nach Luzern zurück gondeln. Ab dem Hafen radeln wir nochmals rund 3 km vom Bahnhof am Schweizerhof-, National- und Spittelerquai vorbei und am Ufer entlang wieder zurück zum Camp.

Bei unserer Weiterfahrt blicken wir ehrfürchtig hinauf zu den hohen Bergen. Von Horw zum Pilatus laufen – das ist hier möglich, denn das **Bergmassiv**, das sich hier bis 2.128 m auftürmt, wird Pilatus genannt. Das Bild bleibt uns erhalten, denn auch bei Kehrsiten geht es neben uns hoch hinauf. Der Berg hier wurde **Bürgenstock** getauft. Aus seiner Anhöhe, die bis 1.127 m ansteigt, liegt eine große **Hotelanlage.** Nobel logieren bei bester Aussicht ist hier angesagt.

32 Flussradeln auf schweizer Art

Von **Luzern** über Risch-Rotkreuz

CamperTouren Info

ca. 43 km ohne Abstecher, gute, regionale Radweg-Beschilderung. Mehrere kleine und eine rund 6 km lange Steigung im letzten Drittel der Tour. Die Route führt meist über separate Radwege, einige Passagen auf losem Untergrund.

Start / Ziel: Camping International Lido Luzern, www.camping-international.ch

Auswahl weiterer Camps entlang der Strecke: Erlebnisbauernhof und Camping Gerbe

Los geht's an unserem Campingplatz, den wir am Seeufer Richtung Luzern verlassen. Entlang des Spitteler-, National- und Schweizerhofquai sowie über die Brücke hinweg gelangen wir vor den Bahnhof. Hier rechts und an der dritten Brücke wieder über den Fluss hinweg. Auf der anderen Seite bleiben wir in Ufernähe bis wir hinter der Kirche St. Karl abermals mittels Brücke über die Reuss fahren. Nun bleiben wir einige Zeit am Fluss, bis wir mit der Reusszopfbrücke über die Mündung der Kleinen Emme rollen, um dahinter rechts auf den Dammweg zu fahren. Nun geht es für mehrere Kilometer an der Reuss entlang vorbei an Emmen, Buchrain (rechte Uferseite) und Perlen (rechte Uferseite), bis wir mit einer kleinen Brücke hinüber nach Root gelangen. Im Dorf links und durch Gisikon und Honau nach Rotkreuz.

Die Reuss und die Kleine Emme: Zwei schweizer Flüsse, die überregional gar nicht so sehr bekannt sind. Da wir an deren Ufern entspannt und ohne größere Steigungen radeln können, nutzen wir die Gelegenheit, uns auch mal den Zugersee anzuschauen.

Die grüne Oase in Luzern – der Leitspruch des „**Camping International Lido Luzern**" könnte treffender nicht ausdrücken, was uns hier erwartet: Klar strukturierte Kieswege verbinden die meist in begrünten Nischen befindlichen Stellplätze mit den gepflegten Sanitäranlagen. Wer mal keine Lust zum Kochen hat, wird in der See-Brise mit köstlichen Speisen und Getränken versorgt.

Der Fluss **Reuss** ist überregional gar nicht so sehr bekannt, dabei ist die Reuss mit 164 km Länge und einem riesigen Einzugsgebiet von 3.426 qkm der viertgrößte Fluss der Schweiz. Dabei bahnt er sich seinen Weg aus den schwindelerregenden Höhen des Gotthards und ergießt sich später in die Fluten der Aare.

Schon seit 1168 dürfte es an dieser Stelle die erste Brücke über den Fluss gegeben

Wer mag, kann in Küssnacht hoch hinaus – und weit blicken

haben. Die heutige **Reussbrücke** in Luzern stammt von 1877 und ist ein echter Hingucker, denn die filigranen Geländer sind ein Zeugnis erstklassiger **Schmiedekunst**. Die Stahlfachwerkträger, über die wir gleiten, geben der Brücke die nötige Stabilität. Und das schönste: Die Brücke gehört inzwischen allein uns und den Fußgängern!

Tipp: Auf diesem ersten Teil der Tour hatten wir fast keine **Steigung** zu verkraften. Wer keinen Akku oder gut trainierte Beine „dabei" hat, sollte in Erwägung ziehen, wieder am Flüsschen Reuss zurück zu radeln, denn die beschriebene Rundtour hält noch einige Steigungen für uns bereit.

Die Gemeinde Risch-Rotkreuz gehört zu den Regionen der Schweiz, die in den letzten Jahren einen großen Zuzug an Neunbürgern vermelden durften. Es ist also alles sehr liebens- und lebenswert hier in dieser Gegend. Das liegt vermutlich nicht nur an der **Pfarrkirche St. Verena** mit ihrer anmutigen Lage, sondern auch am historischen Ortskern von Risch.

Weiter geht's von Rotkreuz mit teils deutlichen Steigungen via Bachtalen, Meierskappel sowie Fänn nach Immensee. Den Ort verlassen wir nach einer weiteren Steigung Richtung Küssnacht am Rigi, das wir mit einer weiteren Steigung erreichen. Am Ortsende fahren wir hinter dem Bahnhof auf der Allmigstraße, die zwar nicht am Seeufer verläuft, dafür aber besser befahrbar ist. Über Allmig, Hagenegg, Obermatt, Buchmatt, Oberseeburg und Seeburg geht's wieder hinunter zum See, wo wir dem Ufer ein Stück nach rechts folgen, um zurück zu unserem Camp zu gelangen.

Bei Immensee sind wir nicht im, aber am wundervollen Zugersee. Der berühmte **Wilhelm Tell** soll hier 1307 auf dem Weg nach Küssnacht den Landvogt Herrmann Gessler mit der Armbrust ermordet haben. Da wir keine Zeitzeugen befragen können, widmen wir uns lieber dem 38 qkm großen **Zugersee** der sich zu einem beliebten Ausflugs- und Urlaubsziel entwickelt hat. Eine phantastische Aussicht über den See genießen wir von der **Rigi**, einem bis zu 1.798 m hohen Bergmassiv.

Auf unsere Rückfahrt lohnt sich ein längerer Aufenthalt in Küssnacht, um sich die schönen **historischen Häuser** anzusehen, darunter das **Haus zur Traube** oder das Bi-Chilen-Hus, das schon seit 1620 hier steht. Noch eindrucksvoller ist die **Astrid-Kapelle**, die in atemberaubender Lage erbaut wurde und an Königin Astrid von Belgien erinnert, die 1935 tödlich verunglückte.

33 Panorama-Tour am Zürichsee

Von **Zürich-Horn** über Küsnacht

CamperTouren Info

ca. 48 km ohne Abstecher, gute, regionale Radweg-Beschilderung. Mehrere kleine Steigungen. Die Route führt meist über separate Radwege, einige Passagen auf losem Untergrund.

Start / Ziel: Camping Fischer´s Fritz in Zürich, www.fischers-fritz.ch

Zugegeben, in einer Großstadt zu radeln, ist nicht immer angenehm. Das Ziel allerdings ist einfach zu verlockend: Die Altstadt von Zürich zieht uns schon nach wenigen Minuten in ihren Bann. Bei den vielen Sehenswürdigkeiten kommt es uns ganz gelegen, wenn wir an den Quais und in den guten Einkehrmöglichkeiten wieder zu Kräften kommen.

Frischer Fisch? Na klar, bei unserem Domizil „**Camping Fischer´s Fritz**" ist das eine Selbstverständlichkeit. Wer mag, kann ihn selbst zubereiten oder sich im Restaurant bedienen lassen: Das Zürichsee-Sushi und die Knusperli haben inzwischen Kultstatus erlangt – lassen Sie sich überraschen! Doch auch für Camper, die dem Fisch vielleicht nicht so zugeneigt sind, ist unser Campingplatz ideal: Direkt am Ufer des Zürichsees gelegen mit einem tollen Badestrand und ganz viel Platz zum Entspannen. Wer es etwas rasanter mag, nutzt das Angebot zum Wakeboarden, das wir hier auch erlernen können.

Los geht's an unserem Campingplatz, den wir entlang der Straße nach rechts verlassen. Vorbei an den Strandbädern Wollishofen und Mythenquai gelangen wir zum Arboretum, wo wir links abbiegen in die Tödistraße. Nach einem langen, geraden Stück rechts in die Gerechtigkeitsgasse, dann links Selnaustraße, vor der Brücke rechts, beim Casino geradeaus auf Gessnerallee, mit ihr über die Brücke und ein paar Meter dahinter rechts in die Schweizergasse, die als Beatengasse links abknickt. Am Beatenplatz rechts Werdmühlestraße, und links zum Ufer. Hier rechts, dann links über die Brücke hinter der Brücke rechts an der Altstadt vorbei. Hinter der Wasserkirche schräg links auf dem Limmarquai, links Torgasse, rechts Oberdorf-, später Städlhoferstraße. Hinter dem Bahnhof schräg rechts in die Mühlebachstraße und einige Zeit geradeaus. Bei der Erlöserkirche rechts und dann für längere Zeit links neben der Bahn entlang. Vorbei an Zollikon erreichen wir Küsnacht.

Die prunkvolle Altstadt berichtet von der glorreichen Geschichte Zürichs

Ob wir nun den beschriebenen Weg oder eine der anderen zahlreichen Möglichkeiten nutzen, um in die Innenstadt von Zürich zu gelangen: Die Mühen, sich durch den Verkehr zu quälen, lohnen sich auf jeden Fall: Schon auf dem Weg dorthin erkennen wir im Vorort Belvoir mit dem **Rieterpark** und dem **Arboretum**, dass es nicht nur Autos und Häuser, sondern auch reichlich Grün zu entdecken gibt.

Die **Altstadt** erstreckt sich zu beiden Seiten des gemächlich dahin gleitenden **Flusses Limmat** und entführt uns ins frühe Mittelalter – herrlich, wie viele alte Häuser über die Jahrhunderte gerettet werden konnten.

Tipp: Wer länger in der Gegend Urlaub macht, kann zum dichtbewaldeten Uetliberg hinaufkurbeln. Hier oben ist die Luft einfach wunderbar klar und die **Aussicht** über Zürich und den Zürichsee ist einfach unglaublich!

Aus dem Häusermeer der **Altstadt** schauen die Türme des Großmünsters, der Kirche St. Peter und des **Frauenmünsters** heraus. Beim Durchstreifen der Altstadt bleiben wir immer wieder erstaunt stehen, denn die Vielzahl der historischen Gebäude ist überwältigend: **Renaissance-Rathaus**, Predigerkirche, **Zunfthäuser**, Lindenhof, **Amtshäuser** oder einfach die Skyline an den Quais – ach, wir könnten viele Tage hier verbringen! Und hungrig werden wir dabei bestimmt auch nicht, denn vor allem im sogenannten Niederdorf gibt es reichlich **Einkehrmöglichkeiten** in Cafés und Gaststätten.

Weiter geht's von Küsnacht, das wir weiter entlang der Bahn verlassen. Mit weiteren Schlenkern radeln wir durch Herrliberg, Feldmeilen, Meilen und Obermeilen nach Männedorf. Hier steigen wir auf das Boot und lassen uns über den Zürichsee schippern. In Wädenswil angekommen, folgen wir dem Ufer bzw. der Seestraße vorbei an Au und Meilibach, wo wir auf die Fußgänger achten müssen. Horgen, Oberrieden Tischenloo, Thalwil, Rüschlikon und Kilchberg liegen auf dem Weg nach Wollishofen, wo wir unser Camp erreichen.

Im Jahre 2006 wurde Küsnacht zur „lebenswertesten Stadt der Schweiz" gewählt. Das sahen scheinbar auch schon unsere Urahnen so, denn die Region ist bereits seit der Jungsteinzeit besiedelt. Mehr über die gesamte Historie des Ortes erfahren wir im **Ortsmuseum**, das seine Heimat in der „Oberen Mühle" hat. Hier liegt auch der Ausgang des **Küsnachter Tobels**, einem Bach, der sich idyllisch über mehrere Stufen nach unten stürzt. Das auffälligste und vielleicht auch schönste Haus im Ort ist das **Höchhus** mit Wänden, die bis zu 1 m dick sind. Zunächst gab es einen Turm, der im Obergeschoss mit dem Gebäude daneben verbunden war. Schließlich verschmolz beides mit einer Fachwerk-Etage zu dieser sehenswerten Einheit.

34 Zürichs Naherholungsgebiet

Von **Zürich-Horn** über Fällanden

CamperTouren Info

ca. 39 km ohne Abstecher, gute, regionale Radweg-Beschilderung. Mehrere kleine und eine rund 3 km lange Steigung im letzten Drittel der Tour. Die Route führt meist über separate Radwege, einige Passagen auf losem Untergrund.

Start / Ziel: Camping Fischer´s Fritz in Zürich, www.fischers-fritz.ch

Mythenquai sowie am Jachthafen. Aber auch die Kulturszene ist hier zuhause: Die **Rote Fabrik** und die **Parks** Landiwiese und Saffa-Insel werden immer wieder zu Schauplätzen verschiedener Events.

Auf dieser Tour ist alles möglich: Wir können wieder eintauchen in die quirlige Innenstadt Zürichs, oder uns in die ruhige Natur begeben. Dabei kommen wir am großen und großartigen Irchelpark vorbei, umrunden den dichtbewaldeten Pfannenstielkette und haben zudem die Chance, einen Schiffstour auf dem beschaulichen Greifensee zu unternehmen.

Unser Quartier liegt am Ufer des Zürichsees und zu Füßen des Stadtteils Wollishofen, das sich zu einem der attraktivsten Vororte Zürichs entwickelt hat. Das liegt zum einen an den beiden eng beieinander liegenden **Strandbädern** Wollishofen und

Los geht's an unserem Campingplatz, den wir nach links verlassen, um von der Seestraße direkt wieder rechts in die Hornhaldenstraße abzubiegen. Nach zwei Kurven treffen wir auf die Alte Landstraße, der wir nach rechts folgen. So radeln wir durch Wollishofen, queren die Autobahn zweimal und folgen dem Ufer des Flusses Sihl. Vor dem Hauptbahnhof müssen wir rechts abbiegen, um das Ufer des Flusses Limmat zu erreichen, vor dem wir links abbiegen. Am Ende der Landzunge nehmen wir die Brücke nach rechts und radeln am anderen Ufer nach links weiter. Mit mehrfachem Abbiegen und moderater Steigung radeln wir durch den Ortsteil Unterstrass, vorbei am Irchelpark, und dann auf der Hubenstraße und Franzosenweg nach Stettbach. Nachdem wir Dübendorf tangiert haben, gelangen wir rechts über das kleine Flüsschen Glatt nach Fällanden.

Weniger bekannt und vielleicht deshalb umso schöner: Der Greifensee

Direkt am Wegesrand liegt der **Irchelpark**. Er erstreckt sich über erstaunliche 32 ha und war bei seiner Planung noch sehr umstritten, denn seinerzeit sollten städtische Grünanlagen noch strengen Regeln und klaren Gliederungen entsprechen. Der Irchelpark hingegen war von Beginn an als **naturnaher Landschaftspark** gedacht, der schnell zu einem beliebten Naherholungsgebiet avancierte. Dass Gebäude der **Uni Zürich** in das Gelände integriert wurden, so dass die Gesamtfläche auf 44 ha anwuchs, fiel dabei gar nicht ins Gewicht. Neben **Wasserflächen** und Aussichtsterrassen finden wir bei genauem Hinsehen mehrere **Kunstobjekte**, von denen die „Sonnennadeln" sicherlich die auffälligsten sind.

Im Ort Fällanden steht die **Kirche St. Katharina von Siena**. Was nach einer italienischen Kathedrale klingt, ist ein eher nüchterner Bau, der 1991 geweiht wurde. Ansehen sollten wir sie uns aber wegen der exakt ausgerichteten drei Kirchtürme und deshalb, weil es die einzige Kirche ist, die Katharina von Siena gewidmet wurde.

Weiter geht's von Fällanden, von wo aus wir mit einer deutlichen Steigung durch Stuhlen hinauf nach Ebmatingen radeln. Binz, Witikon und Riesbach liegen auf unserem Weg zurück zum Ufer des Zürichsees. Dessen Uferlinie folgen wir nun gegen den Uhrzeigersinn, um wieder zurück zu unserem Camp zu rollen.

Tipp: Hinter Fällanden sind wir fast am Ufer des **Greifensees**. Er ist zwar nicht so berühmt wie der Zürichsee, dafür aber deutlich ruhiger und mit 6 km Länge und bis zu 1,6 km Breite der zweitgrößte See des Kantons. An seinem Ufer finden seltene Wasservögel ein gutes Refugium im dichten Schilf, das sinnvollerweise unter **Naturschutz** gestellt wurde. Um den See genauer zu erkunden, bietet sich eine Rundfahrt mit dem Schiff auf dem Greifensee an.

Auf unserer Fahrt zurück zum Campingplatz müssen wir schwer in die Pedalen treten, denn wir radeln über die **Pfannenstielkette**, deren Höhen bis zu 853 m aufragen. Aus den dichten Wäldern schaut am höchsten Punkt ein **Aussichtsturm** heraus. Von hier aus schweift der Blick weit über die Region und die Seen.

35 Heidiland

Von Bad Ragaz nach **Altenrhein**

CamperTouren Info

ca. 70 km ohne Abstecher, gute, regionale Radweg-Beschilderung sowie teils Beschilderung als Prättigauer Route. Keine größeren Steigungen, die Tour verläuft meist merklich und entspannt bergab. Die Route führt meist über separate Radwege, einige Passagen auf losem Untergrund.

Start: Bahnhof Bad Ragaz

Ziel: Camping Idyll in Altenrhein bei Rorschach, www.cgsg.ch

Auswahl weiterer Camps entlang der Strecke: Campingplatz Giessenpark, Camping Mittagsspitze, Camping Werdenberg, Waldcamping Feldkirch, Campingplatz Baggersee, Sonnensee Camping, Camping Wagenhausen, Camping Bruggerhorn

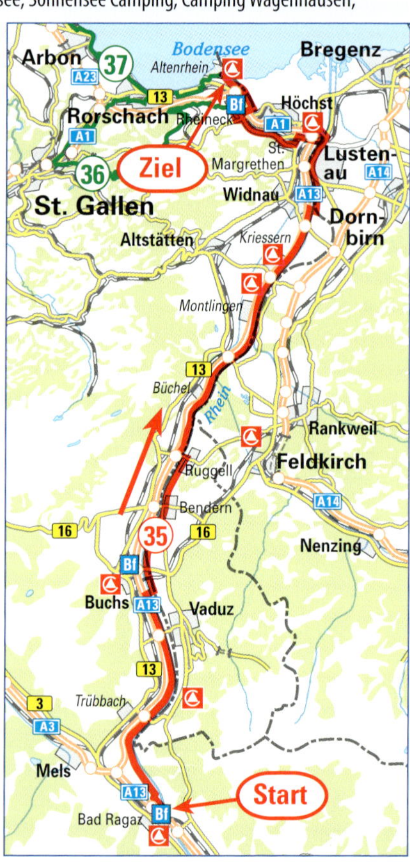

Der Alpenrhein begleitet uns auf unserer gesamten Radtour durch das sogenannte Heidiland, was genüssliches Rollen ohne größere Anstrengungen garantiert. Am Wegesrand gibt es viel zu sehen – unter anderem Vaduz, die Hauptstadt des Fürstentums Liechtenstein.

Der Startort unserer Tour Bad Ragaz bezeichnet sich gerne als „**Kurort von Weltformat**" – und das ist nicht geprahlt. Das **Wellness- und Kurangebot** sucht seinesgleichen: Spa House, ad fontes beauty & wellness, das unglaubliche Grand Resort Bad Ragaz oder die preisgekrönte Tamina Therme sind nur einige der Highlights, mit denen hier die Gäste verwöhnt werden. Wer auch die Augen beglücken mag, blickt auf die Arkaden der **Trinkhalle**, auf den **Bahnhof** von 1875 oder auf die Kureinrichtungen mit dem umliegenden **Kurpark**. Wie schwärmte schon Rainer Maria Rilke: „Hiersein ist herrlich".

Los geht's am Bahnhof von Bad Ragaz, den wir mit zweimal Rechtsabbiegen über Unterrain- und Bahnhofstraße verlassen. Nach der Linkskurve und der Unterführung sind wir auf der Rheinstraße, die auch teils als Prättigauer Route beschildert ist. Die bringt uns stets dem Verlaufe des Rheins folgend vorbei an Trübbach Richtung Buchs.

Wir verlassen Bad Ragaz und tauchen ein ins „Heidiland". Das ist freilich keine geografisch definierte Region, sondern ein rein touristischer Begriff. Der Marketingdirektor von St. Moritz ließ den Begriff Heidiland 1979 als

Ausweise nicht vergessen: Nur so können wir Vaduz besuchen

Marke schützen, was natürlich in Anlehnung an die berühmte Fernsehserie erfolgte. Inzwischen gibt es sogar eine Heidiland Tourismus AG mit Sitz in Bad Ragaz. Dass es in den Orten der Region alle möglichen Merchandise-Artikel gibt, die sich mit Heidi beschäftigen, versteht sich von selbst. Der Begriff „Heidiland" soll allerdings vor allem für Freiraum, Frische, Unbefangenheit – kurz – ein bestimmtes Lebensgefühl stehen.

Tipp: Auf unserem Weg lockt ein Abstecher über die Rheinbrücke nach Vaduz, der Hauptstadt des **Fürstentums Liechtenstein**. Wer die Packtaschen am Rad nicht voller Geld hat, das hier angelegt werden soll, lenkt die Aufmerksamkeit auf die Schönheiten der Stadt. Zu denen gehören das **Rote Haus**, die Kapelle St. Florin, die Ruine von **Burg Schlaun** oder **Schloss Vaduz**. Der Zutritt bleibt uns verwehrt, da hier die Fürstenfamilie wohnt, doch allein der Anblick ist herrlich. Mehr über das Fürstentum erfahren wir im **Liechtensteinischen Landesmuseum**.

Wir zweigen kurz vor Buchs ab auf die andere Rheinseite, doch ein Abstecher ins Zentrum lohnt sich, denn wir finden hier schöne historische Häuser wie das Bezirksgebäude oder das **Amtsnotariat**. Über die Szenerie wacht **Schloss Werdenberg**.

Weiter geht's von Buchs, wo wir kurz vor dem Ort bereits die Rheinseite wechseln, um vorbei an Bendern und Ruggell zu rollen, ehe wir wieder das Ufer tauschen. Bei Büchel, Montlingen, Kriessern und Widnau bleiben wir links des Rheins, dann geht's rechts des Rheins weiter an Lustenau vorbei. Am Ortsende verlassen wir den Rhein, fahren wieder über die Brücke und fahren via Sankt Margrethen und Rheineck nach Altrhein, wo unsere Tour am Camp endet.

Der **Alpenrhein** begleitet uns auf unserer kompletten Radtour. Dabei wechselt er gerne einmal sein Antlitz: Während er im Oberlauf teils wild und schäumend erscheint, wird er neben unserem Radweg oftmals in ein künstliches Bett gezwängt, in dem er gemächlich dahin fließt.

In Lustenau sind wir schon auf österreichischem Staatsgebiet. Wenn wir genau hinsehen, entdecken wir mehrere schöne alte **Villen**, die vom Wohlstand der Region zeugen.

Gegen Ende unserer Tour legen wir noch einen Stopp in Sankt Margrethen ein, wo es natürlich eine **Alte Kirche** gibt. Auffälliger ist aber die Ruine der **Burg Grimmenstein** in ihrer spektakulären Lage auf einem Felsen. Wenn die Muskeln nach der Radtour nach Entspannung rufen, finden wir die im 300 Jahre alten **Mineralheilbad**.

36 Kirchen- und Baukunst in St. Gallen

Von **Altenrhein** über St. Gallen

CamperTouren Info

ca. 44 km ohne Abstecher, gute, regionale Radweg-Beschilderung, teils als Beschilderung Bodensee-Radweg. Mehre Steigungen vor und hinter St. Gallen, die eine Grundkondition erfordern. Die Route führt meist über separate Radwege, einige Passagen auf losem Untergrund.

Start / Ziel: Camping Idyll in Altenrhein bei Rorschach, www.cgsg.ch

Auswahl weiterer Camps entlang der Strecke: Campingplatz St. Gallen-Wittenbach, Wohnmobilstellplatz in St. Gallen

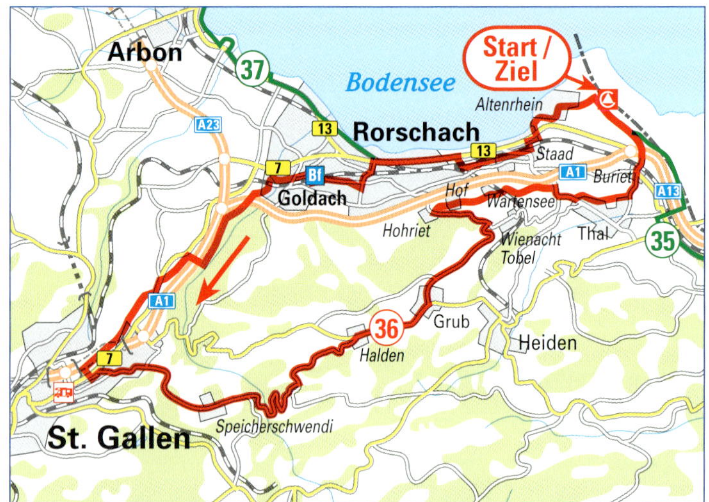

Der Höhepunkt dieser Tour ist St. Gallen, das uns mit einer wunderbaren Altstadt und einem nicht minder sehenswertem Stiftsviertel empfängt. Der Höhepunkt liegt auch höher als der Bodensee, so dass einiges an Pedal-Arbeit angesagt ist, die aber auch für weniger trainierte Radler schaffbar ist.

Wenn das keine Einladung für uns radelnde Camper ist: Der **Campingplatz Idyll** wirbt mit einer E-Bike-Ladesäule und einer Reparaturstation. Aber auch der Name allein hält, was er verspricht, denn die Lage unseres Camps direkt am Naturerholungsgebiet des Altrheins könnte schöner kaum sein. Neben der perfekten Anbindung an den Bodensee-Radweg lockt uns der Schiffsanleger, der nur ein paar hundert Meter neben dem Platz liegt und uns zu Kreuzfahrten auf dem „Schweizer Meer" einlädt.

Los geht's an unserem Campingplatz, den wir nach rechts und an der nächsten Straßenecke links abbiegend verlassen. Durch die Orte Altenrhein und Staad gelangen wir auf dem Bodensee-Radweg nach Rorschach, wo wir das Ufer des Bodensees und den Bodensee-Radweg verlassen. Nachdem wir den Bahnhof von Goldach passiert haben, verlassen wir das teils dicht bebaute Gebiet, was aber mit einer deutlichen Steigung bezahlt werden muss. Zweimal queren wie die A1 und erreichen die Innenstadt von St. Gallen.

Die Fahrt hierher war etwas beschwerlich, aber St. Gallen entschädigt uns mehrfach für die Strapazen, denn es gibt hier unglaublich viel zu sehen. Der irische Wandermönch Gallus gründete an dieser Stelle im Jahre 612 eine Einsiedelei, aus der in rund 100 Jahren ein **Benediktinerkloster** erwuchs, das bis

Kunstvolle Erker sind typisch für die Altstadt von St. Gallen

heute St. Gallen maßgeblich prägt. Unübersehbar ist die in barockem Glanz erstrahlende **Kathedrale**, die gemeinsam mit den Klostergebäuden von der UNESCO zum Weltkulturerbe ernannt wurde. Hinter der **Doppelturmfassade** des Gotteshauses finden wir eine kostbare Ausstattung, die unter der Kuppel besonders erstrahlt.

Tipp: Das dürfen wir uns keinesfalls entgehen lassen: Ein Besuch der **Stiftsbibliothek** am Südende des Stiftsplatzes gehört ins Pflichtprogramm. Mit Staunen und gleichermaßen Ehrfurcht blicken wir auf den unglaublich filigran gestalteten, zweistöckigen Leseraum. Edle, kunstvoll verarbeitete Hölzer, hochglänzende Böden und an der Decke detailgetreue Fresken – da weiß man gar nicht, wo man zuerst hinblicken soll!

Vom Klosterbezirk ist es nicht weit bis in die **Altstadt**, wo wir vor allem durch Gallusstraße, Kugelgasse und Schmiedegasse schlendern und auch hier unsere Blicke beeindruckt nach oben richten: schmuckes **Fachwerk** und kunstvoll gestaltete **Erker**, die sich teils über zwei Etagen erstrecken – Fotomotive gibt es hier ohne Ende!

Damit wir verstehen, woher der Reichtum in der Stadt einst kam, besuchen wir das **Textilmuseum**. Es ist in einem alten Stadtpalais untergebracht und berichtet darüber, dass Textil- und Stickereibetriebe einst viel Geld in die Kassen spülten.

Weiter geht's von St. Gallen, das wir über Buchental-, links Falkenstein- und rechts Rehetobelstraße mit einer spürbaren Steigung verlassen. Hinter einer kleinen Abfahrt müssen wir durchatmen, denn es geht hinter dem Ort Speicherschwendi für rund 4 km und 200 Höhenmeter bergauf bevor wir durch Halden, Grub, Wienacht-Tobel, Hohriet, Hof, Wartensee, Thal und Buriet nach unten rollen. Nachdem wir die A1 wieder überquert haben, erreichen wir den Rhein, dessen Ufer wir nur ein paar Meter nach links folgen müssen, um zurück zum Camp zu gelangen.

Wir sind im **Appenzeller Land** unterwegs, das uns mit seinen sanft modellierten Hügeln die eine oder andere Steigung beschwert. Auch die „Bergziegen" unter uns finden hier reichlich „Auslauf", denn auch alpine Touren sind hier möglich. Höher als der **Säntis** mit seinen 2.501 m ist aber hier kein anderer Berg – und ein schöneres Panorama bietet auch keiner.

Was wir aber auch mit der Region verbinden, ist der gleichnamige **Appenzeller Käse**. Also rein in den nächsten Laden, wenn möglich durchprobieren und den Leckersten in den Packtaschen mitnehmen – für eine Brotzeit nach der Tour vor dem Camper.

37 Grüezi, Bodensee!

Von **Altnau** nach Rorschach

CamperTouren Info

ca. 28 km ohne Abstecher, gute, regionale Radweg-Beschilderung sowie Beschilderung als Bodensee-Radweg. So gut wie keine Steigungen. Die Route führt über straßenbegleitende Radwege, über Nebenstraßen und separate Radwege, einige Passagen auf losem Untergrund.

Start / Ziel: Camping Ruderbaum in Altnau am Bodensee, www.ruderbaum.ch

Auswahl weiterer Camps entlang der Strecke: Camping Luxburg, Camping Seehorn, Campingplatz Buchhorn

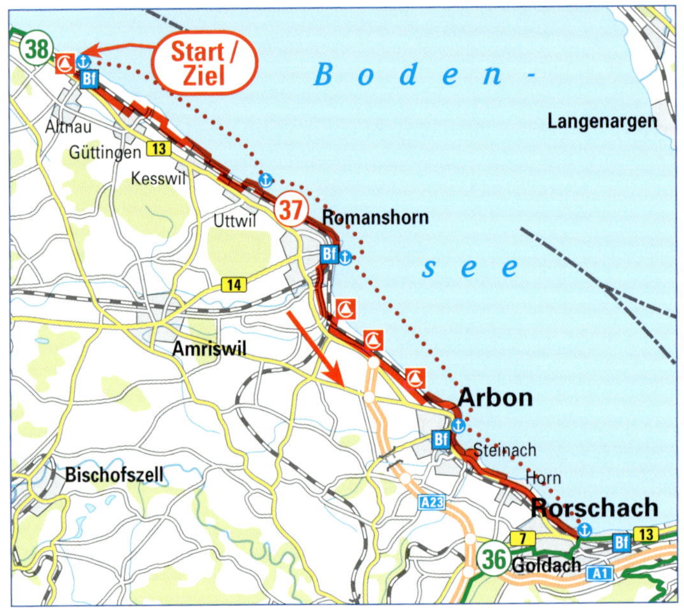

Bei dieser Tour haben wir den Bodensee und seine Küste auf der deutschen Seite stets fest im Blick. Auf dem beliebten Bodensee-Radweg folgen wir für rund 28 km der schweizer See-Seite durch sehenswerte und gewohnt gepflegte Orte.

So lässt es sich vortrefflich entspannen: Unser **Campingplatz Ruderbaum** liegt in bester Lage direkt am schweizer Ufer des Bodensees. Wenn wir rechtzeitig reservieren, bekommen wir einen der begehrten Stellplätze mit Sicht auf den See, was durch die Hanglage an vielen Stellen möglich ist. Aber auch die anderen Stellplätze liegen erstklassig auf dem satten Grün der Wiese und teils unter Schatten spendenden Bäumen. Schnell stellen wir fest, dass der Platz aus einem alten Baumgarten entstand.

Los geht's am Campingplatz, den wir über die Bahnschienen hinweg verlassen, um hinter den Gleisen links abzubiegen. So gelangen wir auf den Bodensee-Radweg, der uns vorbei an Güttingen und Kesswil nach Uttwil bringt

Klein aber fein ist der Ort Uttwil direkt am Ufer des Bodensees. Er kann auf eine lange Geschichte zurückblicken, in der 817 Ludwig der Fromme erstmalig urkundlich erwähnt wurde. Interessant ist die Symbiose aus alt und neu wie z.B. die topmodernen Bürobauten, die im Gegensatz stehen zum fachwerkwerkgeschmückten **Gasthaus Frohsinn** – der sich gleich auch einstellt, wenn wir das Gebäude sehen.

Weiter geht's von Uttwil direkt am Seeufer entlang über unseren Bodensee-Radweg durch Romanshorn, Arbon, Steinach und Horn nach Rorschach. Hier steuern wir den Hafen

Der Bodensee erscheint auch vom schweizer Ufer aus unendlich groß zu sein

an, wo wir auf´s Schiff steigen, um uns am Ufer mit Zwischenstopps in Arbon, Romanshorn und Uttwil direkt zu unserem Campingplatz zurück gondeln zu lassen, der in der Nähe des Hafens liegt. Alternativ können wir auch die Bahn für den Rückweg benutzen.

Bis ins 7. Jh. wohnten wohl die Romanen hier, wo wir heute Romanshorn vorfinden. Nachdem die Namensgebung geklärt ist, schauen wir uns den geschützten, **mittelalterlichen Ortskern** an. Hier fallen die Blicke auf die paritätische **Alte Kirche**, die direkt neben dem **Schloss** steht.

In Arbon wird es „städtisch", denn der Hauptort des Kantons Thurgau hat sich seit den ersten Siedlungsspuren aus der Steinzeit prächtig entwickelt. Elegant fügt sich das **Gasthaus Römerhof** in die Reste der **Stadtmauer** ein, während sich das Rote Haus im Grün eines weitläufigen Gartens versteckt. Fachwerkfreunde entdecken gleich mehrere tolle Gebäude dieses Stils, bevor wir uns dem **Schloss** widmen. Gut ist noch heute am **Bergfried** zu erkennen, dass sich das Schloss aus einer Burg entwickelte.

Tipp: Sportliche Naturen nehmen die 28 Kilometer erneut unter die Pneus und radeln den **Bodensee-Radweg** zurück zu unserem Campingplatz

Die Alemannen hinterließen die ersten Spuren im heutigen Rorschach, dessen weitere Geschichte immer wieder vom Kloster St. Gallen geprägt wurde. Gemütlich wirkt der **Hafen**, an dem wir unsere Tour beenden. Hier steht auch das wuchtige **Kornhaus**, in dem ein **Erlebnismuseum** für Geschichte, Industrie und vielem mehr untergebracht ist. Bevor wir auf´s Schiff steigen, sehen wir uns die historischen Hausfassaden entlang der Hauptstraße und die Kirche St. Kolumban und Konstantius an. Pilger zieht es eher zum **Jakobsbrunnen**, an dem der Jakobsweg nach Santiago de Compostella beginnt.

Ein echter Hingucker ist die **Badhütte**, die auf Pfählen im Bodensee steht und über eine Brücke erreichbar ist.

Kartentipp:
ADFC-Regionalkarte Bodensee,
1:50.000, ISBN 978-3-87073-977-5, € 9,95
Digital für Smartphones und Tablets: www.fahrrad-buecher-karten.de/rk-digital

38 Von der Kurtisane zu den Mönchen

Von **Altnau** über die Insel Reichenau

CamperTouren Info

ca. 45 km ohne Abstecher, gute, regionale Radweg-Beschilderung sowie teils Beschilderung als Bodensee-Radweg. Keine größeren Steigungen. Die Route führt über straßenbegleitende Radwege, über Nebenstraßen und separate Radwege, einige Passagen auf losem Untergrund.

Start / Ziel: Camping Ruderbaum in Altnau am Bodensee, www.ruderbaum.ch

Auswahl weiterer Camps entlang der Strecke: Campingplatz Möwe, Fischerhaus Camping, Campingplatz Sandseele, Wohnmobilstellplatz auf Insel Reichenau

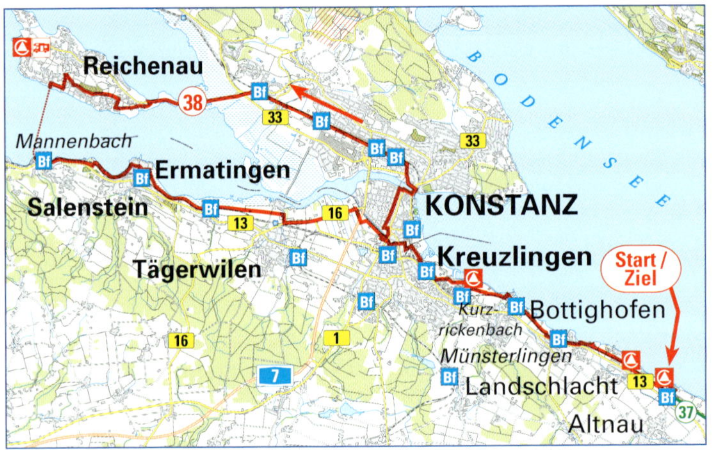

Könnte eine Radtour abwechslungsreicher sein? Wir radeln auf dem guten Bodensee-Radweg von der Schweiz ins deutsche Konstanz, schauen uns die leicht bekleidete Kurtisane am Hafen an und rollen dann zur Insel Reichenau, die lange Zeit vom klösterlichen Leben geprägt war.

Unser Campingplatz liegt auf dem Gebiet der Ortschaft Altnau, deren Oberdorf sich etwas abseits vom Bodensee befindet. Dort finden wir tolle Fachwerkfassaden, die gemeinsam mit dem spitzen Turm der evangelischen Kirche ein schönes Fotomotiv bieten.

Los geht's am Campingplatz, den wir über die Schienen hinweg verlassen, um dann rechts abzubiegen. So gelangen wir auf den Bodensee-Radweg, der uns via Landschlacht, Münsterlingen, Scherzingen, Bottighofen und Kurzrickenbach nach Kreuzlingen bringt.

Der Ort mit dem außergewöhnlichen Namen Landschlacht empfängt uns mit mehreren bestens erhaltenen **Fachwerkhäusern**, darunter auch das ehemalige Zehnthaus. In „erster Reihe" am Bodensee erhebt sich Kloster Münsterlingen, das einst für den Orden der Benediktinerinnen erbaut wurde. Die Schwester des Abts Gregor von Einsiedeln soll das Kloster einst gegründet haben aus Dankbarkeit, dass sie bei schwerer See nicht im Bodensee ertrank.

Etwas Besonderes ist die urige **Kapelle St. Leonhard**, deren Innenraum von herrlichen Fresken geziert wird.

Unübersehbar sind die schneeweiße **Klosterkirche St. Ulrich und Afra** von Kreuzlingen sowie das nicht minder strahlende **Schloss Brunnegg**. Auch Schloss Girsberg, die **Römerburg** und das **Wasserschloss Gaissberg** zählen zu den Sehenswürdigkeiten, auch wenn sie teils etwas abseits der City liegen.

Ein fesselnder Blick auf unserem Weg über die Rheinbrücke

Weiter geht's von Kreuzlingen, das wir an der Grenze entlang und dann den Schildern des Bodensee-Radwegs folgend durch Konstanz hindurch verlassen. Nachdem wir in Konstanz die Brücke überquert haben, folgen wir dem Radweg an der Spanierstraße nach links. Die Radschilder geleiten uns erst an den Bahnschienen entlang und dann links über den Damm hinüber nach Reichenau. Von hier setzen wir mit der Fähre nach Mannenbach-Salenstein über, biegen dort links ab und radeln vorbei an Ermatingen und Tägerwilen nach Kreuzlingen. Ab hier geht's über den Bodensee-Radweg wieder zurück nach Altnau, wo unsere Tour am Campingplatz endet.

Der **Segelhafen** von Keuzlingen ist bei den Skippern wegen seiner guten Lage sehr beliebt. Schließlich liegt er direkt in der größten schweizer Bodensee-Stadt.

Tipp: Wer die **Innenstadt** von Konstanz noch nicht kennt, sollte den Schlenker dorthin unbedingt unternehmen. Bei den erstklassigen Sehenswürdigkeiten ist es aber auch denkbar, dass wir die Zeit verlieren. Aber warum eigentlich nicht? Eine Tour nach Konstanz und zurück und an einem anderen Tag die hier beschriebene Tour! Denn so kommen wir auch zum **Hafen**, wo sich die riesige **Imperia** dreht. Die von Peter Lenk geschaffene, leicht bekleidete Kurtisane nimmt das 4-jährige Konzil auf´s Korn, das ab hier stattfand. Wer genau hinsieht, entdeckt in der einen Hand den „König", in der anderen den „Pabst" – Satire pur!

Auf spektakuläre Weise erreichen wir **Reichenau** über die Radel- und Fußgängerbrücke. Die Insel ist rund 4,5 km lang und mit einem dichten Wegenetz überzogen. So können wir das Eiland bestens erkunden und stellen fest: Es gibt gleich drei Gotteshäuser: **Kloster Mittelzell** sollte sich dabei als kulturelles Zentrum der abendländischen Kultur entwickeln. Etwas nördlicher liegt Mittelzell mit einem spannenden Kräutergarten und an der Spitze der Insel finden wir Niederzell. Die Reichenau ist zugleich ein einziger **Gemüsegarten**, so dass die Verpflegung hier bestimmt kein Problem wird!

Kartentipp:
ADFC-Regionalkarte Bodensee,
1:50.000, ISBN 978-3-87073-977-5, € 9,95
Digital für Smartphones und Tablets: www.fahrrad-buecher-karten.de/rk-digital

39 Der Hochrhein – mal auf schweizer, mal auf deutscher Seite

Von **Schaffhausen** über Stein am Rhein

CamperTouren Info

ca. 37 km ohne Abstecher, gute, regionale Radweg-Beschilderung sowie Beschilderung als Rheintal-Radweg und Bodensee-Radweg. Hügeliger Verlauf, der von einer starken Steigung abgesehen nicht allzu viel Grundkondition erfordert. Die Route führt über straßenbegleitende Radwege, über Nebenstraßen und separate Radwege, einige Passagen auf losem Untergrund.

Start / Ziel: Camping Schaffhausen in der Freizeitanlage Rheinwiese in Langwiesen, www.camping-schaffhausen.ch

Auswahl weiterer Camps entlang der Strecke: Camping Läui „Dschungel", Camping Hüttenberg, Campingplatz Grenzstein, Wohnmobilstellplatz in Eschenz

Diese Rundtour führt uns zu beiden Seiten des Hochrheins bis vor die Tore von Stein am Rhein, wo wir tief in die Historie des Mittelalters entführt werden. Die Radwege, auf denen wir unterwegs sind, weisen zwar einige kleinere Steigungen auf, stellen aber auch weniger sportliche Naturen vor keine allzu große Hindernisse. Dafür entschädigen tolle Aussichten für die „Schweißarbeit".

Vor den Toren Schaffhausens liegt die **Freizeitanlage Rheinwiese** mit verschiedenen Attraktionen. Eine davon wird zu unserem Basislager – der **Campingplatz Schaffhausen**. Der Platz wurde 2020 vom ADAC als der beliebteste Platz der Schweiz ausgezeichnet. Neben einer gepflegten Ausstattung überzeugt uns die Anlage mit Stellplätzen auf einer saftig-grünen Wiese, die mit Bäumen und anderen Hochpflanzen aufgelockert wird. Der Campingplatz liegt direkt am Ufer des Rheins und vor den Toren Schaffhausens. Alles zusammen ist damit der perfekte Urlaub garantiert.

Los geht's am Campingplatz, den wir über die Zufahrt bzw. über die darauffolgende Straße nach links verlassen, um durch den Ort Langwiesen zu radeln. Am Ortsende biegen wir links ab, wo die Straße eine Rechtskurve vollzieht. Nach wenigen Metern kommen wir zur Fähre, mit der wir das Rheinufer wechseln. Auf der anderen Seite fahren wir über den Rheintal-Radweg vorbei an Büsingen zu den Toren von Gailingen. Hinter Gailingen wird es anstrengend, denn wir müssen eine rund 2 km lange und recht steile Steigung hinter uns bringen, die uns aber auch die verdiente Abfahrt beschert. Durch Hemishofen ist es nun nicht mehr weit bis Stein am Rhein.

Im Ort Büsingen bieten das Hotel „**Alte Rheinmühle**" aus dem 17. Jh. sowie die **Bergkirche St. Michael** aus dem 11. Jh. schöne Fotomotive, wobei die Kirche spektakulär auf einem 415 m hohen Hügel liegt. Das besondere an Büsingen ist jedoch, dass es komplett von der Schweiz umschlossen wird. Damit bildet der Ort die **einzige Exklave Deutschlands**.

Schöner als in Diessenhofen können wir den Rhein kaum queren

Gailingen empfängt uns mit einer schönen gedeckten **Holzbrücke**, die hinüber zur Stadt Diessenhofen auf Schweizer Seite führt. Ansehen müssen wir uns im Ortskern das **Zentrum jüdischer Geschichte und Kultur**, das sich im Bürgerhaus von Gailingen befindet. Hier erfahren wir Hintergründe über das jüdische Leben in dieser Region. In dem Haus gab es auch einst eine Mikwe und eine Rabbinerwohnung. Auch einen jüdischen Friedhof gibt es in Gailingen, auf dem ein Gedenkstein an die Gräueltaten des 2. Weltkriegs erinnert.

Für Stein am Rhein müssen wir einen langen Aufenthalt einplanen, denn der Ort schmiegt sich malerisch an das Ufer des **Untersees**.

In Stein am Rhein gelingt es kaum, unsere Blicke zu lösen von den wunderschönen **mittelalterlichen Fachwerkhäusern**. Die sind meist mit prachtvollen **Malereien** und schmuckvollen **Erkern** verziert. Mehrere Tore und Türme der **Stadtmauer** umschließen die einzigartige Altstadt, die auf eine lange Geschichte zurückblicken kann.

Wer mag, kann sich mit dem Rad weiter am Ufer des Untersees Richtung Konstanz bzw. Richtung Bodensee bewegen. Noch entspannter ist aber ein Ausflug mit dem Schiff, das uns über den Untersee schippert und uns ganz neue Ansichten der Szenerie beschert.

Weiter geht's von Stein am Rhein, das wir wieder Richtung Hemishofen verlassen. Vor dem Ort wechseln wir mittels Brücke das Rheinufer und radeln – zuerst etwas abseits, dann wieder am Ufer des Rheins – auf dem Bodensee-Radweg nach Diessenhofen. Den Ort verlassen wir mit einer Steigung an St. Katharinental vorbei, gelangen über den Naturweg zum Paradies und zurück nach Langwiesen. Hier endet unsere Tour am Campingplatz.

Für die Dominikanerinnen wurde **Kloster St. Katharinental** einst errichtet. Im Klostermuseum erfahren wir, dass die weitläufige Anlage ihre Blütezeit im 14. Jh. erlebte. Die meisten Räume werden heute von einer Pflegeeinrichtung genutzt, so dass wir uns auf die Klosterkirche konzentrieren können.

Tipp: Die beschriebene Rückfahrt auf der Südseite des Rheins ist durchgehend hügelig und verläuft für rund 3 km über einen **Naturweg**. Besser zu radeln ist trotz der einen starken Steigung die Route über den Rheintal-Radweg. Es ist also eine Überlegung wert, über den Hinweg wieder retour zu radeln. Wer bereits „müde Waden" oder einen leeren Akku hat, kann auch die Bahn nehmen.

Das ehemalige **Kloster Paradies** war einst ein Frauenkloster der Klarissen. Heute werden die bestens erhaltenen Räume für technische bzw. wissenschaftliche Forschung sowie für eine Bibliothek genutzt.

Kartentipp:
ADFC-Regionalkarte Bodensee-Hochrhein,
1:60.000, ISBN 978-3-87073-744-3, € 8,95
Digital für Smartphones und Tablets: www.fahrrad-buecher-karten.de/rk-digital

40 Radeln am Rheinfall? Das wird bestimmt kein Reinfall!

Von **Schaffhausen** über Jestetten

CamperTouren Info

ca. 29 km ohne Abstecher, gute, regionale Radweg-Beschilderung sowie Beschilderung als Rheintal-Radweg. Durchgehend hügeliger Verlauf, der eine gewisse Grundkondition erfordert. Die Route führt über straßenbegleitende Radwege, über Nebenstraßen und separate Radwege, einige Passagen auf losem Untergrund.

Start / Ziel: Camping Schaffhausen in der Freizeitanlage Rheinwiese in Langwiesen, www.camping-schaffhausen.ch

Wir haben eine kurze, aber doch recht anstrengende Rad-Runde vor uns, die einige Anstiege bereithält. Lohn der Mühen ist der Rheinfall, den wir gleich aus mehreren spektakulären Perspektiven und von beiden Ufern des Rheins genießen können.

Unser Campingplatz liegt direkt vor den Toren von Schaffhausen, der **nördlichsten Stadt der Schweiz**. Für Schaffhausen sollten wir uns einen kompletten Tag Zeit nehmen und einen separaten Ausflug vom Campingplatz dafür einplanen, denn die Altstadt ist eine echte Augenweide. Wohin wir sehen, fällt der Blick auf prächtige **Renaissancegebäude** mit Erkern und Fassadenmalereien. Ergänzt wird die Szenerie auf dem **Fronwagplatz** mit zwei Brunnen, die in den 1980er Jahren nach alten Überlieferungen restauriert und bemalt wurden. Der Platz zwischen Unterstadt und Schiffgelände ermöglicht seit jeher den Schaffhausenern den Zugang zum Rhein. Diese prädestinierte Meile wird vom **Güterhof** und vom **Schweizer Hof** eingerahmt, die aus der Zeit des Salzhandels stammen.

Los geht's am Campingplatz, den wir über die Zufahrt bzw. über die darauffolgende Straße nach rechts verlassen. Nach wenigen Pedalumdrehungen entlang der Diessenhofer Straße nutzen wir die Brücke. Dem anderen Rheinufer folgen wir links flussabwärts an Neuhausen vorbei. Beim Bahnhof werden wir etwas vom Rhein weggeleitet. Es geht deutlich bergauf und dann wieder recht steil ans Ufer zurück. Wenig später folgen wir den Schildern des Rheintal-Radwegs nach Altenburg und nochmals mit einem starken Anstieg weiter nach Jestetten.

Wir rollen durch Neuhausen am **Rheinfall**, was schon vom Namen her das spektakuläre Highlight unserer Rad-Runde ankündigt: Neben uns stürzt der Rhein auf einer Breite von 150 m gute 23 Meter in die Tiefe. Es ist der größte Wasserfall, den wir in ganz Europa finden können.

Tipp: Direkt am Rheinfall steht das kleine **Schloss Wörth**. Hier können wir unsere Fahrräder sichern und uns mit einem Ausflugsboot an den Rheinfall heranfahren lassen. Mutige steigen aus, um sich auf dem mitt-

Ohrenbetäubend tost der Rheinfall unter uns

leren Felsen absetzen zu lassen und auf die Aussichtsplattform hinauf zu klettern. Näher als hier kann man dem Rheinfall nun wirklich nicht kommen.

Wenig später radeln wir auf wahrhaft „exotischem" Boden, denn wir sind im „**Jestettener Zipfel**" unterwegs. Altenburg und Jestetten liegen auf deutschem Boden und sind durch eine 55 km lange Grenze von der Schweiz umgeben. Und so verlassen wir Baden-Württemberg rasch wieder, wenn wir ans Ufer des Rheins zurückkehren.

Weiter geht's von Jestetten, das wir auf der Volkenbachstraße mit teils starkem Gefälle verlassen – bitte hier nicht zu schnell werden! Unten nutzen wir die Rheinbrücke nach Rheinau und folgen ab hier dem Flussufer wieder stromaufwärts. Wir radeln durch Dachsen, Laufen und Flurlingen, um gleich zweimal das Rheinufer zu wechseln. Die zweite Querung erfolgt auf der Brücke, die wir schon vom Hinweg kennen. Also rollen wir von hier entspannt auf demselben Weg zum Camp zurück, auf dem wir herkamen.

Unser Rückweg auf Schweizer Seite führt uns vorbei am **Schloss Laufen**, das auf einem Felsen hoch über dem Rheinfall thront. Schon vom Schloss aus haben wir einen weiteren unglaublichen Blick auf die Wassermassen, der aber noch besser wird, wenn wir vom Schloss zu Fuß zum **Känzeli** steigen, einer spektakulären Aussichtsplattform.

Ganz in der Nähe liegt auch das Rheinkraftwerk Neuhausen, das seit dem 19. Jh. die Kraft des Wassers nutzt. Seinerzeit wurde es zur Versorgung eines Aluminiumwerks angelegt. Doch schon seit dem 7. Jh. wurden hier Mühlen und sogar ein Hochofen betrieben.

Kartentipp:
ADFC-Regionalkarte Bodensee-Hochrhein,
1:60.000, ISBN 978-3-87073-744-3, € 8,95
Digital für Smartphones und Tablets: www.fahrrad-buecher-karten.de/rk-digital

41 Rad-Klassiker mit Kreuzfahrt

Von **Kressbronn-Gohren** nach Überlingen

CamperTouren Info

43 km, meist auf separaten Radwegen oder auf Radwegen neben Straßen, keine Steigungen, Wegweisung als Bodensee-Radweg

Start: Camping Park Gohren in Kressbronn, www.campingplatz-gohren.de

Ziel: Hafen Überlingen

Das „Schwäbische Meer" ist seit jeher eine der beliebtesten Urlaubsregionen Deutschlands. Es ist aber auch wirklich wunderschön: Zu Füßen historischer Orte schwappt das saubere Wasser ans Ufer, an vielen Stellen lockt ein Sprung ins kühle Nass und ein ausgezeichneter Radweg führt einmal komplett um den Bodensee herum. Gründe genug, sich eine größere Etappe dieses Radwegs vorzunehmen und danach bequem mit dem Schiff zurück zu kehren.

Der **Camping Park Gohren** ist ein ideales Urlaubsziel für alle Generationen: Kinder erwarten tolle Spielgeräte und ein buntes **Ferienprogramm** und Erwachsene können so richtig die Seele baumeln lassen. Wer keine Unterkunft dabei hat, mietet **Miniloges** mit Panoramafenstern oder ein **Safarizelt**.

Los geht´s vor der Einfahrt des Camps, von wo wir am Yachthafen vorbei zum Ufer des Bodensees rollen. Der Fernradweg geleitet uns stets in Wassernähe via Langenargen und Eriskirch nach Friedrichshafen.

Gleich zu Beginn haben wir die Wahl: Die Kurzstrecke führt am **Yachthafen** vorbei, an dem nicht nur Bootsfreunden das Herz höher schlägt. Wer dem offiziellen Radweg folgt, passiert die spannende **Kabelhängebrücke**, die den Fluss Argen überspannt.

In Langenargen selbst markiert der **Marktplatz** das Zentrum. Drumherum finden wir sehenswerte Ziele wie die Pfarrkirche, die **Kurpromenade** und ganz besonders das Schloss Montfort.

Direkt hinter den letzten Häusern tauchen wir ein ins **Eriskirchener Ried**. In dem Naturschutzgebiet wachsen 600 verschiedene Pflanzen.

Das nächste Highlight lässt nicht lange auf sich warten: Friedrichshafen gilt als Einkaufsstadt der Region. Beim Durchstreifen der **Fußgängerzone** kommen wir auch vorbei am Zeppelinmuseum. Es erzählt uns von der Geschichte des Grafen Zeppelin, der seinen Traum von **einem lenkbaren Luftschiff** realisieren wollte. Als die „Zeppeline" ihre Hochzeit erlangen, war der Graf leider schon verstorben. Und die Katastrophe von Lakehurst, bei der 1937 ein Zeppelin mit 36 Menschen an Bord explodierte, gehört auch zu dieser Geschichte.

Toller Blick auf Überlingen!

Direkt am Hafen steigen wir auf den **Aussichtsturm** und genießen eine herrliche Rundumsicht auf Altstadt, Seeufer und die Schweizer Alpen.

Tipp: Die Tradition der **Zeppeline** wird noch heute aufrecht erhalten. Wem der Sinn nach einem außergewöhnlichen Urlaubserlebnis steht, lenkt sein Rad zum Flugplatz und nimmt Platz in der Kabine unter der „Zigarre".

Weiter geht´s von Friedrichshafen über den Bodensee-Radweg durch Fischbach, Immenstaad, Hagnau, Meersburg, Unteruhldingen, Nußdorf nach Überlingen. Von hier fahren wir bequem mit dem Schiff wieder zurück.

Wer im Frühling auf dieser Tour unterwegs ist, der kann in der Blütenpracht eintauchen, die sich jedes Jahr durch die zahllosen **Obstbäume** der Region ergibt.

Nachdem wir uns im Fischbacher **Hofladen** direkt am Radweg (leider auch an der B31) eingedeckt haben, schauen wir uns in Immenstaad das **Schwörerhaus** und die Pfarrkirche und später in Hagnau das **Spielzeugmuseum** an.

In Meersburg ist wieder ein längerer Stopp angesagt, der Ort gilt als „Perle des Bodensees". In der **Burg** verbrachte die Dichterin Anette von Droste zu Hülshoff ihren Lebensabend. Ob die Burg nun die älteste Deutschlands ist, kann uns eigentlich egal sein, denn gemeinsam mit dem **Neuen Schloss** und der bunten **Altstadt** ist Meersburg in jeder Hinsicht eine Augenweide.

Noch historischer wird es auf den nächsten Kilometern: Tief in die Menschheitsgeschichte entführen uns die **Pfahlbauten** von Unteruhldingen – es macht viel Freude, über die Stege zu wandeln und sich vorzustellen, wie unsere Urahnen einst hier lebten.

Das Ende unserer Tour könnte schöner nicht sein: Überlingen wird nicht umsonst „Badisches Nizza" genannt. Am besten bekommen wir dieses Feeling auf der wunderbaren **Seepromenade**. Bevor wir im Hafen mit seinem Lenk-Brunnen auf´s Schiff steigen und wieder zurück fahren, dürfen wir nicht vergessen, uns die Altstadt von **Überlingen** anzusehen. Das Münster, das ehemalige Kornhaus und das Rathaus würden wir sonst verpassen.

Kartentipp:
ADFC-Regionalkarte Bodensee, 1:50.000,
ISBN 978-3-87073-977-5, € 9,95
Digital für Smartphones und Tablets: www.fahrrad-buecher-karten.de/rk-digital

42 Bodensee-Blicke

Von **Langenargen** nach Lindau und zurück

CamperTouren Info

32 km, meist auf separaten Radwegen oder auf Radwegen neben Straßen, eine anstrengende Steigung, Wegweisung als Bodensee-Radweg

Start und Ziel: Camping Park Gohren in Kressbronn, www.campingplatz-gohren.de

Auswahl weiterer Camps an der Strecke: Campingplatz Iriswiese, Campingplatz Nonnenhorn, Camping Eschbach, Parkplatz Blauwiese Lindau, Campingpark Gitzenweiler Hof

Auf dieser Tour starten wir in die andere Richtung und folgen dem bestens ausgebauten Bodensee-Radweg bis Lindau. Die Altstadt liegt wundervoll auf einer Insel im See und bietet uns ungemein viel Abwechslung. Je nach Kondition rollen wir dann am See wieder zurück oder vollziehen eine Runde durch´s hügelige Hinterland.

Los geht´s vor der Einfahrt des Camps. Von hier rollen wir über kleine Wege durch Schnaidt, Tunau, Kressbronn, Nonnenhorn und Wasserburg immer auf dem Bodensee-Radweg über den Eisenbahndamm ins Herz von Lindau.

Kressbronn ist ein ruhiger kleiner Ferienort, in dem wir das „**Schlössle**" ansteuern können, das mitten in einem Park liegt. Im Innern begeistern uns **Schiffsmodelle**, die ungemein detailgetreu gestaltet wurden.

Rund um Nonnenhorn können wir im Frühling die Obstblüte genießen. Wer später im Jahr hier ist, kostet die reifen Früchte. Das örtliche **Dorfmuseum** erläutert uns mehr zur Tradition des Obst- und Weinbaus.

Malerisch liegt der Luftkurort Wasserburg auf einer Halbinsel im Bodensee. Drei Meter dick sind die Mauern von **Schloss Wasserburg,** während sich die strahlend weiße Kirche St. Georg im funkelnden See spiegelt.

Über den Eisenbahndamm erreichen wir die Innenstadt von Lindau, die komplett von Wasser umschlossen ist. Allein am **Hafen** können wir uns stundenlang aufhalten, die herrlichen Blicke auf den Bodensee, die alten Hausfassaden und die Hafeneinfahrt genießen. Die wird vom **Leuchtturm** und vom bayerischen **Löwen** bewacht. In der Altstadt gibt es auch reichlich zu sehen, wie das **Alte Rathaus**, die Bürgerhäuser entlang der Maximilianstraße, der Mangturm, die Reste der Stadtbefestigung und das **Münster** „Unserer Lieben Frau". Sowohl rund um den Hafen als auch in der Fußgängerzone gibt es zahlreiche Einkehrmöglichkeiten in Lindau. Suchen wir uns also ein schönes Plätzchen und genießen wir das schon südländisch anmutende Feeling um uns herum!

Die Lindauer Hafenausfahrt ist einfach eine Augenweide!

Tipp: Die Zeit verfliegt im Nu, wenn wir uns durch Lindau treiben lassen. Daher ist es eine Überlegung wert, auf dem Rückweg nicht die hügelige Variante zu wählen, sondern wieder über den **Bodensee-Radweg** retour zu radeln.

Weiter geht´s von Lindau über die Chelles-Allee zum Kreisverkehr, den wir an der ersten Ausfahrt verlassen. Wir queren Bahnschienen und Bundesstraße, und kurbeln neben der Kemptener Straße merklich bergauf. Hinter Rehlings können wir links abbiegen und passieren die Campinganlage Gitzenweiler Hof. Ober- und Unterreithnau sowie Bechtersweiler sorgen noch für hügelige Straßen, ehe es bergab zurück via Gattnau und Kressbronn zum Camp geht.

Im Bereich von Oberreithnau haben wir teils wunderbare **Fernblicke** über Lindau und den Bodensee hinweg bis hinüber auf die Schweizer Alpen.

In Unterreithnau können wir uns die **Pfarrkirche St. Urban und St. Silvester** ansehen. So groß, wie der Name vermuten lässt, ist das Gotteshaus nicht. Dafür kommen immer wieder Wallfahrer hierher. Etwas gruselig ist der **Pestfriedhof**. Auf dem 350 qm großen „Todesacker“ wurden einst die Opfer der Pest aus Lindau bestattet.

Kartentipp:
ADFC-Regionalkarte Bodensee, 1:50.000,
ISBN 978-3-87073-977-5, € 9,95
Digital für Smartphones und Tablets: www.fahrrad-buecher-karten.de/rk-digital

43 Dreiländertour

Von **Bregenz** nach Arbon

CamperTouren Info

45 km, meist auf separaten Radwegen oder auf Radwegen neben Straßen, keine größeren Steigungen, Wegweisung als Bodensee-Radweg

Start und Ziel: Camping Park Gohren in Kressbronn, www.campingplatz-gohren.de

Auswahl weiterer Camps an der Strecke: Seecamping Bregenz, Mexico und Weiss jeweils in Bregenz, Camping Rohrspitz, Campingplatz Idyll

Der riesige Bodensee verbindet gleich drei Länder miteinander. Da auch der Radweg einmal komplett um den See herum führt, nutzen wir die Gelegenheit, uns auch bei unseren Nachbarn in Österreich und der Schweiz umzusehen. Damit die Tour nicht zu lang wird, nutzen wir zu Beginn und am Ende das Schiff.

Heute lernen wir den **Bodensee** in seiner vollen Pracht kennen, denn gleich zweimal setzten wir mit dem Schiff über. Sagenhafte 536 qkm bedeckt die Wasserfläche des Bodensees, der gleich eine ganze Reihe von Zuflüssen hat. Wer genügend Zeit hat, kann ihn auf dem 260 km langen **Bodensee-Radweg** komplett umrunden und kommt dabei durch Deutschland, Österreich und die Schweiz. Aufgrund der enormen Größe des Sees hat der **Schiffsverkehr** eine wichtige Bedeutung: Für alle Verkehrsteilnehmer ist es oftmals deutlich schneller, mit dem Schiff überzusetzen, als sich über die teils vollen Land- und Bundesstraßen herum zu quälen.

Los geht´s vor der Einfahrt des Camps. Von hier radeln wir am Sportboothafen vorbei nach Langenargen, wo wir den Hafen ansteuern. Das Schiff bringt uns ganz entspannt nach Bregenz. Vom Hafen aus startet unsere Radtour dann erst richtig – es geht auf den ersten Kilometern stets in Ufernähe entlang, bis wir die Bregenzer Ach überqueren. Dann

Malerisches Seeufer von Bregenz

radeln wir durch Hard, passieren das weite Rheindelta, in dem auch Fußach liegt. Via Rheineck gelangen wir über den stets ufernahen Radweg durch Staad nach Rohrschach.

Bregenz ist eine enorm abwechslungsreiche Großstadt mit einem abwechslungsreichen Kulturprogramm, zu dem verschiedene **Museen** und Ausstellungen beitragen. Die Bregenzer **Seebühne** ist international bekannt und begeistert jedes Jahr aufs Neue mit einem unglaublichen Bühnenbild. Von den historischen Gebäuden sind der **Martinsturm**, die Landesbibliothek und das **Landhaus** besonders beachtenswert.

Tipp: Ein unvergessliches Erlebnis ist es, mit der Seilbahn auf den **Pfänder** hinauf zu fahren. Vom Bregenzer Hausberg haben wir aus rund 1.000 m Höhe eine phänomenale Sicht über den Bodensee. Wer mag, bringt sein Rad mit hier hoch und braust dann rasant zu Tale.

Von der Brücke über die Bregenzer Ach haben wir einen tollen **Ausblick**. Nur wenige Meter neben unserem Radweg gibt es an der Achmündung eine schöne **Badestelle**.

Bei Hard gibt es die Gelegenheit, einen kleinen Abstecher zu unternehmen. Der bringt uns mit wenigen Pedalumdrehungen mitten ins **Mündungsdelta**, wo der Rhein in den Bodensee fließt.

Auf unserer Tuor bekommen wir hautnah einen guten Eindruck über die imposanten Dimensionen des **Rheindeltas**. Dabei radeln wir durch Fußach und genießen idyllische Passagen durch das Schilf mit weiteren **Bademöglichkeiten**. Bei Rheineck werden wir um den Altrhein herumgeleitet.

Direkt am Rohrschacher Hafen erhebt sich das Kornhaus, in dem heute ein **Erlebnismuseum** untergebracht ist, was Erwachsene und Kinder gleichermaßen begeistert. Rund um die Hauptstraße finden wir eine Reihe historischer Gebäude. Außergewöhnlich ist die im See gelegene **Badehütte**.

Weiter geht´s von Rohrschach durch Horn und Steinach nach Arbon. Hier steigen wir auf die Fähre, die uns einmal quer über den Bodensee nach Langenargen bringt. Vorn hier sind es mit dem Rad nur ein paar Minuten zurück zum Camp.

Die Schweizer Stadt Arbon ist ein toller Abschluss unserer See-Fahrt, denn direkt vor der spannenden **Altstadt** mit Schloss und „Rotem Haus" liegt die einladende **Seepromenade** mit viel Grün.

Kartentipp:
ADFC-Regionalkarte Bodensee, 1:50.000,
ISBN 978-3-87073-977-5, € 9,95
Digital für Smartphones und Tablets: www.fahrrad-buecher-karten.de/rk-digital

44 Die Schweiz stets im Blick

Von **Bad Säckingen** nach Weil am Rhein

CamperTouren Info

ca. 43 km ohne Abstecher, gute, regionale Radweg-Beschilderung sowie Beschilderung als Rhein-Radweg. Keine größeren Steigungen. Die Route führt über straßenbegleitende Radwege, über Nebenstraßen und separate Radwege, einige Passagen auf losem Untergrund.

Start: Reisemobilstellplatz Am Rheinufer - Bad Säckingen oder Campingplatz „Isele Hof" in Bad Säckingen

Ziel: Bahnhof Weil am Rhein, www.badsaeckingen.de

Auswahl weiterer Camps entlang der Strecke: Camping Au Petit Port

Der Rhein-Radweg ist zurecht einer der beliebtesten Radwege Europas. Auf der Passage, die wir hier vor uns haben, sind nicht ganz so viele Radler unterwegs, wie andernorts an dem langen Strom. Daher macht das Radfahren hier noch mehr Spaß, denn zu sehen gibt es auch eine Menge!

Wir beziehen unser Basislager in Bad Säckingen. Wohnmobilisten können den tollen **Stellplatz** direkt am Rheinufer nutzen. Hier haben wir den Rhein-Radweg direkt unter den Reifen und auch in die wunderschöne Innenstadt ist es nur ein Katzensprung. Wohnwagenfahrer und Zelt-Freunde brauche auch nicht zu verzweifeln, denn es gibt einen kleinen Campingplatz in Bad Säckingen für Wohnwagen bis 6 m Länge. Der **Isele Hof** liegt an der Straße Hasenrütte Nr. 7.

Los geht's am Wohnmobilstellplatz am Rheinufer von Bad Säckingen, den wir auf dem Rhein-Radweg flussabwärts verlassen. Diejenigen, die auf dem kleinen Campingplatz ihr Quartier bezogen haben, gelangen über Hasenrütte, rechts Lindenmatten, links Am Rheinblick, links-rechts über die B34 hinweg, Waldshuter Straße und links Rheinallee auf den Rhein-Radweg. Dieser bringt uns via Wallbach, Schwörstadt, Riedmatt und Beuggen nach Rheinfelden. Zwischendurch verlassen wir immer wieder das Rheinufer, größere bzw. längere Steigungen gibt es aber nicht zu verkraften.

In Beuggen steigen wir beeindruckt von den Rädern, denn das ehemalige **Wasserschloss** der Deutschordens-Kommende ist unglaublich schön: Rund 560 Jahre lang war es Sitz des Ritterordens, ehe es eine Zeit lang als Lazarett genutzt werden musste. Inzwischen ist es eine Tagungs- und Begegnungsstätte.

Der **Wasserturm** gilt mit seinem **Narrenmuseum** als Wahrzeichen von Rheinfelden, während das **Alte Wasserkraftwerk** das erste Flusskraftwerk Europas war. Ein Indiz dafür, dass die Region um Rheinfelden herum

Der Münsterhügel von Basel liegt oberhalb des Rheins

schon lange ein bedeutender Industriestandort ist. Wir steuern die Innenstadt an, die uns zum Einkehren einlädt und zudem einige **historische Gebäude** präsentiert. Im **Rheinpark** oder im Herbert-King-Park geht es deutlich ruhiger zu.

Weiter geht's von Rheinfelden zunächst etwas abseits des Rheins durch Herten, Wyhlen, Grenzach, dann am Ufer entlang vorbei an Kleinbasel nach Weil am Rhein. Hier steuern wir den Bahnhof an und lassen uns bequem mit der Bahn zurück nach Bad Säckingen fahren. Dort sind es nur wenige Kurbelumdrehungen hinunter zum Rheinufer, das uns flussabwärts zurück zum Wohnmobilstellplatz bringt.

Tipp: Ein Abstecher führt in die **Altstadt** von Basel, das zu den schönsten Städten der Schweiz zählt. Rund um den Marktplatz liegen das 1504 begonnene sehr repräsentative **Rathaus** und viele andere alte Bauwerke. Hoch über den Rhein ragt der Münsterhügel empor. Und an der höchsten Stelle steht das aus rotem Sandstein gefertigte **Basler Münster**. Wir erblicken die **Große Synagoge** und die evangelisch-reformierte **Paulskirche**. Wenn wir uns in einem der Cafés oder Biergärten niederlassen, können wir die Zeit schnell vergessen – aber es ist ja auch nicht mehr weit bis zum Tourziel.

Bei Weil am Rhein sind wir im Dreiländereck angekommen. In der Innenstadt können wir die **Einkehrmöglichkeiten** nutzen, um die Kalorien wieder aufzufüllen. Ansehen müssen wir uns das von Frank Gehry gestaltete **Vitra Design Museum** mit außergewöhnlichen Bauten. Zu denen gehört auch der Vitra Rutschturm, der **Aussichtsturm** und Erlebniskunstwerk in einem ist.

Kartentipp:

ADFC-Regionalkarte Bodensee-Hochrhein,
1:60.000, ISBN 978-3-87073-744-3, € 8,95
Digital für Smartphones und Tablets: www.fahrrad-buecher-karten.de/rk-digital

45 Der Südschwarzwald – mit oder ohne Klettertour?

Von **Bad Säckingen** über Laufenburg

CamperTouren Info

ca. 29 km ohne Abstecher, gute, regionale Radweg-Beschilderung sowie Beschilderung als Rhein-Radweg. Zwei heftige Steigungen über 6 und 3 km. Die Route führt über straßenbegleitende Radwege, über Nebenstraßen und separate Radwege, einige Passagen auf losem Untergrund.

Start / Ziel: Reisemobilstellplatz Am Rheinufer - Bad Säckingen oder Campingplatz „Isele Hof" in Bad Säckingen, www.badsaeckingen.de

Auswahl weiterer Camps entlang der Strecke: Wohnmobilstellplätze in Murg und Laufenburg

Bei dieser Tour haben wir im zweiten Teil die Wahl: Rollen wir ganz entspannt am Rheinufer zurück oder legen wir zwei ordentliche „Bergwertungen" ein und erkunden wir den Naturpark Südschwarzwald? Schön sind beide Alternativen!

Das Schmuckstück von Bad Säckingen ist die mit 203,7 m **längste gedeckte Holzbrücke Europas**. Schon 1272 wurde an dieser Stelle eine Holzbrücke erwähnt. Zum Glück wurden Pläne, sie abzureißen, wieder verworfen. In der City Bad Säckingens widmen wir uns dem **Fridolinsmünster**. Der Heilige Friedolin gründete hier einst ein Kloster. Das ihm geweihte Gotteshaus bekam im 17./18. Jh. barocke Elemente verpasst. Wer sich von dem Prunk in der Kirche losreißen kann, streift durch die **Altstadt**, in der wir viele historische Gebäude entdecken, unter ihnen den Diebsturm, den **Gallusturm** und das Teehäuschen im Schlosspark. Hinter einer weiten Grünfläche erhebt sich **Schloss Schönau**, das auch Trompeterschlösschen genannt wird. Das epische Gedicht „Der Trompeter von Säckingen" gehörte eine Zeit lang zu den meistverkauften Büchern in Deutschland. Das Museum im Schloss erzählt uns mehr darüber, denn hier finden wir das **Hochrheinmuseum** und das **Trompetenmuseum**.

Nachdem wir uns in Wallbach die kleine **Kirche St. Maria** angesehen haben, widmen wir uns dem **Müllmuseum**, das donnerstags und sonntags Nachmittag geöffnet hat. Ein ehemaliger Planierraupenfahrer der nahegelegenen Deponie trug hier in einigen Jahren außergewöhnliche Dinge zusammen, die einst von Menschen entsorgt wurden.

Los geht's am Wohnmobilstellplatz am Rheinufer von Bad Säckingen, den wir dieses Mal auf dem Rhein-Radweg flussaufwärts verlassen. Vom Campingplatz „Isele Hof" gelangen wir über Hasenrütte, rechts Lindenmatten, links Am Rheinblick, links-rechts über die B34 hinweg, Waldshuter Straße und links Rheinallee auf den Rhein-Radweg. In beiden Fällen lotsen uns die Schilder des Fernradwegs vorbei an Murg und Rhina nach Laufenburg.

In der Region um Murg herum siedelten schon Kelten und Römer, was sicherlich an der guten Lage hier am Hochrhein gelegen haben

Wohnmobilisten campen gleich neben den alten Mauern Bad Säckingens

dürfte. Später kamen die Alamannen und legten ein Bauerndorf an. Heute empfängt uns das Zentrum von Murg mit schmucken **historischen Häusern** rund um den **Ortsbrunnen**.

Laufenburg tauchte 1173 zum ersten Mal in den Geschichtsbüchern im Zusammenhang mit dem Kloster von Säckingen auf. Nachdem er 1315 die Stadtrechte bekam, wurde der Ort mit einer **Stadtbefestigung** versehen. Im Innern entstanden prachtvolle Häuser, die vor allem am Rheinufer ihre Schokoladenseite präsentieren.

Tipp: Wer dem Charme von Laufenburg komplett erliegt und vielleicht noch ausgiebig eingekehrt, kann auch ganz bequem mit der **Bahn** zurück nach Bad Säckingen fahren.

Laufenburg schmiegt sich malerisch ans Ufer des **Hochrheins** – und zwar gleich auf beiden Ufern. Ob nun der deutsche oder der schweizer Teil der Stadt schöner ist, kann jeder für sich selbst entscheiden. Jedenfalls gehört der Bereich auf der anderen Rheinseite seit 1801 zur Schweiz. Fotomotive finden wir reichlich, und zwar auf beiden Seiten. Über die Brücke ist unser Nachbarland schnell erreicht, so dass wir uns gleich beide **Altstädte** ausführlich ansehen können, bevor wir uns wieder auf die Bikes schwingen.

Weiter geht's von Laufenburg. Hier können wir entscheiden: Entweder die beschriebene anstrengende Tour durch die Berge oder auf dem Rheinradweg wieder zurück nach Bad Säckingen. Die Bergtour verlässt Laufenburg über die bereits ansteigende Hännerstraße, die in die Tödtmooser Straße übergeht. Nun melden die Waden eine heftige Steigung vorbei an Hammer und Spittelhau nach Hänner. Es geht wellig vorbei an Ort „Im Sood" hinunter zur Lochmühle. Dann nochmals bergauf durch Harpolingen nach Rippolingen. Nun ist es geschafft – stets bergab rollen wir auf teils steiler Abfahrt hinunter durch Obersäckingen zum Rheinufer. Hier folgen wir dem Rhein stromabwärts zurück zum Camping- bzw. Wohnmobilstellplatz.

Die Anstrengungen des Aufstiegs werden belohnt mit den schönen alten **Schwarzwaldhäusern**, die wir in und um den Ort Hänner entdecken können. Auch die **Kirche** sollten wir uns ansehen, denn sie wurde im Stile des Barock gestaltet. Die Pfarrei ist übrigens eine der ältesten im Hotzenwald, der uns das tolle Ambiente der Radtour liefert.

Kartentipp:

ADFC-Regionalkarte Bodensee-Hochrhein,
1:60.000, ISBN 978-3-87073-744-3, € 8,95
Digital für Smartphones und Tablets: www.fahrrad-buecher-karten.de/rk-digital

46 Breisgau für Genießer

Von **Freiburg** über Bad Krozingen

CamperTouren Info

ca. 55 km ohne Abstecher, gute, regionale Radweg-Beschilderung. Einige kleinere Steigungen und eine größere Steigung gegen Ende der Tour. Die Route führt über straßenbegleitende Radwege, über Nebenstraßen und separate Radwege, einige Passagen auf losem Untergrund.

Start / Ziel: Camping & Gästezimmer am Möslepark in Freiburg, www.camping-freiburg.com

Auswahl weiterer Camps entlang der Strecke: Camping Hirzberg, Wohnmobilstellplätze in Freiburg, Ebringen, Pfaffenweiler und Bad Krozingen

Auf dieser Tour rollen wir am Anfang und am Ende ganz entspannt am Ufer der Dreisam entlang, bevor es ins hügelige Markgräflerland geht. Nachdem wir neben uns weitläufige Weinfelder im Auge hatten, können wir uns in Bad Krozingen erholen, bevor es über den Europaradweg 2 vorbei an Badeseen wieder zurück geht.

Seit 1955 wissen Caravanfans den schön gelegenen **Campingplatz „Am Möslepark"** ganz in der Nähe von Freiburg zu schätzen. Hier finden wir tolle Stellplätze, die teils unter hohen, schattenspendenden Bäumen liegen und nicht weit entfernt funkelt der kleine Waldsee in der Sonne. Direkt nebenan erstreckt sich das Landschaftsschutzgebiet „Möslepark" zu Füßen des erhabenen Schwarzwaldes.

Los geht's am Campingplatz, den wir nach links über die Waldseestraße verlassen, um bergab zu rollen. An der Weggabelung rechts, über Bahnschienen und dann schnurgeradeaus über die Breite Straße hinweg in die Hirzbergerstraße hinein. So gelangen wir stets im Gefälle ans Ufer der Dreisam, dem wir nach links flussabwärts folgen. Nach ca. 5 Kilometern verläuft die Dreisam neben uns über einige Stufen und eine Eisenbahnbrücke taucht über uns auf. Wir nutzen die Möglichkeit, um das Ufer hinter der Brücke in einer Haarnadelkurve zu verlassen, und uns neben die Bahnschienen zu gesellen. Rund 2,5 km später verlassen wir unseren Weg an der Bahntrasse nach schräg rechts und folgen der Basler Landstraße, um via Schallstadt, Pfaffenweiler und Ehrenkirchen nach Bad Krozingen zu radeln.

Eingebettet in Weinfelder liegt Schallstadt mit seiner **Kirche St. Blasius** und einem auffälligen Kirchturm.

Tipp: Neben unserem Weg erhebt sich der **Batzenberg**. Er misst 1,2 km Breite und 4 km Länge – auffällig ist er aber deshalb, weil es auf ihm keinen Wald, sondern ausschließlich Weinreben gibt, durch die planvoll angelegte Wege führen.

Das Markgräfler Land ist recht flach und ideal zum Radeln

Bei Pfaffenweiler sind wir im **Markgräflerland** angekommen. Die Region bekam ihren Namen 1444, als mehrere Graf- bzw. Herrschaften zusammengeschlossen wurden. Im Ort Pfaffenweiler sehen wir uns die etwas verwinkelte und auf einer Bruchsteinmauer thronende **Pfarrkirche St. Columba** an, deren ältesten Teile aus dem 13./14. Jh. stammen. Ebenfalls in die Ortsgeschichte entführen uns das Dorfmuseum, die **historischen Steinbrüche** und die historischen Rebgründe.

Schön anzusehen ist **Schloss Kirchhofen**, wobei uns der Zutritt verwehrt bleibt, da es für soziale Zwecke verwendet wird. Daher widmen wir uns lieber der **Wallfahrtskirche St. Mariä Himmelfahrt**, die im barocken Stil erbaut wurde.

Im Jahre 1911 wurde nach Erdöl gebohrt – gefunden wurde **Thermalwasser**, was dem Ort schon 1933 den Titel „Bad" einbrachte, bevor 1953 ein **Kurhaus** folgte. Die Tour durch Bad Krozingen ist abwechslungsreich. Das beginnt schon mit dem hellblauen **Rathaus**, das unterschiedliche Baustile in sich vereint und setzt sich in den nicht minder farbenfrohen St. Josefshaus und **Pfirt´schen Schlösschen** fort. Das Schloss Bad Krozingen beherbergt ein **Museum für historische Tasteninstrumente** und im auffälligen **Litschgihaus** wurde ein geschichtliches Museum untergebracht.

Weiter geht's von Bad Krozingen, das wir an der Bahn entlang verlassen, um dann via Offnadingen, Norsingen, Mengen, Munzingen und Tiengen, nach Opfingen zu fahren. Hier zweigen wir bei der Freiburger Straße rechts ab, die später zur Opfinger Straße wird und die breite Straße (Besanconallee)passiert. Dahinter links in den Betzenhauser Weg, der uns am Dietenbachsee vorbei zum Ufer der Dreisam bringt. Ab hier folgen wir dem Verlauf flussaufwärts und gelangen später wieder auf die Strecke unserer Hinfahrt. Nun heißt es durchatmen, denn wir wissen ja: Auf dem Rückweg geht es nochmals kräftig bergauf, bis wir zurück am Camp sind.

Auch auf unserer weiteren Tour ist der Weinanbau stets präsent. In Tiengen können wir uns bei der **alten Weinpresse** ansehen, wie der köstliche Rebensaft einst hergestellt wurde. Unübersehbar ist die hoch aufragende **evangelische Pfarrkirche** im Ortszentrum. Eher am Ortsrand stehen seit 1973 die sogenannten **Terrassenhäuser**, wo wir gar nicht so recht wissen, ob wir sie nun schön finden sollen, oder nicht – besonders sind sie allemal!

Ab Mengen sind wir auf dem **Europa-Radweg Nr. 2** unterwegs und kommen hinter Opfingen durch ein **Naturschutzgebiet**, wo der **Opfinger See** eine willkommene Gelegenheit zur Abkühlung darstellt.

Wer hier die Erfrischung verpasst, kann wenige Minuten später auch in den Dietenbachsee springen, der ebenfalls direkt am Wegesrand liegt.

Kartentipp:

ADFC-Regionalkarte Freiburg und Umgebung,
1:75.000, ISBN 978-3-87073-914-0, € 9,95
Digital für Smartphones und Tablets: www.fahrrad-buecher-karten.de/rk-digital

47 Auf den Spuren der Schwarzwaldklinik

Von **Freiburg** über Gundelfingen

CamperTouren Info

ca. 32 km ohne Abstecher, gute, regionale Radweg-Beschilderung. Eine größere Steigung über ca. 5 km. Die Route führt über straßenbegleitende Radwege, über Nebenstraßen und separate Radwege, einige Passagen auf losem Untergrund.

Start / Ziel: Camping & Gästezimmer am Möslepark in Freiburg, www.camping-freiburg.com

Auswahl weiterer Camps entlang der Strecke: Camping Hirzberg

In den 1980er Jahren war sie eines der absoluten Fernseh-Highlights: Die Schwarzwaldklinik. Bei unserer Tour ins beschauliche Glottertal erfahren wir aktuelles über diesen Mythos und können zudem nach Lust und Laune noch eine Bergwertung hinten dran hängen.

Dicht gedrängt liegen in Freiburg hochkarätige Sehenswürdigkeiten wie das **Colombischlössle**, das Ensemble um den **Rathausplatz** oder das **Münster**. Rund um die barocke **Michaelskapelle** stehen auf dem alten Friedhof viele künstlerisch gestaltete Grabmale berühmter Persönlichkeiten. Die Kirchtürme des **Stühlinger Doms** sind umstanden von schmucken Häusern aus der Gründerzeit. An den Resten der **Stadtmauer** liegt das **Augustinerkloster**, dessen Räume teils als Museum genutzt werden. Die Eiche am Oberlindenbrunnen wurde vor mehr als 250 Jahren gepflanzt

Den Schildern folgend können wir einen Abstecher bergauf zur **Zähringer Burg** unternehmen. Vom zinnengekrönten Bergfried schweift der Blick weit über das Land.

Los geht's am Campingplatz, den wir nach links über die Waldseestraße verlassen, um bergab zu rollen. An der Weggabelung rechts, über Bahnschienen und dann schnurgeradeaus über die Breite Straße hinweg in die Hirzbergerstraße hinein – bis ans Ufer der Dreisam, dem wir nach links flussabwärts folgen. Nach gut 2 km nutzen wie die Brücke, um den Fluss zu überqueren und fahren dahinter immer weiter geradeaus. Vor den Kliniken rechts und gleich links, dann erneut stets geradeaus. So gelangen wir vor die Bahnschienen, wo wir rechts auf die Stefan-Meier-Straße einbiegen, die nach Querung einer Hauptstraße in die Händelstraße weiter führt. Unser Radweg, mal rechts, mal links der Bahnschienen, bringt uns hinaus nach Gundelfingen.

Die gute Stube Freiburgs – rund um das Münster

Gundelfingen empfängt uns mit einer schönen Mischung aus Alt und Neu: So entdecken wir ein modernes **Rathaus** und eine schmucke alte **Kirche**, die sogar etwas erhöht steht. Wer im Ort noch höher hinauf steigt, kann bei klarer Sicht hinüber zum Kaiserstuhl und zu den **Vogesen** blicken.

Weiter geht's von Gundelfingen, wo wir unmittelbar vor der Unterführung der B 294 rechts abbiegen. An der nächsten Ecke wieder rechts und wir kommen ins Glottertal. Wenige Minuten später biegen wir von der Landstraße rechts ab in die Föhrentalstraße, die sogleich leicht und später sehr heftig ansteigt. Am Ende der entspannten Abfahrt an der Weggabelung rechts, im Ort Ebnet über die Dreisam und im Zickzack über die Bahn hinweg. Dahinter rechts, links und leicht bergauf kurbelnd gelangen wir zum Campingplatz zurück.

Tipp: Nachdem wir das **Glottertal** verlassen haben, wird es richtig anstrengend. Wer also keine „Bergziege" ist, oder ein E-Bike unter sich hat, sollte vielleicht auf derselben Strecke wieder retour fahren, auf der wir herkamen.

Wer der berühmten **Schwarzwaldklink** einen Besuch abstatten möchte, folgt dem Glottertal noch einige Kilometer bergauf und biegt dann links ab ins Tal des Badbächle. Ein Zutritt in das Gebäude bleibt uns leider verwehrt, denn im Innern befindet sich eine Fachklinik für Psychosomatik. Es ist also zu überlegen, ob wir die rund 3,8 km und 130 Höhenmeter dafür in Kauf nehmen.

Kartentipp:
ADFC-Regionalkarte Freiburg und Umgebung, 1:75.000, ISBN 978-3-87073-914-0, € 9,95
Digital für Smartphones und Tablets: www.fahrrad-buecher-karten.de/rk-digital

48 Vom künstlichen Schluchsee hinunter zum natürlichen Titisee

Von **Schluchsee** nach Titisee-Neustadt

CamperTouren Info

ca. 18 km ohne Abstecher, regionale Wegweisung. Einige kleinere Steigungen im ersten Teil, lange Abfahrt im zweiten Teil. Die Route führt meist abseits des Straßenverkehrs über separate Radwege, einige Passagen auf losem Untergrund.

Start / Ziel: Camping Schluchsee in Schluchsee, camping-schluchsee.de

Auswahl weiterer Camps entlang der Strecke: Naturcamp Schluchsee, Camping Bühlhof, Camping Bankenhof, Camping Weiherhof, Terrassencamping Sandbank und Wohnmobilstellplatz Schluchsee

Eine tolle Streckentour liegt vor uns: Nach einem etwas hügeligen Start durch den Naturpark Südschwarzwald kommen wir am Bahnhof Bärental vorbei, dem höchstgelegenen Bahnhof Deutschlands. In flotter Fahrt rauschen wir dann aus 1035 m Höhe hinunter zum Titisee und tauchen ein in eines der touristischen Highlights der Region. Zurück lassen wir uns ganz entspannt mit der Dreiseenbahn wieder in die luftigen Höhen des Schluchsees bringen.

Der **Windgfällweiher** liegt direkt an einer Wasserscheide. Inzwischen wurde ein Abfluss blockiert, so dass der See besser für die Energiegewinnung genutzt werden kann.

Los geht´s am Campingplatz Schluchsee, den wir dieses Mal nach links über den Sägackerweg verlassen. Auf den nächsten Kilometern bleiben wir auf hügeliger Strecke stets in der Nähe der Bundesstraße, radeln am Windgfällweiher vorbei und kommen nach Altglashütten, wo wir genau auf die Radschilder Acht geben müssen.

In Altglashütten lohnt es sich, genauer hinzusehen, denn hier steht das **Rathaus** der Gemeinde Feldberg. Unten Bruchstein, in der Mitte strahlend weiß getüncht, oben Fachwerk und als Krone ein Türmchen – ein tolles Fotomotiv! Das gilt auch für die **Kirche St. Wendelin**, die gleich in der Nachbarschaft steht.

Weiter geht's von Altglashütten, das wir auf der Kirchgasse am Wanderparkplatz vorbei verlassen, um die B 500 zu kreuzen. Auch dahinter kurbeln wir noch bergauf, bevor wir hinunter nach Bärental kommen, wo wir unterhalb des Bahnhofs her rollen. Nun geht's teils steil bergab vorbei an weiteren Camps

Paddeln statt radeln? Warum nicht – der Titisee ist dafür wie geschaffen!

zum Ufer des Titisees. Nachdem wir uns den gleichnamigen Ort angesehen haben, steuern wir den Bahnhof an uns lassen uns mit dem Zug wieder nach oben zum Schluchsee bringen.

Den **Bahnhof Bärental** müssen wir besonders würdigen, denn er ist der höchstgelegene Bahnhof Deutschlands.

Tipp: Bevor wir in die Bahn steigen, können wir unseren müden Körpern eine ganz besondere Entspannung gönnen: Das **Badeparadies Schwarzwald** ist toll: Ein dschungelartiger **Palmengarten** säumt den „textilen" Badebereich, die Kids können die Rutschen herab stürzen und der Saunabereich ist riesengroß. Whirlpools, teils mit Sole, umspülen unsere Haut, nachdem wir in einer der **Themensaunen** geschwitzt haben. Ein echter Wasserfall in der Sauna? Eine Vulkanlandschaft? Ein Ambiente wie in 1001 Nacht zum Schwitzen? Oder doch lieber Entspannen auf den gemütlichen Liegen? Alles geht hier – nur nichts Gewöhnliches!

Bis zur **Seepromenade** des Touristenmagneten Titisee-Neustadt radeln wir mit tollen Blicken über den See auf teils sehr abschüssiger Strecke bergab und später am Wasser entlang. Der 2 km lange und bis zu 750 m breite Titisee ist ebenso wie der gleichnamige, 1111 erstmals erwähnte Ort bei Gästen äußerst beliebt. Im Winter kommen die Skiläufer, ganzjährig die Wanderer und die Kurgäste, die hier gute (Kur-) Luft einatmen. Am See beginnt die Gutach, jener Fluss, der zu Recht später Wutach genannt wird.

Kartentipp:
ADFC-Regionalkarte Freiburg und Umgebung, 1:75.000, ISBN 978-3-87073-914-0, € 9,95
Digital für Smartphones und Tablets: www.fahrrad-buecher-karten.de/rk-digital

49 Der größte See des Schwarzwaldes liegt auf rund 1.000 m Höhe

Rund um den **Schluchsee**

CamperTouren Info

ca. 18 km ohne Abstecher, regionale Wegweisung. Einige deutliche Steigungen, die eine gewisse Grundkondition erfordern. Die Route führt meist abseits des Straßenverkehrs über separate Radwege, einige Passagen auf losem Untergrund.

Start / Ziel: Camping Schluchsee in Schluchsee, camping-schluchsee.de

Auswahl weiterer Camps entlang der Strecke: Naturcamp Schluchsee und Wohnmobilstellplatz Schluchsee

Wir sind im Hochschwarzwald unterwegs, was schon ein Indiz dafür ist, dass wir auf unserer Runde um den Schluchsee mehrfach kräftig in die Pedale treten müssen. Wer ein E-Bike dabei hat, oder bereit ist, mal ein paar Meter bergauf zu schieben, wird nicht vor unüberwindbare Hindernisse gestellt. Der Preis sind einmalige Aussichten auf den See und das herrliche Panorama.

Unser **Campingplatz Schluchsee** bietet uns erstklassig gelegene Stellplätze in Ufernähe, die teils sogar mit Seeblick aufwarten können. Dabei atmen wir auf rund 1.000 Metern Höhe eine herrliche klare Luft – da macht das Frühstücken vor dem Zelt oder dem Camper gleich doppelt so viel Spaß! Auch die Nähe zur Stadt Schluchsee mit ihren Einkaufs- und Einkehrmöglichkeiten macht unser Camp zu einer idealen Unterkunft.

Los geht´s am Campingplatz Schluchsee, den wir nach rechts über den Sägackerweg verlassen. An der nächsten Kreuzung fahren wir weiter geradeaus und gesellen wir uns rechts neben die B500 und folgen unserem Weg am Bahnhof vorbei. Stets die Bahn und Straße rechts neben uns gelangen wir nach Seebrugg, das wir mit der Hauptstraße umrunden, ehe wir rechts die Staumauer passieren. Dahinter rechts und in der Folge immer am Ufer entlang. Auf hügeliger und teils geschotterter Strecke gelangen wir nach Aha.

Ab 1929 wurde durch eine Staumauer aus einem kleinen Gletschersee der größte See des Schwarzwaldes. Der etwa 7,3 km lange **Schluchsee** dient zum Antrieb des größten und zugleich ältesten Pumpspeicherwerks Deutschlands, wenn man den nahe gelegenen **Stausee von Schwarzabruck** hinzu rechnet.

Tipp: Nur ein paar Meter sind es bis ins Herz des Ortes Schluchsee. Im Jahre 1076 wurde der heute **heilklimatische Kurort** zum ersten Mal erwähnt. Durch den Bau der **Dreiseenbahn**, womit auch der Bau der Staumauer verbunden war, kamen auch die Touristen in diese vormals entlegene Region. Von 1275 stammt die Kirche St. Niklaus von

Eine Runde um den Schluchsee ist etwas anstrengend, aber sehr naturverbunden

Schluchsee, deren Dach komplett mit Holzschindeln gedeckt ist.

Seebrugg profitiert ebenfalls vom Bau der **Staumauer** und des **Pumpwerks**, denn es kommen viele Gäste hierher, um das Meisterwerk der Ingenieurskunst bestaunen zu können. Zugleich ist Seebruck Endstation der Dreiseenbahn, weshalb man den **Bahnhof** besonders schön gestaltete.

Hinter der Staumauer können wir entweder wie beschrieben am See entlang radeln oder eine deutlich weniger frequentierte Strecke durch den Wald nehmen. Auch die vereint Vor- und Nachteile, denn wir radeln zwar über idyllische Pfade, teils durch dichten Wald und mit herrlichen **Aussichten**. Doch das hat einen Preis: einige kräftige Anstiege bis hinauf auf 1237 m. Unterwegs gibt's noch Abwechslung: Das ehemalige Gasthaus „Eisenbreche" in Blasiwald hat inzwischen eine neue Widmung gefunden: Eisenbahnfreunde werden sich vom **Modellbahnmuseum** nur schwer losreißen können.

Unsere Kalorien können wir im **Unterkrummenhof** wieder auffüllen. Hier können wir regionale Spezialitäten auf der Sonnenterasse genießen. Der Hof selbst stammt aus dem Jahr 1788 und gibt mit dem Walmdach und der typischen Holzfassade ein tolles Fotomotiv ab.

Durch die Dreiseenbahn kam „Leben" an den Schluchsee

Weiter geht´s von Aha zur Bundesstraße, in deren Nähe wir nun kräftig bergauf kurbeln müssen. Den Schildern folgend kommen wir zurück zu unserem Camp.

Wenn Ihnen die Anstiege doch zu sehr in die Waden gefahren sind – kein Problem: Wir können in (Unter-)Aha auf´s **Ausflugslinienschiff St. Nikolaus** steigen und mit einer Mini-Kreuzfahrt zurück nach Schluchsee gelangen. Da wir dann ja nicht mehr das Rad nutzen, können wir uns auch einen Schluck an der Zäpflebar genehmigen.

Kartentipp:

ADFC-Regionalkarte Bodensee-Hochrhein,
1:60.000, ISBN 978-3-87073-744-3, € 8,95
Digital für Smartphones und Tablets: www.fahrrad-buecher-karten.de/rk-digital

50 Zwei namhafte Quellen auf einer Rad-Runde

Von **Donaueschingen** über Villingen-Schwenningen

CamperTouren Info

ca. 40 km ohne Abstecher, gute, regionale Radweg-Beschilderung. Einige Steigungen. Die Route führt über straßenbegleitende Radwege, über Nebenstraßen und separate Radwege, einige Passagen auf losem Untergrund.

Start / Ziel: Campingplatz Riedsee, www.riedsee.de

Auswahl weiterer Camps entlang der Strecke: Naturcamp Bad Dürrheim, Campingplatz Sunthauser See, Wohnmobilstellplätze in Donaueschingen, Bad Dürrheim und Villingen-Schwenningen

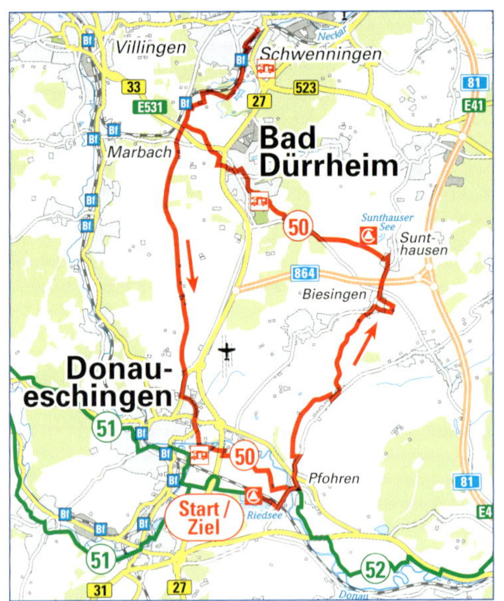

Gute Akkus oder eine gewisse Grundkondition sollten wir für diese Tour schon mitbringen, denn es geht immer mal wieder deutlich bergauf. Dafür ist die Radrunde mit 40 km recht kurz gehalten und zur Entschädigung für die Mühen locken die erstklassige Kurstadt Bad Dürrheim sowie die Quellen von Donau und Neckar auf uns. Und wer gar nicht genug bekommen kann, besucht die historische Altstadt von Villingen.

Los geht's an der Ausfahrt des Camps, das wir nach rechts verlassen. An der querenden Hüfinger Straße links hinein nach Pfohren. Hinter der Donaubrücke durch Pfohren und mit einer sehr heftigen Steigung zu den Immenhöfen. Wir rollen durch Biesingen nach Sunthausen und mit einer weiteren Starken Steigung nach Bad Dürrheim.

Die ersten Menschen siedelten in dieser Region schon vor langer Zeit. So fand man im nahegelegenen Moor Reste von Pfahlbauten aus der Allemannenzeit. Im Jahr 1922 fand man bei Bohrungen in 125 bis 150 m Tiefe eine 28° C warme Solequelle. Schon bald erkannte man die Heilwirkung in Bezug auf Asthma, Rheuma und andere Erkrankungen. Da ließ das Prädikat „Bad" auch nicht lange auf sich warten.

So entwickelte sich ein beliebter Kurort rund um das heutige „Solemar". Das **Sole-Mineral-Erlebnisbad** liegt auch direkt am ruhigen **Kurpark**, der zum Schlendern einlädt. Interessant ist auch das Haus des Gastes, das sich in dem ehemaligen **Salzsiederhaus** von 1824 befindet. Im alten **Salzspeicher** kommen Karnevals- bzw. Faschingsfans voll auf ihre Kosten, wenn sie sich den vielen Masken und Kostümen widmen.

Weiter geht's von Bad Dürrheim hinaus Richtung Marbach. Nach einem Abstecher in die Innenstadt von Schwenningen und vielleicht auch nach Villingen nutzen wir die gut beschilderte Ferntrasse „Heidelberg-Schwarz-

Hier beginnt die 2.840 km lange Reise der Donau

wald-Bodensee-Radweg" (H-S-B), um zurück nach Donaueschingen zu radeln. Von hier peilen wir wieder den Riedsee an, wo unsere Tour am Campingplatz endet.

An der Stelle des heutigen Schwenningen gab es um 895 eine Siedlung namens Suanninga, die ruhig vor sich hin schlummerte. 1524 tobte dann in der Region ein Bauernkrieg, bei dem Schwenningen von den Bauern aus dem benachbarten Villingen bis auf die Grundmauern zerstört wurde. Auch die Folgejahre meinten es teils nicht gut mit der Stadt, doch 1858 änderte sich das Blatt, als Johannes Bürck hier die erste **Uhrenfabrik** gründete – die international bekannten Kuckucksuhren traten ihren Siegeszug an. Und so ist es auch nicht verwunderlich, dass das **Heimat- und Uhrenmuseum** am Muslenplatz ein wichtigstes Ziel im Ort darstellt. Weiterhin sehenswert sind das Rathaus von 1927, der erholsame Mauthepark und die evangelische **Stadtkirche** aus dem 15. Jh.

Tipp: Wer noch genügend Kraft in den Waden hat, radelt zum inzwischen mit Schwenningen verwobenen Villingen hinüber. Der Trip lohnt sich, denn hier scheint die Zeit stehengeblieben zu sein: Hinter der fast vollständig mit ihren **Wehrtürmen** und Toren erhaltenen **Stadtmauer** erhebt sich würdevoll das **Münster „Unserer Lieben Frau"** mit einem Inneren aus prunkvollem Barock.

Direkt gegenüber dem Münster steht seit 1306 das **Alte Rathaus**, das 1534 sein heutiges Gesicht erhielt. Es beheimatet ein Historisches Museum, in dem Goldschmiedearbeiten, Töpferarbeiten und vieles mehr zu sehen sind. Auch nicht weit entfernt liegt das 1268 erbaute ehemalige **Franziskanerkloster**, das ebenfalls ein Museum beherbergt. Und es gibt gleich noch ein ehemaliges Kloster in Villingen, das Benediktiner gründeten, die einst aus St. Georgen hierher kamen – die Kirche dazu heißt natürlich auch **St. Georg**. Und auch die Johanniter hatten einst in Villingen ein eigenes Kloster – eine wirklich religiöse Gegend, in der wie hier radeln!

Kartentipp:
ADFC E-Bike-Karte Donaubergland,
1:75.000, ISBN 978-3-96990-053-6, € 9,95
Digital für Smartphones und Tablets: www.fahrrad-buecher-karten.de/rk-digital

51 ...und bei klarem Wetter Alpenblick

Von **Donaueschingen** über Hüfingen

CamperTouren Info

ca. 29 km ohne Abstecher, gute, regionale Radweg-Beschilderung. Einige Steigungen. Die Route führt über straßenbegleitende Radwege, über Nebenstraßen und separate Radwege, einige Passagen auf losem Untergrund.

Start / Ziel: Campingplatz Riedsee, www.riedsee.de

Auswahl weiterer Camps entlang der Strecke: Wohnmobilstellplätze in Donaueschingen und Hüfingen

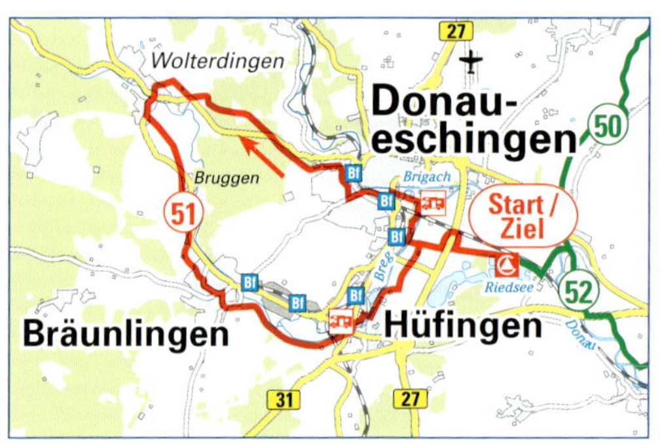

Nachdem wir uns der abwechslungsreichen Innenstadt von Donaueschingen gewidmet haben, radeln wir mit einer kräftigen, aber durchaus „schaffbaren" Steigung hinaus in die ruhige Natur. Wer dem Geheimtipp folgt, kann bei gutem Wetter weit über´s Land bis auf das Alpenpanorama blicken.

Unser **Campingplatz Riedsee** hat sich in den vielen Jahren, in denen er schon in Familienbesitz ist, ständig weiterentwickelt. Auf brettlebenem Gelände finden wir beste Stellplätze auf gepflegtem Grasboden, die Sanitäranlagen sind gut ausgestattet und stets sauber und der Kiosk versorgt uns mit leckeren Brötchen und anderen Leckereien. Wenn es etwas mehr auf die Gabel geben soll, kehren wir im Restaurant ein.

Los geht's an der Ausfahrt des Camps, das wir nach links verlassen. Mit einer kleinen Schleife über die B27 gelangen wir den Schildern folgend nach Donaueschingen. Die Innenstadt verlassen wir am Bahnhof vorbei und über die Schienen hinweg auf der ansteigenden Bräunlinger Straße. Nach einigen Minuten rechts in die Eichendorffstraße, die sich dann als Schluchweg und weiter als Adolf-Kolping-Straße durch das Wohngebiet schlängelt. Dann links in die Alte Wolterdinger Straße, die wieder deutlich ansteigt. Immer geradeaus, die Kliniken lassen wir rechts liegen und radeln hinter der letzten Klinik geradeaus in den Wald. Auf schnurgerader Strecke treffen wir auf eine querende Straße, wo wir weiter geradeaus in den Wald hinein und hinunter nach Wolterdingen radeln.

Ab 1653 ließ Friedrich Ferdinand von Fürstenberg in Donaueschingendas erste **Schloss** errichten. Seine Nachfahren, die Fürsten von Fürstenberg, gönnten sich 1772 einen stattlichen Neubau, der später nochmals verändert wurde.

In der Empfangshalle, im **Festsaal**, in den Salons oder in der Kupferhalle umrahmen wertvolle **Wandteppiche** Möbel aus den Epochen Renaissance, Barock und Rokoko.

Gleich zu Füßen des Schlosses liegt die „**Donauquelle**". Sie steht in Anführungszeichen, weil die Donau eigentlich aus den Quellflüssen Brigach und Breg gespeist wird und deren Zusammenfluss liegt eher unspektakulär vor den Toren der Stadt. So schauen wir uns also den offiziellen Ursprung der Donau an und lesen „über dem Meere 687 m, bis zum Meere 2840 km".

Die Fürsten von Fürstenberg liebten es etwas größer

Die **Fürstlich Fürstenbergischen Sammlungen** bieten uns gegenüber dem Schloss Kunst, Geologie, Mineralogie, Zoologie und kirchliche Kunst. In direkter Nähe liegen die prachtvoll ausgestatteten **Pfarrkirche St.Johann Baptist**, die **Fürstlich Fürstenbergische Hofbibliothek**, die **historische Brauerei Fürstenberg** und weitere, teils farbenfrohe historische Häuser.

Tipp: Wenn wir an der beschriebenen teilenden Bräunlinger Straße den autofreien Weg nicht nach wenigen Metern rechts verlassen, sondern weiter geradeaus nach oben kurbeln, kommen wir zur Klinik Sonnenhalde. Hier biegen wir beim Parkplatz links ab, radeln direkt rechts an der Klinik vorbei und haben eine weitere Steigung zu verkraften. Die Qualen lohnen sich, denn bei klarer Sicht genießen wir eine fantastische Aussicht bis zu den **Alpen**. Wenn wir dem Weg noch etwas weiter folgen und bei der nächsten Wegekreuzung rechts abbiegen, gelangen wir durch den Wald auch zur Alten Wolterdinger Straße, die hier schon ein Waldweg ist – so haben wir mit Rechtsabbiegen wieder Anschluss an die beschriebene Strecke.

Kartentipp:
ADFC E-Bike Karte Donaubergland,
1:75.000, ISBN 978-3-96990-053-6, € 9,95
ADFC E-Bike-Karte Schwarzwald,
1:75.000, ISBN 978-3-96990-052-9, € 9,95
Digital für Smartphones und Tablets:
www.fahrrad-buecher-karten.de/rk-digital

Weiter geht's von Wolterdingen den Schildern des Schwarzwald-Panorama-Radwegs (SPR) folgend via Bruggen, Bräunlingen und Hüfingen zurück vor die Tore von Donaueschingen. Hier rechts und über die B27 hinweg zurück zum Camp.

Bräunlingen verzaubert uns mit gleich mehreren plätschernden Brunnen, unter ihnen das tolle „**Narrenschiff**" und vielen historischen Gebäuden. Die schönsten sind das farbenfrohe **Rathaus**, die Stadtkirche „Unsere Liebe Frau" und das **Mühlentor**. Dies gehört zur ehemaligen **Stadtmauer**, von der noch viele Elemente bis heute erhalten werden konnten.

Die kleine Stadt Hüfingen empfängt uns mit einem abwechslungsreichen Zentrum. Rund um das strahlend weiße Rathaus gruppieren sich einige historische Gebäude, unter ihnen das als Pflegeheim genutzte **Obere Schloss**, die **Lorettokapelle** und die Stadtkirche St. Verena und Gallus. Etwas außerhalb liegt Brigobannis malerisch am Ufer der Brigach. Das **frührömische Kastell** wurde durch eine **Therme** ergänzt, an deren ausgegrabenen Überresten wir nachvollziehen können, wie es hier einst ausgesehen haben muss.

52 Und plötzlich ist die Donau weg!

Von **Donaueschingen** nach Tuttlingen

CamperTouren Info

ca. 32 km ohne Abstecher, gute, regionale Radweg-Beschilderung. Keine größeren Steigungen. Die Route führt über straßenbegleitende Radwege, über Nebenstraßen und separate Radwege, einige Passagen auf losem Untergrund.

Start / Ziel: Campingplatz Riedsee, www.riedsee.de

Auswahl weiterer Camps entlang der Strecke: Radlerzeltplätze an den Donauversickerungen und in Tuttlingen, Wohnmobilstellplätze in Donaueschingen Geisingen und Tuttlingen

Bei dieser Streckentour folgen wir dem perfekt beschilderten Donau-Radweg und stellen fest, dass es hier an der „Oberen Donau" deutlich ruhiger zugeht als auf den stark befahrenen Routen in Bayern und Österreich. Zeit genug also, die Strecke zu genießen und sich genauer darüber zu informieren, warum das Wasser der Donau auf einmal versickert.

Die Segel des Piratenschiffes verraten es: Am Riedsee fühlen sich Familien sofort wohl, denn die Kleinsten können nicht nur auf dem Abenteuerspielplatz toben, sondern auch nach Herzenslust im Wasser planschen, denn die DLRG wacht darüber, dass nichts passiert!

Los geht's an der Ausfahrt des Camps, das wir nach rechts verlassen. An der querenden Hüfinger Straße links hinein nach Pfohren. An der Donaubrücke entdecken wir die Schilder des Donau-Radwegs, dem wir flussabwärts folgen. Neudingen lassen wir rechts liegen und kommen nach Geisingen

Kaum losgeradelt, gibt's in Pfohren doppelten Grund, wieder anzuhalten: Die 1471 für Graf Fürstenberg erbaute **Entenburg** und die **Pfarrkirche St. Johann.** Geisingen liegt zu Füßen des 841 m hohem Wartenbergs, der als **Tor zur Schwäbischen Alb** gilt. Übrigens: Das unübersehbare Zementwerk erhielt 1973 den Architekturpreis für Industriebau.

Tipp: Ein kleiner Abstecher führt nach Neudingen, wo wir inmitten einer Parkanlage die **Gruftkirche** der Fürstenberger finden.

Weiter geht's von Geisingen durch Zimmern, Immendingen und Möhringen nach Tuttlingen. Hier steuern wir den Bahnhof an und las-

Nach mehreren Zerstörungen wurde eine Burg gebaut

sen uns mit dem Zug bequem wieder zurück nach Donaueschingen bringen. Vom Bahnhof aus ist es dann nicht mehr allzu weit zurück zu unserem Camp am Riedsee.

In der Ortsmitte von Immendingen sehen wir uns das **Schloss** an, in dem heute das Rathaus untergebracht ist.

Dann kommen wir zur Namensgeberin unserer Tour, zur **Donauversickerung**. Ein großer Fluss wie die Donau, der versichert? Der technische Name für das Phänomen lautet Bifurkation. Das bedeutet, dass zwischen Immendingen und Möhringen pro Stunde meist mehr als 10.000 Liter Wasser in den darunter liegenden Kalkkluften versickern. Im 170 m tiefer und 12,7 km (!) entfernt liegenden Aachtopf tritt das Wasser wieder zu Tage.

Auch in Möhringen hinterließen die Fürsten von Fürstenberg ihre Spuren. In diesem Falle war es ein schmuckes **Jagdschloss**, in dem inzwischen das Rathaus residiert. Unser Radweg führt direkt daran vorbei – und tief einatmen können wir hier auch bedenkenlos, denn immerhin ist Möhringen ein Luftkurort.

Tuttlingen hat eine lange Geschichte, die bis zu einem römischen Kastell zurückreicht. Im Jahr 1377 errichtete man das heutige Wahrzeichen – die unübersehbare **Burg** auf dem Honberg. Die Festung wurde nicht ohne Grund erbaut, denn kurz zuvor hatten die Truppen der Reichsstädte Tuttlingen in Schutt und Asche gelegt. Lange Zeit beschützte sie die Stadt, bevor die Burg 1645 durch Konrad Wiederholt nach langer Belagerung zerstört wurde. In den **Kellergewölben** der Burg soll übrigens ein Schatz versteckt sein – allerdings werden wir nicht die ersten sein, die nach ihm suchen.

Tipp: Der Blick vom Burgberg ist grandios – wer nach dem langen Radeln aber keine Lust mehr auf diese Klettertour hat, steigt auf einen der **Türme** in der Ortsmitte von Tuttlingen und verschafft sich von hier einen guten Überblick.

Von oben wird auch deutlich, wie planvoll Tuttlingen einst angelegt wurde. Ein kompletter Wiederaufbau war leider auch erforderlich,

52

Jung, innovativ, aber gleichzeitig historisch und lebenswert: Tuttlingen

denn alles, was nach dem 30-jährigen Krieg noch heile war, fiel 1803 einer Feuersbrunst zum Opfer.

Die Mitte der Stadt markiert der **Marktplatz**, an dem wir auch das imposante **Rathaus** und die Touristeninfo finden. Das Herz der Stadt schlägt vom Marktplatz aus gesehen entlang der Bahnhofstraße. Gar nicht weit entfernt liegt auch das **Heimatmuseum** mit Exponaten zu Handwerk, Gewerbe, Geschichte und städtischem Leben. Hier kommt auch ein Hauch von Ruhrgebiet auf, wenn anhand von Schaustücken über die Tuttlinger Eisen- und Stahlindustrie berichtet wird. Basis war die Hütte Ludwigstal, die 1694 etwas donauabwärts von Herzog Erhard Ludwig gegründet wurde und bis 1861 in Betrieb war.

Wer noch nicht ausgelastet ist, kann dem Donauradweg noch weiter folgen, eine Rück-

Steil fallen die Felsen ab im Oberen Donautal

kehr nach Donaueschingen mit der Bahn ist auch dann noch an vielen Stellen möglich. Am Wegesrand liegen Mülheim mit dem **Schloss** der Herren von Enzberg und einer bewegenden Geschichte: Nach dem 30-jährigen Krieg lebten hier noch gerade einmal 10 Menschen. Doch die zwei Handvoll bauten Mülheim wieder auf, so dass uns heute trotz großer Schäden im zweiten Weltkrieg eine tolle **Altstadt** empfängt.

Auf dem Donauradweg liegen auch noch Fridingen mit einer **historischen Innenstadt** und weiteren Donauversickerungen, und Beuron mit einem der schönsten Klöster Süddeutschlands. 1738 wurde die prachtvolle **Stiftskirche** fertiggestellt.

Kartentipp:
ADFC E-Bike Karte Donaubergland,
1:75.000, ISBN 978-3-96990-053-6, € 9,95
Digital für Smartphones und Tablets: www.fahrrad-buecher-karten.de/rk-digital

53 Der zweitgrößte See des Landes und ganz viel Moor

Von **Bad Schussenried – Steinhausen** über Biberach

CamperTouren Info

ca. 49 km ohne Abstecher, gute, regionale Radweg-Beschilderung. Mehrere „knackige", aber meist kurze Steigungen. Die Route führt über straßenbegleitende Radwege, über Nebenstraßen und separate Radwege, einige Passagen auf losem Untergrund.

Start / Ziel: Campingplatz von Steinhausen, www.camping-steinhausen.de

Auswahl weiterer Camps entlang der Strecke: Wohnmobilstellplätze in Biberach und Bad Buchau

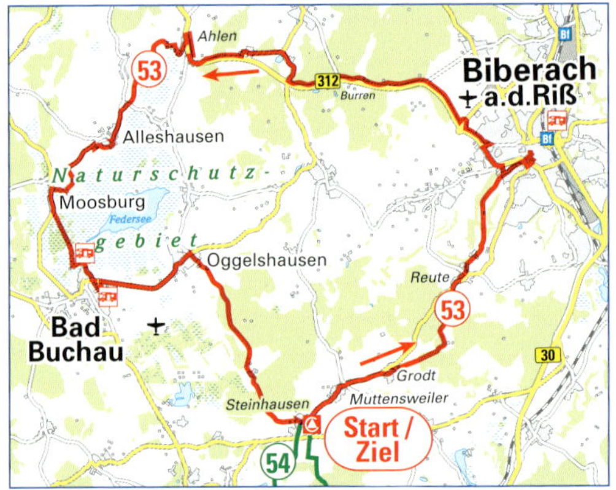

Auf dieser Tour werden wir weit in die Vergangenheit entführt, denn wir umrunden den großartigen Federsee. Die umliegenden Moore haben dafür gesorgt, dass die Hinterlassenschaften unserer Urahnen bestens konserviert wurden. Wer es lieber städtisch mag, kommt unterwegs in Biberach und Bad Buchau voll auf seine Kosten.

Ist das schön entspannt hier: Unser „**Campingplatz Steinhausen**" bietet uns wunderschöne Stellplätze auf saftigen Wiesen, entlang grüner Hecken und teils unter schattigen Bäumen. Da es nur 20 Stellplätze gibt, ist eine familiäre Atmosphäre selbstverständlich. Bei lustigen Abenden vor dem Camper können wir direkt am Platz das „St. Benevenutus Wässerle" erwerben – lassen Sie sich überraschen!

Los geht's am Campingplatz, den auf der Zufahrtsstraße verlassen, um auf der querenden Dorfstraße rechts abzubiegen und auf hügeliger Strecke durch Muttensweiler, Grodt und Reute nach Biberach an der Riss zu radeln.

Biberach liegt, wie der offizielle Stadtname schon verrät, an beiden Ufern des Flusses Riss. Und die Riss ist schon etwas Besonderes. Nicht etwa, weil sie aus der Warmen und der Kalten Riss bespeist wird. Vielmehr deshalb, weil nach ihr sogar eine Kaltzeit benannt wurde, die aber auch schon 100.000 Jahre zurück liegt.

Ganz so weit reicht die Geschichte Biberachs nicht zurück, wenngleich sich schon die Römer hier mit einer Villa Rustica verewigten. Unter den Habsburgern führte Biberach sogar das Prädikat Reichsstadt, was erklärt, warum es hier so viele prachtvolle Bauten zu bestaunen gibt.

Zu den wichtigsten Sehenswürdigkeiten zählt das Ulmer Tor, das zur weitgehend abgetragenen Stadtbefestigung gehörte. Mittendrin bieten uns einige Patrizierhäuser und die Kirche St. Martin schöne Fotomotive in der bestens gepflegten Altstadt. Unübersehbar ist das Hospital zum heiligen Geist, in dem heute das Braith-Mali-Museum untergebracht ist. Das Museum ist sehr breit aufgestellt und bietet uns Exponate zu Spielzeugen, Archäologie, Naturkunde, aber auch verschiedene Kunstobjekte.

Der Federsee bietet Schutz für viele seltene Vogelarten

Weiter geht's von Biberach an der Riss, das wir vom Kreisel über die Riedlinger Straße verlassen. Burren, Ahlen, Alleshausen, Moosburg, Bad Buchau und Oggelshausen liegen auf unserem Weg, bevor wir wieder Steinhausen ansteuern, wo unsere Tour am Campingplatz endet.

Bei Alleshausen und Moosburg umrunden wir das **Naturschutzgebiet Federsee**. Es ist das größte Naturschutzgebiet Südwestdeutschlands. Mehr als 250 teils seltene Vogelarten fühlen sich hier heimisch. Der See war bei seiner Entstehung durch abschmelzendes Gletschereis erstaunliche 30 qkm groß. Heute misst er noch 1,4 qkm und ist von einem riesigen Moorgebiet umgeben. Lehrpfade und Aussichtspunkte bieten uns mehr zum Thema.

Tipp: Auf dem Pflichtprogramm steht das das **Federseemuseum** in Bad Buchau, das Fundstücke aus der Früh- und Vorgeschichte zeigt. Die Moore hatten die Exponate bestens konserviert, so dass wir uns bestens in die längst vergangene Zeit zurückversetzen können. Der zweite Teil des Museums beschäftigt sich mit der Naturgeschichte der Region.

Bad Buchau lädt uns zu einer längeren Rast ein, was nicht zuletzt an den schönen Einkehrmöglichkeiten liegt. Der fränkische Stadthalter Warin und seine Gattin gründeten 770 ein **Stift**, das zunächst auf einer Insel in der Mitte des Federsees lag und später verlegt wurde. Die um das Stift entstandene Siedlung wurde 1806 zur freien Reichsstadt erhoben. Die meisten Gäste kommen, um sich in den klinischen Einrichtungen von **Nerven-, Gefäß- und Rheumaerkrankungen** heilen zu lassen.

Das 1802 säkularisierte Stift hält die alten Gebäude und die **Kirche St. Cornelius und Cyprian** mit einer reichaltgien Ausstattung für uns bereit. Weitere „glänzende" kirchliche Stücke entdecken wir im **Stiftsmuseum**.

Kartentipp:
ADFC E-Bike Karte Donaubergland,
1:75.000, ISBN 978-3-96990-053-6, € 9,95
ADFC-Regionalkarte Ulm und Umgebung,
1:75.000, ISBN 978-3-96990-074-1, € 9,95
Digital für Smartphones und Tablets:
www.fahrrad-buecher-karten.de/rk-digital

54 Kneippen oder Pilgern? Beides geht in Bad Waldsee

Von **Bad Schussenried – Steinhausen** über Bad Waldsee

CamperTouren Info

ca. 40 km ohne Abstecher, gute, regionale Radweg-Beschilderung. Mehrere „knackige", aber meist kurze Steigungen. Die Route führt über straßenbegleitende Radwege, über Nebenstraßen und separate Radwege, einige Passagen auf losem Untergrund.

Start / Ziel: Campingplatz von Steinhausen, www.camping-steinhausen.de

Auswahl weiterer Camps entlang der Strecke: Wohnmobilstellplätze in Aulendorf, Bad Schussenried und Bad Waldsee

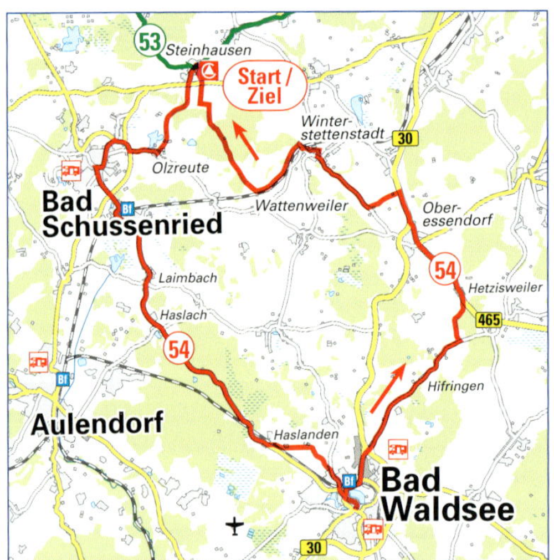

Die Schwäbischen Bäderstraße begleitet einen Teil unserer Rundtour, die uns durch gleich zwei Kurorte bringt – sowohl Bad Schussenried, als auch Bad Waldsee sorgen aber nicht nur für körperliche Erholung in den Kurbetrieben, sondern auch für den ein oder anderen Augenschmaus.

Unser beschaulicher Camperort Steinhausen wird gerne und oft besucht. Das liegt vor allem an der **Wallfahrtskirche Unserer Lieben Frau und Pfarrkirche St. Peter und Paul.** Hinter dem imposanten Namen versteckt sich auch ein imposantes Gebäude. Schon die schmucke Fassade lässt erahnen, dass uns im Innern eine prunkvolle Barockausstattung erwartet. Mehr dazu erfahren wir im **Wallfahrtsmuseum**, das in der **Alten Schmiede** untergebracht ist.

Los geht's am Campingplatz, den wir auf der Zufahrtsstraße verlassen, um auf der querenden Dorfstraße links abzubiegen, um auf der so bezeichneten „Barockstraße" weiter zu radeln. Die querende Landstraße passieren wir geradeaus und rollen über Olzreute nach Bad Schussenried.

Wir sind im Bereich der **Schwäbischen Bäderstraße** unterwegs, was wir in Bad Schussenried bereits trefflich genießen können, denn seit 1966 wurde dem Ort für die **Moorbäder** der Titel „Bad" verlieren. Neben der herrlichen **Altstadt** müssen wir das **Törle** (ein barockes Tor), die Alte Apotheke (eine ehemalige Ritterburg) oder das ehemalige Gerichtsgebäude sowie das 1183 gegründete **Prämonstratenserkloster** ansteuern: Der **Bibliothekssaal** des Klosters wird als „geistvollste, festlichste und heiterste Halle des Barock" bezeichnet. Mehr über die Historie des Klosters erfahren wir im entsprechenden Museum. Das dörfliche Leben der Region hat das **Oberschwäbische Museumsdorf Kürnbach** im Fokus, während das **Kutschenmuseum** einen ganz anderen Ausflug in die Historie unternimmt.

Weiter geht's von Bad Schussenried, dessen Ortsmitte wir rechts am Bahnhof vorbei verlassen. Via Laimbach, Haslach und Haslanden gelangen wir nach Bad Waldsee. Aus der Innenstadt radeln wir auf der Straße am Bahnhof vorbei und weiter über die Biberacher Straße stadtauswärts. An der querenden B 30 geradeaus und am nächsten Kreisel ebenfalls geradeaus. In munterem und anstrengendem Auf und Ab der Landschaft vorbei an Hilfringen, Hetzisweiler, Oberessendorf, Winterstettenstadt und Wattenweiler zurück nach Steinhausen, wo unsere Tour am Campingplatz endet.

Direkt neben unseren Radweg liegt hinter dem Ortsausgang von Bad Schussenried der 14 ha. große Schwaigfurter Weiher mitten in einem weitläufigen Naturschutzgebiet. Hier dürfen wir zwar nicht ins Wasser springen, aber die seltene Tier- und Pflanzenwelt ist einen Aufenthalt wert. Und wenn wir schon hier sind, können wir auch in der Weihergaststätte einkehren.

Tipp: Auf dem Pflichtprogramm eines jeden Campers steht der Besuch des **Erwin-Hymer-Museums**, das 2011 vor den Toren Bad Waldsee eröffnet worden ist. Auf rund 6000 qm können wir bestens nachvollziehen, wie sich Camping vom einfachen Urlaub mit dem „Dethleffs-Wohnauto" bis zu unserem heute bekannten Luxusurlaub entwickelt hat.

Moorheilbad und **Kneippkurort** - das ist Bad Waldsee. Doch auch die historische **Altstadt** mit ihrer einladenden Fußgängerzone ist Grund genug, sich längere Zeit im Ort aufzuhalten. Markant sind die hoch aufragenden Türme der **Stiftskirche**, zu deren Füßen wir toll erhaltene alte Häuser finden. Auch das **Wurzacher** Tor ragt aus dem Giebelmeer der Waldeseer Häuser empor, das einst

Direkt neben unserem Campingplatz läutet die Wallfahrtskirche

zur Stadtmauer gehörte, die um 1833 größtenteils abgerissen wurde. Hier mussten die Händler „Torzoll" zahlen, bevor sie auf dem Markt ihre Waren anbieten durften. Das **Rathaus** wurde seinerzeit durch die Bürger selbst finanziert – heute wenig denkbar. Neben dem Rathaus stehen das ehemalige **Kornhaus** und zwei schöne **Fachwerkhäuser**. Mehr über Bad Waldsee und die Region erfahren wir im Stadtmuseum.

Malerisch spiegelt sich diese Silhouette der Stadt im großen Stadtsee. Wissenswertes bieten das **Museum im Kornhaus**, das Zunfthaus Ölmühle und das **Stadtmuseum**. Hier erfahren wir mehr über die Funde, die aus dem Stadtsee zu Tage gefördert wurden.

Wer es gar nicht lassen kann, folgt ab Bad Waldsee dem **Radwanderweg Donau-Bodensee** und hat mehr als genügend Auswahl an Kilometern nach Norden und Süden unter den Pneus. Schon zur römischen Zeit gab es bei Bad Waldsee eine Straße, die den Bodensee mit der Donau verband.

Kartentipp:
ADFC E-Bike Karte Donaubergland,
1:75.000, ISBN 978-3-96990-053-6, € 9,95
ADFC-Regionalkarte Allgäu,
1:75.000, ISBN 978-3-87073-920-1, € 9,95
Digital für Smartphones und Tablets:
www.fahrrad-buecher-karten.de/rk-digital

55 Schön war´s einst bei den Markgrafen

Von **Rheinmünster** nach Rastatt und zurück

CamperTouren Info

39 km, überwiegend auf separaten Radwegen, Radwegen neben der Straße sowie auf Nebenstraßen. Keine größeren Steigungen. Regionale Wegweisung sowie teils Wegweisung als Rhein-Radweg.

Start / Ziel: Freizeitcenter Oberrhein in Rheinmünster, www.freizeitcenter-oberrhein.de

Auswahl weiterer Camps entlang der Strecke: Rastatter Freizeitparadies GmbH, Wohnmobilstellplatz Rastatt, Murgtalcamping

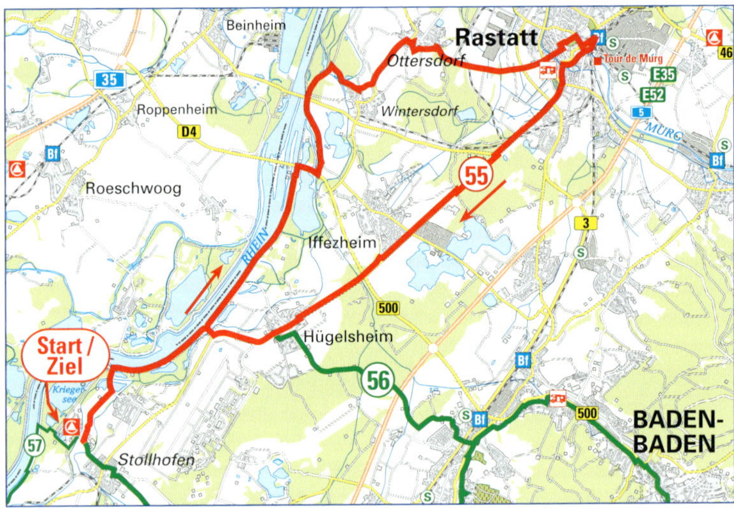

Auf dem perfekt ausgebauten und gleichsam beliebten Rhein-Radweg rollen wir entspannt flussabwärts. Nachdem wir uns den vielen historischen Sehenswürdigkeiten von Rastatt gewidmet haben, geht es auf ebenen Trassen wieder zurück zu unserer Freizeitoase.

Das **Freizeitcenter Oberrhein** ist ein fester Begriff unter Campern: Wir finden hier ein Eldorado für alle, die Ruhe, Erholung, aber auch Action suchen: Auf dem weitläufigen Gelände finden wir tolle Stellplätze im Grünen und für die Abkühlung steht uns ein Badesee mit Strand zur Verfügung. Auch der Rhein ist nur einen Steinwurf weit entfernt. Am Freizeitcenter können wir Segeln, beim Angeln entspannen, einen Surfkurs besuchen, Tennis oder Minigolf spielen oder uns im Restaurant verwöhnen lassen. Kinder kommen ganz besonders auf ihre Kosten: Auf dem See werden lustige Wasserspiele veranstaltet, im Animationsprogramm wird gebastelt und auf den Spiel- und Sportplätzen herumgetollt.

Los geht´s an der Ausfahrt des Camps, wo wir links abbiegen, um nach wenigen Radelminuten ans Ufer des Rheins zu gelangen. Hier folgen wir dem Rhein-Radweg flussabwärts. Hinter der Staustufe Iffezheim bleiben wir noch ein Stückchen am Rhein, um dann nach rechts via Wintersdorf und Ottersdorf ins Herz von Rastatt zu radeln.

Schon die ersten Kilometer unserer Tour sind ein Traum: Vorbei an Kriegersee, Vogelsee und

Schloss Rastatt war ein repäsentativer Bau für die Markgrafen

Hanfsee gelangen wir auf den **Rheindamm**, der uns ein perfektes Radelerlebnis beschert. Später passieren wir den Erländer See und den **Rheinseitengraben**, ehe wir an der **Staustufe Iffezheim** ankommen. Es macht Spaß, das rege Treiben an den Schleusen zu beobachten. Die Staustufe wurde errichtet, um die Fließgeschwindigkeit des hier begradigten Rheins zu minimieren und zugleich Energie zu gewinnen. Damit die Fische sich frei bewegen können, wurde eigens für sie eine **Fischtreppe** angelegt.

Rastatt ist einfach toll: Direkt in der Nähe unserer Rad-Runde liegen die Rastatter Rheinauen, die unter Naturschutz gestellt wurden. Das weithin sichtbare Wahrzeichen der Stadt ist der 47 m hohe Wasserturm, der bis 1990 für eine stabile Wasserversorgung der Stadt diente. Direkt daneben steht die Pagodenburg, die 1722 als „Gartenpavillon" für die Markgräfin erbaut wurde. Die lebte eigentlich im prunkvollen barocken Residenzschloss, das gerne als Badisches Versailles bezeichnet wird. Barock ist auch eines der Themen für die spannenden Stadtführungen, aber auch die Kulinarik-, Schauspiel- oder Geschichtsführungen sind durchaus erlebenswert. Wer durch die vielen Infos zu aufgeheizt ist, begibt sich unter die Erde und schaut sich die 1842 erbauten Kasematten an. Diese unterirdischen Wehrgänge sind schon sehr beeindruckend.

Tipp: Wer noch Lust hat, Kraft in den Waden verspürt oder einen vollen Akku am E-Bike hat, kann von Rastatt aus der **„Tour de Murg"** folgen. Dieser Flussradweg ist deutlich weniger befahren, tangiert aber so tolle Orte wie Gaggenau mit dem **Hanomag-Museum** oder Gernsbach mit einer sehr pittoresken **Altstadt**.

Weiter geht´s von Rastatt, das wir am Stadtpark vorbei entlang der Kehler Straße verlassen. Der straßenbegleitende Radweg führt uns durch Iffezheim und Hügelsheim wieder zurück zum Rhein. Ab hier folgen wir einfach derselben Strecke wieder zurück zum Camp, auf der wir herkamen.

Iffezheim ist überregional bekannt durch den „Internationalen Club Baden-Baden", der auf der **Trabrennbahn** mehrere Rennen veranstaltet. Wenn der hochdotierte Große Preis von Baden-Baden läuft, treffen sich die Damen und Herren der gehobenen Gesellschaft in feiner Garderobe und prachtvollen Hüten auf der sündhaft teuren Bénazet-Tribüne.

Da wir mit unseren Radlerhosen eher nicht angesagt sind, widmen wir uns dem Ortskern mit der schönen **Kirche Sankt Brigitta** und dem farbenfrohen Rathaus.

Kartentipp:

ADFC-Regionalkarte Elsass / Oberrhein Nord, 1:75.000,
ISBN 978-3-87073-898-3, € 9,95

Digital für Smartphones und Tablets: www.fahrrad-buecher-karten.de/rk-digital

56 Wo schon die Römer kurten

Von **Rheinmünster** nach Baden-Baden und zurück

CamperTouren Info

46 km, überwiegend auf separaten Radwegen, Radwegen neben der Straße sowie auf Nebenstraßen. Bis auf eine mäßige Erhebung bei Baden-Baden keine größeren Steigungen. Regionale Wegweisung sowie teils Wegweisung als Rhein-Radweg.

Start / Ziel: Freizeitcenter Oberrhein in Rheinmünster, www.freizeitcenter-oberrhein.de

Auswahl weiterer Camps entlang der Strecke: Wohnmobilstellplatz Baden-Baden, Campingplatz Adam OhG in Bühl

Eine abwechslungsreiche Tour erwartet uns: Nachdem wir den Rhein verlassen und die weitläufige Ebene, die ihn begleitet, durchradelt haben, tauchen wir ein in den Schwarzwald.

Wer mag, taucht zugleich ein in die Heilquellen der Thermen. Nachdem wir die mondäne Innenstadt von Baden-Baden genossen haben, geht´s auf flachen Wegen wieder zurück.

Los geht´s an der Ausfahrt des Camps, wo wir wieder links abbiegen, um ans Ufer des Rheins zu gelangen. Hier folgen wir dem Rhein-Radweg nur kurz flussabwärts und zweigen dann rechts ab nach Hügelsheim. Via Kartung, Oos und Weststadt erreichen wir über die schnurgerade Europastraße rasch die Innenstadt von Baden-Baden.

Kaum eine andere Kurstadt ist so bekannt und so begehrt, wie Baden-Baden. Nachdem die Heilquellen bereits von den Römern unter Kaiser Caracalla ausgiebig genutzt und eine Siedlung angelegt hatten, erhielt der Ort später den Namen „Baden“, da es hier eine Burg namens Hohenbaden gab. Die Markgrafschaft wuchs zum Großherzogtum und schließlich wurde gleich das ganze Bundesland mit dem Titel versehen.

Heute präsentiert sich Baden-Baden in prachtvollem Glanze: Es gibt zahllose prunkvolle Gebäude, wie z.B. das **Friedrichsbad**, das

Entspannung pur in der Caracalla-Therme

Festspielhaus, das Theater, die **Trinkhalle**, das **Palais Hamilton** oder das Kurhaus. Hier können wir hautnah erleben, was man unter der Kurarchitektur im 19. und 20. Jh verstand. Idyllische **Parks** laden ein zur Entspannung, wobei sich der größte und vielleicht schönste Park über mehrere Kilometer an der **Lichtenthaler Allee** entlang zieht. Wer einmal hier geradelt ist, versteht, wie entspannend diese Kombination sein kann.

Mitte der 1980er Jahre wurde die **Caracalla-Therme** neben dem historischen Friedrichsbad erbaut – das Wasser stammt aus der Thermalquelle des Friedrichsstollens. 200 qm Wasserfläche auf 2 Etagen, Saunalandschaft und Wellness-Angebote lassen die Zeit hier wie im Nu verfliegen.

Tipp: Wer von der Therme oder den Parks so entspannt ist, dass er eine „Bergwertung" braucht, verlässt Baden-Baden Richtung **Ebersteinburg** und bekommt sodann eine kräftige Steigung serviert. Der Lohn sind die Ruine der Ebersteinburg, schöne Ausblicke, ruhige Natur und eine Abfahrt nach Gernsbach, einem **Fachwerk**-Kleinod an der Murg. Diesem Flüsschen können wir dann Richtung Rastatt folgen und die Rad-Runde so ganz anders gestalten.

Weiter geht´s von Baden-Baden, das wir auf der geradlinigen Europastraße wieder verlassen – genau so, wie wir herkamen. Dieses Mal bleiben wir aber zunächst diesseits der Bahnlinie und radeln durch Sinzheim, Liedelshof, Weitenung, Vimbuch, Oberbruch und Stollhofen zurück zum Camp.

Die Ortsmitte von Sinzheim empfängt uns mit einer modernen, freundlichen Gestaltung. Ganz anders sieht da die **Pfarrkirche St. Martin** aus, die schon länger hier steht und sich freut, dass es so viele Feste wie Frühjahrsmarkt oder Kirwe zu ihren Füßen gibt.

Kaum haben wir die Autobahn passiert, kommen wir vorbei am **Oberbrucher Baggersee** mit seinem Campingplatz und am weitläufigen **Wasserrückhaltebecken Abtsmoor**. Letzteres soll dazu dienen, dass das ganze Wasser, das aus dem Schwarzwald kommt, geregelt in den Rhein abgeleitet werden kann.

Kartentipp:

ADFC-Regionalkarte Elsass / Oberrhein Nord, 1:75.000,
ISBN 978-3-87073-898-3, € 9,95
Digital für Smartphones und Tablets: www.fahrrad-buecher-karten.de/rk-digital

57 Tour d´Europe

Von **Rheinmünster** nach Strasbourg und zurück

CamperTouren Info

76 km, überwiegend auf separaten Radwegen, Radwegen neben der Straße sowie auf Nebenstraßen. Keine größeren Steigungen. Regionale Wegweisung sowie teils Wegweisung als Rhein-Radweg.

Start / Ziel: Freizeitcenter Oberrhein in Rheinmünster, www.freizeitcenter-oberrhein.de

Auswahl weiterer Camps entlang der Strecke: Camping de Strasbourg, Campingplatz Kehl, Stellplatz am Wasserturm Kehl, Camping Gambsheim

Europa in Perfektion erleben wir auf dieser etwas längeren, aber dennoch nicht allzu anstrengenden Tour. Anstrengend könnten nur die unglaublich vielen Sehenswürdigkeiten werden, die uns in Strasbourg erwarten. Da tut due Ruhe gut, die wir anschließend auf dem Rhein-Radweg finden.

Los geht´s an der Ausfahrt des Camps, wo wir rechts und kurz darauf wieder rechts abbiegen, um ans Ufer des Rheins zu gelangen.

Hier folgen wir dem Rhein-Radweg flussaufwärts vorbei an Greffern. Nach rund 7,5 km wechseln wir mit der Fähre ans andere Ufer und folgen dort dem beschilderten Radfernweg Eurovelo. Stets in Rheinnähe kommen wir vorbei an Drusenheim, Offendorf und Gambsheim nach Strasbourg.

Willkommen in Frankreich! Dank der EU können wir ganz ohne Probleme von einem Land ins andere hinüber radeln oder uns wie heute mit der Fähre dorthin bringen lassen.

Grüne Energie wird über die Landesgrenzen hinweg an der **Staustufe Rheinau-Gambsheim** gewonnen. Die Schleuse ist mit 270 m Länge und 24 m Breite die größte ihrer Art in Frankreich.

Strasbourg gilt als eine der **radfahrerfreundlichsten Kommunen Frankreichs** –

Herrlich: In Strasbourg verschmelzen die Häuser mit dem Wasser

das merken wir an der guten Beschilderung, breiten Radwegen und an Fahrrad-Leihstationen, von denen eine direkt vor dem **EU-Parlament** ist.

Von der EU sind zahlreiche Institutionen hier ansässig – teils in supermodernen und **extravaganten Bauten** mit viel Glas, Grün und Wasser. Ein Besuch lohnt sich!

Die **historische Altstadt** wurde komplett unter Schutz gestellt. Das Münster gilt als das Wahrzeichen der Stadt. Wir schauen uns die Gebäude am Spanferkelmarkt an, besuchen das Palais Johann und das Place Gutenberg. Besonders schön ist das **Gerberviertel**, wobei schnell klar ist, warum es „Petite France" genannt wird. Wir finden hier phantastische Fotomotive mit **Fachwerkfassaden**, die sich im Wasser der L'Ill spiegeln. Das Einkehren macht hier ganz besonders viel Vergnügen!

Tipp: Wer nicht nur seinen Magen, sondern auch sein Hirn füttern möchte, besucht eines der zahlreichen **Museen**. Es gibt sie für die Themen moderne und zeitgenössische Kunst, Kunstgewerbe, Archäologie und **Kunst**. Letzteres zeigt eine Sammlung europäischer Malerei mit bedeutenden Künstlern wie Giotto, Botticelli, Rubens, Van Dyck und vielen mehr.

Weiter geht´s von Strasbourg, das wir den Schildern folgend zum Rhein hin verlassen. Über die breite Brücke gelangen wir nach Kehl. Hier gilt es die Schilder des Rhein-Radwegs gut zu beachten, die uns hinter der Brücke zweimal nach links und dann etwas „zackig" durch das Gewerbegebiet lotsen. Dann gesellen wir uns wieder ans Rheinufer, tangieren Auenheim, Rheinau-Freistett, Helmlingen, Grauelsbaum und Greffern, ehe wir wieder zurück zu unserem Camp gelangen.

Die vielbefahrene Europabrücke bringt uns über die Grenze zurück nach Deutschland. Hier erwartet uns die schöne Kleinstadt Kehl mit der 387 m langen **Passerelle des deux Rives**. Die elegante Fußgänger- und Radfahrerbrücke verbindet beide Länder miteinander. Einen guten Überblick über die gesamte Region haben wir vom Weißtannenturm. Wer´s lieber gediegener mag, schlendert durch die Fußgängerzone und schaut sich interessante Fassaden wie die des Weinbrennerhauses, des Rathauses oder der **Villa Schmidt** an.

Im Ortsteil Freistett steht das schmucke **Rathaus** des Doppelorts Rheinau-Freistett. Direkt am Rhein finden wir **eine der größten Fischtreppen Europas** – die Erhaltung der Natur wird seit Jahren in dieser Region sehr großgeschrieben.

Rund um Rheinmünster erblicken wir eine ganze Reihe von Industrieanlagen. Die **Chemieindustrie** die unter dem Begriff „Chemiepark Rheinmünster" zusammengefasst wurde, stellt in dieser Region die meisten Arbeitsplätze zur Verfügung,

Kartentipp:
ADFC-Regionalkarte Elsass / Oberrhein Nord, 1:75.000,
ISBN 978-3-87073-898-3, € 9,95
Digital für Smartphones und Tablets: www.fahrrad-buecher-karten.de/rk-digital

58 Schlösser, Thermalbäder und ganz viel Grün

Von **Bad Cannstatt** nach Stuttgart und zurück

CamperTouren Info

ca. 11 km ohne Abstecher, gute, regionale Radweg-Beschilderung. Keine größeren Steigungen. Die Route führt meist über separate Radwege, einige Passagen auf losem Untergrund.

Start / Ziel: Campingplatz Cannstatter Wasen in Bad Cannstatt, www.campingplatz-stuttgart.de

Auswahl weiterer Camps entlang der Strecke: Wohnmobilstellplatz Stuttgart-Fellbach

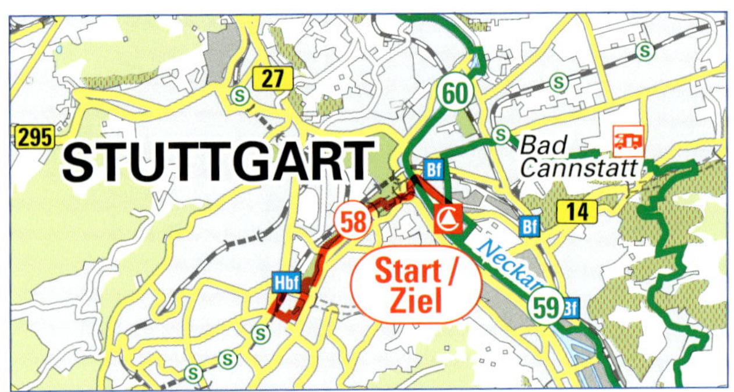

Die Hauptstadt von Baden-Württemberg hält viele Überraschungen für uns bereit: Das beginnt mit der Tatsache, dass es hier die zweitgrößte Mineralwasserausschüttung Europas gibt. Auf unserer Fahrt Richtung Innenstadt kommen wir an einer der Thermen vorbei und stellen dahinter nochmals überrascht fest: Stuttgart ist unglaublich grün, denn kilometerlang radeln wir durch den abwechslungsreichen Schlossgarten. Nachdem wir die zahlreichen Sehenswürdigkeiten der Innenstadt kennengelernt haben, radeln wir wieder durch´s Grün zurück zum Neckar.

Unsere „Basisstation" ist der Campingplatz „Cannstatter Wasen". Die recht einfache Ausstattung wird durch die grandiose Position des Platzes wettgemacht: Er liegt direkt am Neckarufer und damit auch am Neckarradweg, mit besten Verbindungen nach Cannstatt, Stuttgart oder zum Mercedes-Museum.

Weltberühmt ist der benachbarte **Cannstatter Wasen**, ein 35 ha. großes Festgelände, dessen Mitte eine Vase ziert. Gar nicht weit entfernt liegt das **Mercedes-Benz-Museum**. Im Innern des topmodernen Baus finden wir eine „Zeitspirale": Beginnend mit dem allerersten Auto der Welt erblicken wir wertvolle Karossen, historische Nutzfahrzeuge und Sportwagen. Auch PKW, die den Sprung in die Serienproduktion nicht schafften, sind dabei.

Tipp: In Cannstatt ist öfters im Jahr richtig was los: Beim **Frühlingsfest**, beim **Cannstatter Volksfest** („Wasen") und beim **Fischerstechen**. Ans Schlafen ist zu dieser Zeit auf unserem Campingplatz aber kaum zu denken!

In Bad Cannstatt gibt es sage und schreibe **19 Mineralquellen** und die zweitgrößte Mineralwasserausschüttung des Kontinents. Natürlich gibt es auch einen **Kursaal**. In der Altstadt begeistert uns das „**Klösterle**", ein 1463 erbautes bürgerliches Fachwerkhaus.

Los geht´s am Campingplatz „Cannstatter Wasen" den wir nach links über den Platz zur Brücke hin verlassen. Nachdem wir den Neckar überquert haben, weisen uns die Radschilder zuverlässig den Weg ins Stuttgarter

Viele Heilquellen sorgen für die Beliebtheit von Bad Cannstatt

Stadtzentrum. Außer dem Stück rund um den Bahnhof ist die Strecke einfach herrlich, aber stets leicht ansteigend. Zielsicher kommen wir durch die unterschiedlichen Schlossgärten zum großen Platz vor dem Oberen Schloss.

Wir radeln ganz entspannt durch den **Unteren, Mittleren und Oberen Schlossgarten**, begleitet von Wasserlandschaften, Blumenbeeten, Dekorationen, Häuschen und Spielgeräten. Am **Oberen Schlossgarten** erreichen wir das Ensemble aus Schauspielhaus, Opernhaus, Landtag und **Neuem Schloss**. Von hier blicken wir auch auf Königsbau, Kunstmuseum, Justizministerium und **Altes Schloss** mit dem Landesmuseum. Wenn wir durch die weitläufige **Fußgängerzone** streifen, kommen wir auch an der **Stiftskirche** oder am Rathaus vorbei. Die Fülle der Sehenswürdigkeiten scheint in Stuttgart unbegrenzt.

Weiter geht´s vom Oberen Schloss einfach wieder über dieselbe Strecke zurück, auf der wir herkamen. Nach der ersten Passage durch den oberen Teil des Schlossgartens müssen wir genau auf Schilder, Fußgänger und Autos achtgegen, wenn wir den Hauptbahnhof umkurven, Dann rollen wir entspannt bergab durch die Parks und über die Brücke vor die Tore Bad Cannstatts. Hinter der Brücke rollen wir über den Festplatz oder am Neckar entlang zurück zu unserem Camp.

Bevor wir uns auf den Rückweg machen, können wir uns überlegen, noch weitere Ziele Stuttgarts anzupeilen. Dabei bieten sich das außerhalb im Norden der Stadt gelegene **Porsche-Museum** an, das jene Sportwagen zeigt, die das Stuttgarter Rössle im Wappen tragen. Ein anderes Ziel liegt hoch über Stuttgart und ist am besten mit einem E-Bike erreichbar: Rund um den **Fernsehturm** gibt es weitläufige Natur zu entdecken. Schwindelfreie können mit einem Aufzug zur Plattform fahren und eine einzigartige Aussicht genießen.

Kartentipp:

ADFC-Regionalkarte E-Bike-Region Stuttgart,
1:75.000, ISBN 978-3-87073-971-3, € 9,95
Digital für Smartphones und Tablets: www.fahrrad-buecher-karten.de/rk-digital

59 Sternefahrt am Neckar, auf Wunsch mit „Luginsland“

Von **Bad Cannstatt** über Esslingen

CamperTouren Info

ca. 31 km ohne Abstecher, gute, regionale Radweg-Beschilderung sowie Beschilderung als Neckartal-Radweg bzw. Radweg Deutsche Fachwerkstraße bzw. Badischer Weinradweg. Mehrere starke Steigungen, die durch die Rückfahrt am Neckar entlang vermieden werden können. Die Route führt meist über separate Radwege, einige Passagen auf losem Untergrund.

Start / Ziel: Campingplatz Cannstatter Wasen in Bad Cannstatt, www.campingplatz-stuttgart.de

Auswahl weiterer Camps entlang der Strecke: Camping-Glamping Esslingen, Wohnmobilstellplätze bei Stuttgart-Esslingen und -Fellbach

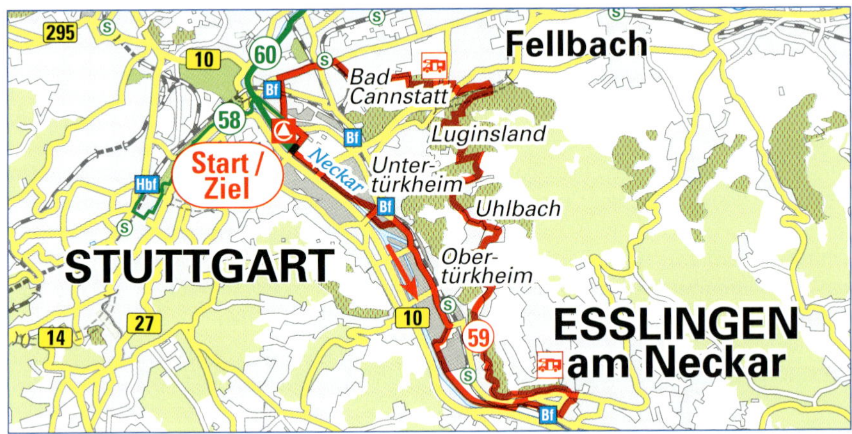

Wir radeln auf dem gut ausgebauten Neckartal-Radweg, bis wir die Fachwerkstadt Esslingen erreichen. Dann klettern wir mit dem Weinradweg in die Region oberhalb des Neckars. Dies ist zwar anstrengend, aber nicht nur wegen seiner Aussicht sehr lohnenswert.

Zu Beginn der Tour radeln wir vorbei an der Mercedes Benz AG, wo schon seit 1904 produziert wird, was zur Fortbewegung des Menschen dient. Inzwischen werden hier auch E-Autos und Batterien hergestellt.

Tipp: Wer noch ein „Souvenir“ aus Stuttgart sucht, kauft sich eines der angebotenen Traumautos. Vielleicht „reicht“ aber auch fürs Erste eine kleine Modell-Version aus dem Museumsshop.

Los geht´s wieder am Campingplatz „Cannstatter Wasen“ den wir über die lange Zufahrtsstraße (also vom Camp nach rechts) verlassen. Am Ende des Festplatzes gelangen wir mit einmal Rechts und einmal Linksabbiegen ans Ufer des Neckar, dem wir dieses Mal flussaufwärts folgen. Unser bestens beschilderter Neckartal-Radweg wechselt öfters mal das Ufer und führt uns vorbei an den großen Produktionsanlagen der Mercedes Benz AG sowie an Untertürkheim und Obertürkheim. So gelangen wir über den Radweg, der sowohl als Neckartal- als auch als Radweg „Deutsche Fachwerkstraße“ gekennzeichnet ist, ins Herz von Esslingen.

Hier müssen wir einkehren, wenn wir Esslingen besuchen

Esslingen kann auf eine lange Geschichte zurückblicken, die bis ins 8. Jh. zurückreicht. Vor allem ist Esslingen berühmt für seine zahlreichen **Fachwerkhäuser** in der prachtvollen Altstadt. An der **Heugasse** und in der Webergasse gibt es besonders schöne Exemplare dieses Baustils. Vieles über die Geschichte Esslingens erfahren wir im **Stadtmuseum**. Dieses ist im **Gelben Haus** untergebracht, was seinem Namen alle Ehre macht und uns zusätzlich mit einem kleinen Erker verzückt. Am Hafenmarkt bestaunen wir die Hausnummern 4 - 10 voller Ehrfurcht, denn es ist die **älteste bekannte Häuserzeile Deutschlands**. Sie entstand zwischen 1328 und 1331.

Weiter geht´s von Esslingen, das wir über den Neckarhaldenweg verlassen, der zugleich sehr deutlich ansteigt. Die Schilder des Weinradwegs begleiten uns nach oben und mit einer Abfahrt nach Obertürkheim. Mit weiterem Auf und Ab radeln wir durch die hügelige Gegend, die sich Luginsland nennt. Über die Kappelbergstraße erreichen wir den Ort Fellbach, wo wir am Ortseingang links abbiegen. Nun radeln wir den Schildern folgend nach Bad Cannstadt. Hier steuern wir wieder das Wasen-Gelände an, wo unsere Tour am Campingplatz endet.

Tipp: Die beschriebene Route ist zwar sehr aussichtsreich, folgerichtig aber auch sehr anstrengend, denn es gibt eine ganze Reihe von Steigungen zu verkraften. Wer keinen vollgeladenen E-Bike-Akku unter sich hat und/oder es lieber beim Radeln gemütlich mag, der fährt einfach am **Neckar** über dieselbe Strecke retour, auf der wir herkamen.

Die Historie von Obertürkheim reicht bis 1251 zurück. Das merken wir auch an den historischen Häusern, zu denen auch das **ehemalige Gasthaus „Ochsen"** und am **Alten Fachwerk-Rathaus** von 1612. Bei der Uhlbacher Alten Kelter erfahren wir im **Weinbaumuseum** mehr über den Weinbau rund um Stuttgart. Ein Besuch ist fast schon Pflicht, denn wir sind ja auf dem Weinradweg unterwegs.

Der beschert uns noch einige Steigungen, aber auch herrliche Fernsichten weit über die Region und die Weinfelder. „**Luginsland**" nennt man die Gegend auch, die uns die Anstrengung beschert – da ist der Name wirklich Programm!

Kartentipp:

ADFC-Regionalkarte E-Bike-Region Stuttgart,
1:75.000, ISBN 978-3-87073-971-3, € 9,95

Digital für Smartphones und Tablets: www.fahrrad-buecher-karten.de/rk-digital

60 Badischer Weinradweg vor den Toren Stuttgarts

Von **Bad Cannstatt** nach Marbach

CamperTouren Info

ca. 34 km ohne Abstecher, gute, regionale Radweg-Beschilderung sowie Beschilderung als Neckartal-Radweg. Keine größeren Steigungen. Die Route führt meist über separate Radwege, einige Passagen auf losem Untergrund.

Start / Ziel: Campingplatz Cannstatter Wasen in Bad Cannstatt, www.campingplatz-stuttgart.de

Auswahl weiterer Camps entlang der Strecke: Wohnmobilstellplätze bei Stuttgart-Fellbach, Ludwigsburg und Marbach

Der Badische Weinradweg ist ein rund 460 km langer Themenradweg, der von der Schweizer Grenze bis in den Odenwald führt. Einem guten Stück davon folgen wir dem Neckar entlang und lernen den Charme der schönen Orte an der Strecke kennen.

Gleich zu Beginn unserer Tour liegt auf dem anderen Ufer die „Wilhelma" direkt am Neckarufer. Der ehemalige königliche Park mit seinen **maurischen Gebäuden** wurde im 19. Jh. zu einem **botanischen Garten** mit angegliedertem **Zoo** umfunktioniert.

Los geht´s wieder am Campingplatz „Cannstatter Wasen" den wir über die lange Zufahrtsstraße (also vom Camp nach rechts) verlassen. Am Ende des Festplatzes gelangen wir mit zweimal Rechtsabbiegen ans Ufer des Neckar, dem wir flussabwärts folgen. Unser bestens beschilderter Neckartal-Radweg wechselt öfters mal das Ufer und führt uns vorbei an Münster, Mühlhausen, Aldingen, Neckargrönigen und Poppenweiler zu den Toren von Ludwigsburg.

Sind wir nun auf dem **Badischen Weinradweg** oder auf dem **Neckartal-Radweg** unterwegs? Ist eigentlich egal, denn wir haben eine tolle Radtrasse unter den Rädern, die uns sozusagen von Weinberg zu Weinberg geleitet.

Auf unserem Weg den Neckar entlang liegt auf anderen Uferseite der **Max-Eyth-See**, der an warmen Tagen ein beliebtes Ausflugsziel ist. Einen Ausflug in die Vergangenheit bietet uns in Münster das **Feuerwehrmuseum**.

Auch in Mühlhausen sind wir noch auf Stuttgarter Stadtgebiet, wobei uns das farbenfrohe **Bezirksrathaus** und das ehemalige Schloss zu einem Stopp einladen.

Auch in Aldingen finden wir ein **Schloss**, das herrlich „ungleich" aussieht – auf sym-

Das Residenzschloss von Ludwigsburg wurde in einen Landschaftsgarten eingebettet

metrische Gestaltung wurde hier absichtlich verzichtet. Ein Abstecher bringt uns ins Herz von Ludwigsburg. Eberhard Ludwig gründete Anfang des 18. Jhds. die Stadt, die exakt nach Plan angelegt wurde. Im Stile des Barock, der damals „en vogue" war, ließ er das großartige **Residenzschloss** mit einem prachtvollen **Landschaftsgarten** anlegen. Ansehen müssen wir uns in Ludwigsburg auch das **Jagd- und Lustschloss Favorite**, das Seeschloss Monrepos und das **Grävenitz-Palais**. Letzteres war übrigens das Wohnhaus der Mätresse!

Weiter geht´s von Ludwigsburg auf dem Neckartal-Radweg vorbei an Hoheneck und Marbach nach Benningen. Hier zweigen wir ab vom Flussradweg und rollen mit einer deutlichen, aber zum Glück kurzen Steigung zum Bahnhof. Mit der Bahn lassen wir uns dann wieder zurück nach Cannstatt fahren, wobei wir in Stuttgart umsteigen müssen. Vom Bahnhof Cannstatt ist es dann nicht weit am Neckar entlang zurück zum Camp.

Wenn wir unsere Blicke beim Radeln einmal nach oben richten, entdecken wir die Ruine von Burg Hoheneck weit über unserem Neckartal. Unten schauen wir uns den historischen Ortskern und die Wolfgangkirche an.

Tipp: Etwas „hinter" Marbach liegt Steinheim an der Murr. Hier fand man den „homo steinheimensis". Diesen **Urmenschen von Steinheim**, genauer gesagt seinen Schädel, fand man in einer 15 m hohen Kieswand. Vermutlich war es eine 25 Jahre alte Frau, die vor 250.000 bis 300.000 Jahren erschlagen wurde.

Rund um die **Alexanderkirche** von Marbach gibt es viele alte Häuser, wie z.B. an der Nikolastorstraße. Drei Seiten der **Stadtmauer**, die einst die rechteckige Altstadt umgab, sind noch erhalten. In einem der schönen Fachwerkgebäude Marbachs wurde am 10.11.1759 Friedrich Schiller geboren. Zwei Jahre vor seinem Tod 1805 wurde er geadelt – galt er doch als der bedeutendste Dramatiker Deutschlands. Durch eine weite Treppe gelangen wir zum würdevollen **Schiller-Nationalmuseum**, das auch Sitz des Deutschen Nationalarchivs ist.

Kartentipp:
ADFC-Regionalkarte E-Bike-Region Stuttgart,
1:75.000, ISBN 978-3-87073-971-3, € 9,95
Digital für Smartphones und Tablets: www.fahrrad-buecher-karten.de/rk-digital

61 Ich hab´ mein Herz in Heidelberg verloren

Von **Neckargemünd** bis Heidelberg und zurück

CamperTouren Info

18 km, überwiegend auf separaten Radwegen, Radwegen neben der Straße sowie auf Nebenstraßen. Keine größeren Steigungen. Regionale Wegweisung sowie teils Wegweisung als Neckartal-Radweg.

Start / Ziel: Camping an der Friedensbrücke in Neckargemünd, https://campingplatz-am-neckar.de

Auswahl weiterer Camps an der Strecke: Camping Heidelberg Familie Weber, Camping Haide

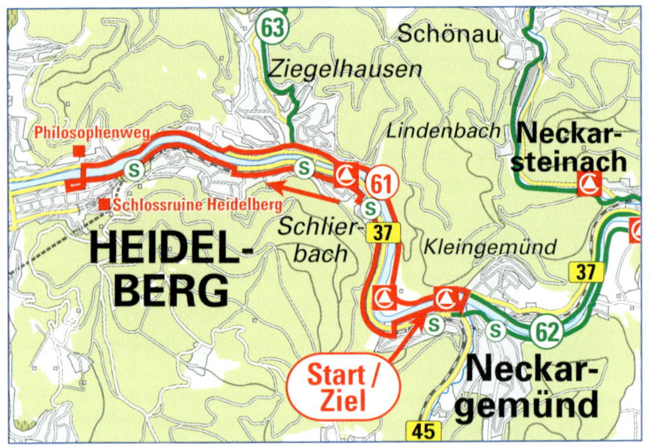

Wir starten an unserem wundervoll gelegenen Camp zu einer kurzen, aber sehr eindrucksvollen Tour. Unser Ziel ist die mittelalterliche Altstadt von Heidelberg. Wenn wir einmal in diese Historie eingetaucht sind, werden wir froh sein, dass wir nur rund 9 km zurück radeln müssen.

Der **Campingplatz an der Friedensbrücke** ist bei Gästen aus dem In- und Ausland äußerst beliebt. Warum, das ist schnell geklärt, denn die Lage könnte kaum besser sein: Nur wenige Kilometer vom Epizentrum Heidelbergs entfernt steht hier unsere mobile Unterkunft auf einer satt-grünen Wiese, während wir auf den Stühlen davor sitzend das Treiben auf dem Neckar beobachten: Wasservögel fühlen sich hier ebenso wohl wie Ruderer und Kanufahrer. Dass ab und an mal ein Schiff vorbeikommt, stört die Ruhe des Camps keineswegs. Und wer Lust auf´s Paddeln bekommt, leiht sich gleich am Platz ein Kanu zum Selbstversuch aus.

Los geht´s an der Ausfahrt des Camps, von der wir rechts abbiegen in die Falltorstraße, von der aus wir uns ans Flussufer gesellen. Auch auf den nächsten Kilometern bleiben wir stets in der Nähe des Neckars, ab und an durch Bahn bzw. Straße getrennt. So gelangen wir durch den Vorort Schlierbach nach Heidelberg, wo wir direkt an der historischen Neckarbrücke ankommen.

Die „**Alte Brücke**“ bei der wir das Herz Heidelbergs erreichen, ist schon eine der Hauptattraktionen der Stadt: Unzählige Touristen stehen auf der Brücke und suchen das ideale Motiv von der Brücke mit **Brückentor**, Altstadt und Schloss im Hintergrund.

Das macht Lust auf mehr: Also zweigen wir vom Ufer ab und erkunden die **Altstadt** von Heidelberg. Schnell wird klar, warum so viele Besucher auch aus Übersee den weiten Weg hierher unternehmen: Es ist einfach wunderschön hier, was daran liegt, dass Heidelberg vom Bombenhagel des Zweiten Weltkriegs weitgehend verschont blieb und dadurch eine durchgängige historische Bebauung auf uns wartet.

Das „Villenufer" von Heidelberg

Eine endlos erscheinende **Fußgängerzone** zieht sich einmal komplett durch die City und beschert uns reichlich Einkehr- und Einkaufsgelegenheiten. Besonders schön ist es rund um die prachtvolle **Heiliggeistkirche**. Gleich gegenüber steht das **Hotel „Zum Ritter"**, das 1592 für eine Tuchhändlerfamilie errichtet wurde. Damit ist es eines der ältesten Gebäude der Region. Noch viel älter ist die **Peterskirche**, die vermutlich schon über 900 Jahre alt ist. Seit 1896 dient sie als Universitätskapelle. Womit wir beim nächsten wichtigen Fakt wären: Die im Jahre 1386 auf Weisung von Papst Urban VI. gegründete **Ruprecht-Karls-Universität Heidelberg** ist die älteste Universität Deutschlands. Bis heute gilt es als echte Auszeichnung, an dieser Uni seinen Abschluss gemacht zu haben.

Tipp: Wer sich einmal einen Gesamtüberblick über Heidelberg mit ganz besonderen Perspektiven verschaffen mag, wechselt das Neckarufer und begibt sich auf den **Philosophenweg**.

Nicht komplett ist ein Heidelberg-Besuch ohne den Besuch der riesigen **Schlossruine**, die majestätisch hoch über der Stadt thront und eine der bekanntesten Ruinen des Landes sein dürfte. Lange Zeit residierten hier die Kurfürsten der Pfalz, ehe die Anlage im Erbfolgekrieg zerstört wurde. 80 Höhenmeter liegt das Schloss oberhalb der Altstadt. Wer sich nicht mit dem Rad oder per Pedes hoch ackern mag, nutzt die Bergbahn. Wer einmal da ist, kann sich kaum wieder trennen: **Kasematten**, Türme, Zeughaus, Elisabethentor, Terrassen und vieles mehr lassen uns erahnen, wie feudal es hier einst zuging. Und dann noch diese einzigartige **Aussicht**!

Weiter geht´s von der Altstadt Heidelbergs, die wir über die Alte Brücke hinweg verlassen. Am anderen Neckarufer angekommen, steuern wir auf dem Neckartal-Radweg flussaufwärts wieder unsere Räder zurück. So kommen wir schnell vorbei an Ziegelhausen wieder nach Neckargemünd. Hier müssen wir nur noch die Brücke überqueren und sind wieder zurück am Camp.

Es ist schon ein ganz besonderes Erlebnis, über die Alte Brücke in Heidelberg zu rollen. Auf dem anderen Ufer dürfen wir es nicht versäumen, uns nochmals umzudrehen und diesen herrlichen **Ausblick** auf die Altstadt und das darüber liegende Schloss zu genießen.

Kartentipp:
ADFC-Regionalkarte Rhein/Neckar, 1:75.000,
ISBN 978-3-96990-011-6, € 9,95
Digital für Smartphones und Tablets: www.fahrrad-buecher-karten.de/rk-digital

62 Burgentour im Neckartal

Von **Neckargemünd** nach Hirschhorn und zurück

CamperTouren Info

28 km, überwiegend auf separaten Radwegen, Radwegen neben der Straße sowie auf Nebenstraßen. Bei der beschriebenen Variante auf der Rückfahrt einige kleinere Steigungen, eine Alternative ohne Steigungen ist möglich. Regionale Wegweisung sowie teils Wegweisung als Neckartal-Radweg.

Start / Ziel: Camping an der Friedensbrücke in Neckargemünd, https://campingplatz-am-neckar.de

Auswahl weiterer Camps an der Strecke: Odenwald-Campingpark Hirschhorn, Wohnmobilstellplatz Hirschhorn, Campingplatz unterm Dilsberg

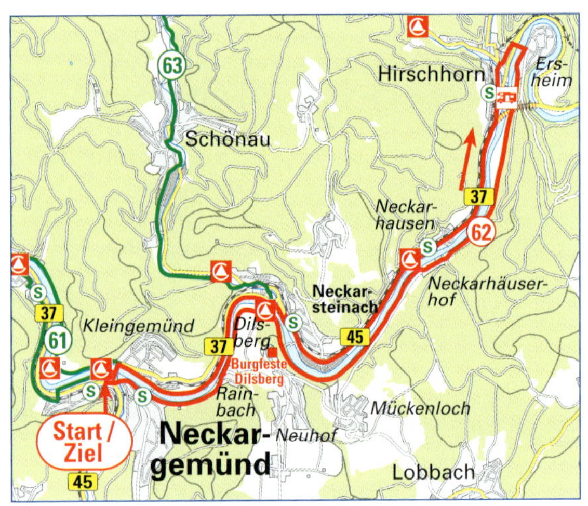

Auf dieser Tour folgen wir dem Neckar flussaufwärts und stellen fest, dass uns hier fast hinter jeder Flussbiegung ein neuer Ausflug in die Vergangenheit erwartet. Die sehenswerten Orte verbindet der bestens ausgebaute und gekennzeichnete Neckartal-Radweg, so dass dem ungetrübten Radel-Vergnügen nichts im Wege steht.

Unser Quartierort Neckargemünd ist ohne Frage eine Reise wert, denn direkt an der **Mündung** der Elsenz in den Neckar erhebt sich die malerische **Altstadt** des Ortes, die sich den Berg hinauf schlängelt. In den teils engen Gassen finden wir schmucke alte Häuser – mal sehr farbenfroh, mal mit Fachwerk gestaltet. An der Kleppergasse finden wir bei genauem Hinsehen noch Reste der alten **Stadtmauer**. Deutlich auffälliger sind die St. Ulrichskirche und die **Kirche St. Johannes Nepomuk**.

Los geht´s an der Ausfahrt des Camps, von der wir erst rechts, dann links abbiegen und mit der Brücke das Neckarufer wechseln. Auf der anderen Seite folgen wir den Schildern des gut ausgebauten Neckartal-Radwegs flussaufwärts. Diese bringen uns via Neckarsteinach und Neckarhausen nach Hirschhorn.

In Neckarsteinach befinden wir uns an der südlichsten Stelle Hessens. Das kann uns eigentlich egal sein, denn wenn wir bei der Anfahrt auf die Stadt genau hinsehen, entdecken wir gleich vier Burgen.

Zwischen 1100 und 1230 wurde die Gegend mit dem Bau von **Vorderburg**, **Mittelburg**, **Hinterburg** und **Schadeck**, die auch Schwalbennest genannt wird, geschützt. Der Ortskern ist aber nicht nur schützens- sondern auch sehenswert: Allein das **Fachwerk-Amtshaus** ist eine Augenweide. Nicht weit entfernt stehen die Herz-Jesu- und die evangelische Kirche, die als Simultankirche für drei Religionen genutzt wird. Rund um die Mündung der Steinach entdecken wir weitere toll erhaltene alte Gebäude – kein Wunder, dass in Neckarsteinach schon viele Filme gedreht wurden. Eine bessere Kulisse können wir uns kaum vorstellen.

Der kleine Ort Dilsberg liegt weit oben über dem Neckartal

Hirschhorn ist ein ideales Ziel für unsere Radtour. Vom Ufer des Neckar, der hier eine enge Schleife um den Berg herum vollführt, ziehen sich die historischen Gebäude den Berg hinauf. Über dem Szenario thront die mittelalterliche Wehranlage von **Burg Hirschhorn**. Tore, Palas, Wirtschaftsgebäude, Marstall – alles ist hier noch vollkommen intakt. Zu ihren Füßen finden wir gleich mehrere Kirchen und sehenswerte **Fachwerkhäuser**.

Schon seit 1933 gibt es die **Staustufe Hirschhorn**. Sie staut mit ihrer Doppelschleuse den Neckar um mehr als 5 m auf und sorgt mit ihrem Kraftwerk für grünen Strom.

Weiter geht´s von Hirschhorn mit der Brücke auf die andere Seite des Neckar. Dort biegen wir rechts ab in die Brentanostraße, die uns zum Ufer zurück führt. Noch im Ort steigt unser Weg deutlich an. Auch auf den nächsten Kilometern haben wir noch einige kurze, aber knackige Steigungen zu meistern. Auf dem Weg liegen der kleine Ort Neckarhäuserhof und Rainbach, ehe wir zurück nach Neckargemünd kommen. Hier bleiben wir am Ufer bis zur Mündung der Elsenz. Ein paar Meter nach links, dann über die Brücke, wieder rechts und unter der Friedensbrücke her zurück zum Camp.

Tipp: Wer sich die hügelige Strecke ersparen möchte, fährt ab Hirschhorn einfach auf dem **Neckartal-Radweg**, auf dem wir herkamen, wieder retour.

Rechts neben uns liegen auf dem Berg die Orte Dilsberg und Neuhof. Der Aufstieg ist zwar schweißtreibend, dennoch sehr lohnenswert, denn mit Dilsberg erwartet uns eine bestens erhaltene **hochmittelalterliche Bergfeste**, die uns zudem einen atemberaubenden **Ausblick** auf das Neckartal gewährt.

Kartentipp:
ADFC-Regionalkarte Rhein/Neckar, 1:75.000,
ISBN 978-3-96990-011-6, € 9,95
Digital für Smartphones und Tablets: www.fahrrad-buecher-karten.de/rk-digital

63 Wohlfühltour für Bergziegen

Von **Neckargemünd** nach Wilhelmsfeld und zurück

CamperTouren Info

31 km, überwiegend auf separaten Radwegen, Radwegen neben der Straße sowie auf Nebenstraßen. Diverse, teils auch stärkere Steigungen, die sich auf rund 510 Hm summieren. Regionale Wegweisung sowie teils Wegweisung als Neckartal-Radweg.

Start / Ziel: Camping an der Friedensbrücke in Neckargemünd, https://campingplatz-am-neckar.de

Auswahl weiterer Camps an der Strecke: Campingplatz Steinachperle

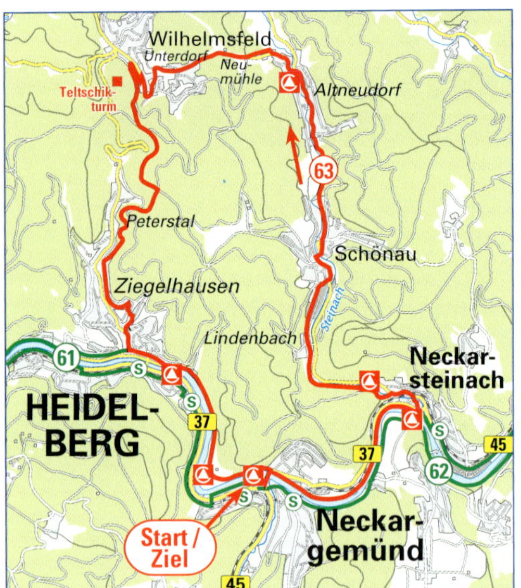

Dies ist eine Tour für alle, die über eine gute Kondition oder über einen frisch geladenen Akku am E-Bike verfügen.

Es geht über 500 Höhenmeter hinauf in den Odenwald. Zur Belohnung genießen wir viel Grün um uns herum, eine herrliche Ruhe und tolle Aussichten.

Los geht´s an der Ausfahrt des Camps, von der wir erst rechts, dann links abbiegen und mit der Brücke das Neckarufer wechseln. Auf der anderen Seite folgen wir den Schildern des Neckartal-Radwegs flussaufwärts. Nach knapp 5 km sind wir warmgeradelt und zweigen in Neckarsteinach links ab ins Tal der Steinach. Mit leichtem Anstieg radeln wir via Lindenbach, Schönau nach Altneudorf. Wo wir links am Friedhof vorbei abzweigen. Nun wird es stetig steiler, wenn wir via Neumühle, Unterdorf und Wilhelmsfeld hinauf radeln. Bei fast genau 20 Kilometern Strecke haben wir den Scheitelpunkt der Tour erreicht. Dann geht´s hinunter nach Peterstal.

Nachdem wir den Neckar verlassen haben, rollen wir durch das teils enge Tal der Steinach auf einer leicht ansteigenden Route. Die Steinach ist ein nur 22 km langer Nebenfluss des Neckar, der sich hier teilweise tief in den Berg eingegraben hat.

Schönau liegt mitten in diesem schönen Tal und gefällt uns mit einigen gut erhaltenen historischen Gebäuden. Besonders schön sind das **Alte Posthaus** und das **Wallonenhaus** von 1588, die beide mit Fachwerk ausgestattet wurden. Das Rathaus von Schönau wurde auf den Fundamenten des Kapitelsaals erbaut, das einst zum hiesigen **Zisterzienserkloster** gehörte.

Bei unserer anstrengenden Tour haben wir zumindest gute Luft für die Lungen, denn **Wilhelmsfeld** ist ein anerkannter Luftkurort. Besiedelt wurde die Region vermutlich schon um 1100. Die Ortsmitte markiert die **evangelische Pfarrkirche** mit dem schönen Pfarrhaus nebenan. Die Kirche blickt auf eine wichtige historische Begebenheit zurück: am 5.4.1885 legte hier eine Wanderin mit ihrer Tochter Valerie Rast ein. Die Wanderin war keine

Neckarsteinach – aus der „Vogelperspektive"...

geringere als Kaiserin Elisabeth von Österreich-Ungarn persönlich, die als „Sissi" in die Geschichtsbücher einging.

Tipp: Wer in Wilhelmsfeld noch nicht genug ausgepowert ist, kurbelt weiter auf den 530 m hohen **Schriesheimer Kopf** und steigt dann auf den 41 m messenden **Teltschikturm**. Die Aussicht von hier oben auf die Berggipfel des Odenwaldes ist einfach unglaublich!

...und aus der „Radlerperspektive"

Weiter geht´s von Peterstal auf weiter entspannt bergab führender Strecke bis hinunter nach Ziegelhausen. Hier treffen wir wieder auf den Neckartal-Radweg. Diesem folgen wir ein Stück flussaufwärts und gelangen am Ende über die Brücke zurück zu unserem Camp.

Das **Zisterzienserkloster Schönau** gründete einst hier am Neckar eine Ziegelei und legte damit den Grundstein für den heutigen Vorort Ziegelhausen. Besiedelt war die Gegend aber schon viel früher, denn schon die Römer hinterließen hier ihre Spuren.

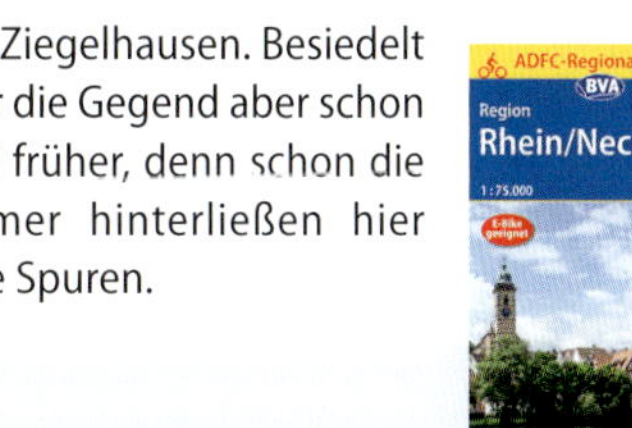

Kartentipp:
ADFC-Regionalkarte Rhein/Neckar, 1:75.000,
ISBN 978-3-96990-011-6, € 9,95
Digital für Smartphones und Tablets: www.fahrrad-buecher-karten.de/rk-digital

64 Deutschlands älteste erhaltene und begehbare Stadtmauer

Von **Ellwangen-Sonnenbachsee** über Nördlingen

CamperTouren Info

ca. 65 km ohne Abstecher, gute, regionale Radweg-Beschilderung. Mehrere, teils auch anstrengende Steigungen. Die Route führt meist über separate Radwege, einige Passagen auf losem Untergrund.

Start / Ziel: Campingplatz Am Sonnenbach bei Ellwangen, www.campingplatz-sonnenbach.de

Auswahl weiterer Camps entlang der Strecke: Campingplatz Sonnenhof, Campingplatz Ringlesmühle und Wohnmobilstellplatz in Nördlingen

Wir haben eine hügelige Strecke vor uns, die immer wieder kurze, aber „knackige“ Steigungen bereithält. Kleine und größere Orte entlang der Strecke entschädigen uns dafür mit wundervollen Motiven. Unbestrittener Höhepunkt der Radrunde ist Nördlingen, wo die Zeit stehengeblieben zu sein scheint.

Der Sonnebach-Stausee hat sich zu einem beliebten Ausflugsziel entwickelt. Hier können wir uns im sauberen Wasser auf Ruhe und Entspannung freuen. An sonnigen Wochenenden kann es aber mal etwas „quirliger“ werden am Badeufer.

Los geht´s am Campingplatz, den wir an der Ausfahrt nach rechts verlassen, um an der querenden Straße den See zu queren. Auf hügeliger Straße rollen wir via Pfahlheim, Walxheim, Unterschneidheim, Zipplingen, Dirgenheim, Kirchheim und Goldburghausen nach Nördlingen.

Wir rollen mit guten **Aussichten** durch kleine Ortschaften, in denen es immer wieder schöne alte Häuser zu entdecken gibt.

Wir sind im **Nördlinger Ries** unterwegs, das vor etwa 14,6 Millionen Jahren entstand. Die Form ist sehr auffällig, denn das Ries ist bei einer Fläche von 348 qkm kreisrund und sehr flach. Erst 1960 wiesen Forscher nach, dass das Ries durch den Einschlag eines **Meteoriten** entstand. Die Katastrophe aus dem All hatte „nur“ einen Durchmesser von 1,5 km, verwüstete aber alles, was im Umkreis von 100 km existierte.

Hinter Kirchheim am Ries kommen wir am markanten **Goldberg** vorbei. Das **Gold-**

Das Nördlinger Ries entstand durch einen Meteoriteneinschlag

bergmuseum berichtet uns mehr über den Felsen aus Süßwasserkalk und die Funde, die dort zu Tage gefördert wurden.

Wer immer noch den Meteoriten im Hinterkopf hat, steuert in Nördlingen vielleicht als erstes das **Geopark Ries Infozentrum** an.

Dann aber müssen wir uns der Altstadt widmen, die von einer **Stadtmauer** umgeben ist, die genau wie der Ries-Krater kreisrund gebaut wurde. Der Wehrgang ist noch heute auf der gesamten Länge von 2,6 km begehbar, bei dieser Runde kommen wir an 11 Türmen vorbei, zwei Bastionen und fünf Toren. Dieses Bollwerk entstand schon 1327 und gilt als **besterhaltene Stadtmauer Deutschlands**.

Kaum haben wir diese passiert, tauchen wir ein in lebendiges Mittelalter. Heute finden wir hier prachtvolle Häuser, die mit dem Marktplatz ihren Mittelpunkt finden. Hier erhebt sich auch die **St.-Georgs-Kirche** mit ihrem markanten Turm. Nachdem wir uns die den besonders herausragenden Gebäuden wir Klösterle, Wintersches Haus, **Fürstenherberge**, Rathaus, **Brot- und Tanzhaus** oder Gerberhaus gewidmet haben, lassen wir uns im **Stadtmuseum** mehr über die Geschichte dieser Stadt erklären.

Tipp: Nicht nur für Musikfreunde ist der Besuch bei „**My Little Guitarworld**" interessant, denn hier entdecken wir mehr als 100 unterschiedliche Gitarren und weitere, teils exotische Musikinstrumente.

Weiter geht´s von Nördlingen, das wir über Berger- und Ulmer Straße, Nähermemminger Weg und Stegmühlweg verlassen. Durch Nähermemmingen, Trochtelfingen und Bopfingen gelangen wir nach Baldern. Rund um Baldern brauchen wir Kraft oder Akkuleistung, denn es geht ordentlich bergauf, ehe wir durch Zöbingen, Walxheim und Pfahlheim wieder zurück zum Sonnenbachstausee fahren, wo unsere Tour am Campingpatz endet.

Nachdem wir Nördlingen verlassen haben erzählen uns die Orte **Klötzenmühle** und Walkmühle etwas über die industrielle Geschichte, während die **Trochtelfinger Heimatstube** eher bodenständiges berichtet.

Bei der Einfahrt nach Bopfingen entdecken wir die **Wallfahrtskirche Unserer Lieben Frau vom Roggenacker** und dann die Ruine Flochberg. Im Ort besuchen wir die historische Kräuterkammer, das Museum im Seelhaus und das **Museum zur Geschichte der Juden**.

Das herrliche **Schloss Baldern** sorgt dann dafür, dass es auf dem Rückweg nicht zu langweilig wird!

Kartentipp:
ADFC-Regionalkarte Donau-Ries, 1:75.000,
ISBN 978-3-87073-826-6, € 8,95
Digital für Smartphones und Tablets: www.fahrrad-buecher-karten.de/rk-digital

65 Ein Fluss und ganz viele Seen

Von **Ellwangen-Sonnenbachsee** über Ellwangen

CamperTouren Info

ca. 28 km ohne Abstecher, gute, regionale Radweg-Beschilderung. Mehrere, teils auch anstrengende Steigungen. Die Route führt meist über separate Radwege, einige Passagen auf losem Untergrund.

Start / Ziel: Campingplatz Am Sonnenbach bei Ellwangen, www.campingplatz-sonnenbach.de

Auswahl weiterer Camps entlang der Strecke: Campingplatz Sonnenhof, Campingplatz Häslesee, Campingplatz Sonneneck, Natur- und City Campingplatz Ellwangen

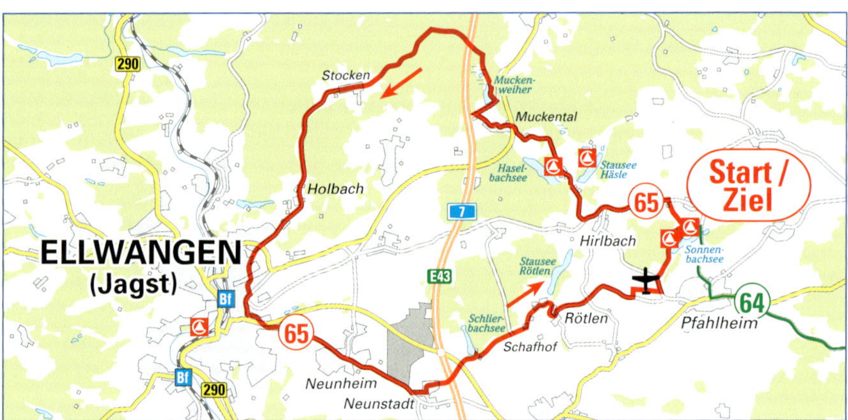

Eine kurze, aber doch recht anstrengende Rundtour führt uns von unserem Campingplatz in die schöne Innenstadt von Ellwangen an der Jagst. Hier nutzen wir die Einkehrmöglichkeiten, um unsere Energiereserven aufzutanken, denn es geht direkt steil wieder hinauf in die aussichtsreiche Region.

Los geht´s am Campingplatz, den wir an der Ausfahrt geradeaus verlassen, wo wir direkt schon eine erste Steigung zu verkraften haben. Oben an der Querstraße links und auf hügeliger Strecke via Hirlbach, Haselbach, Muckental, Stocken und Holbach nach Ellwangen an der Jagst.

Eine Oase der Ruhe – treffender als der Slogan des **Campingplatzes „Am Sonnenbach“** lässt sich nicht beschreiben, was uns bei unserem Aufenthalt dort erwartet: Eine gut strukturierte Anlage, die sich in 130 unterschiedliche Parzellen aufteilt. Perfekt ist dabei die Terrassenlage, denn so lässt sich von vielen Stellplätzen aus ein Fernblick über den Sonnenbachstausee auf die umliegende Gegend genießen. Der Sprung ins kühle Nass ist daher immer nur wenige Schritte entfernt und wer das Surfbrett oder das Boot dabei hat, kommt auch auf seine Kosten.

Kaum sind wir losgeradelt, da bekommen wir schon einen guten Eindruck von der Gegend, denn die Tour ist zwar recht anstrengend, eröffnet aber auch immer wieder schöne **Weitblicke** über die nur dünn besiedelte Region.

Tipp: Es sind zwar nur rund 15 km hin und auch wieder retour, aber wer länger auf dem Campingplatz verweilt, sollte sich eine Tagestour nach Dinkelsbühl nicht entgehen lassen. Dinkelsbühl wurde in einem Magazin zur **schönsten Altstadt Deutschlands**

Schloss Ellwangen ist weithin sichtbar

gekürt. Es ist aber auch herrlich: Die perfekt erhaltene Stadtmauer verläuft entlang eines fast schon urwaldartigen Grüngürtels, der auch einen Weiher umfasst. Die Stadtbefestigung schmiegt sich um den mittelalterlichen Stadtkern, wo wir vor prachtvollen Fassaden bestens einkehren können.

Rasch wird auch der Grund für den Tournamen klar, denn wir kommen vorbei am **Haselbachsee**, der links von uns liegt, während rechterhand der **Stausee Häsle** lockt. Nur wenige Minuten später kommen wir am **Muckenweiher** vorbei.

Zu beiden Ufern des Flusses Jagst ragt die Skyline der Kleinstadt Ellwangen empor. Beim Besuch der **Altstadt** erfahren wir, dass diese vielen Türme, die wir schon von weitem sahen, zur Stiftskirche des Klosters bzw. zur Basilika St. Vitus, zur evangelischen Stadtkirche und zum **Schloss „ob Ellwangen"** gehören. Letzteres eröffnet uns mit seinen prunkvollen Räumen und Sälen einen Einblick in das Leben der Fürstpröpste, die hier ihre Residenz unterhielten.

Mehr zum Schloss und zur Geschichte erfahren wir im Schlossmuseum. Nicht weniger interessant ist das **Alamannen-Museum**, in dem wir einige der im benachbarten Lauchheim bei Ausgrabungen gefundenen Exponate bestaunen.

In der Altstadt genießen wir die vielen Einkehrmöglichkeiten und den Blick auf weitere historische Fassaden wie beim **Palais Adelmann** oder beim **Haus Zimmerle**.

Weiter geht´s von Ellwangen an der Jagst, das wir über die Alte Steige verlassen. Der Name ist Programm, denn es geht steil bergauf. Über Neunheim, Neunstadt, Schafhof, Rötlen und vorbei am Segelflugplatzgelände kommen wir zurück zum Sonnenbachstausee, wo unsere Tour am Campingpatz endet.

Hinter Neunstadt passieren wir die A7 und können uns im **Schlierbachsee** abkühlen. Nach einer weiteren schweißtreibenden Steigung gibt es am **Stausee Rötlen** dazu eine weitere Gelegenheit.

Kartentipp:
ADFC-Regionalkarte Kocher und Jagst,
1:75.000, ISBN 978-3-87073-900-3, € 8,95
Digital für Smartphones und Tablets: www.fahrrad-buecher-karten.de/rk-digital

66 Warmradeln am Hopfensee

Eine Runde um den See

CamperTouren Info

8 km, meist auf separaten Radwegen oder auf Radwegen neben Straßen, keine Steigungen

Start und Ziel: Campingplatz Hopfensee in Hopfen am See, www.camping-hopfensee.de

Auswahl weiterer Camps am Weg: Josef Guggemos, Wohnmobilstellplatz Füssen

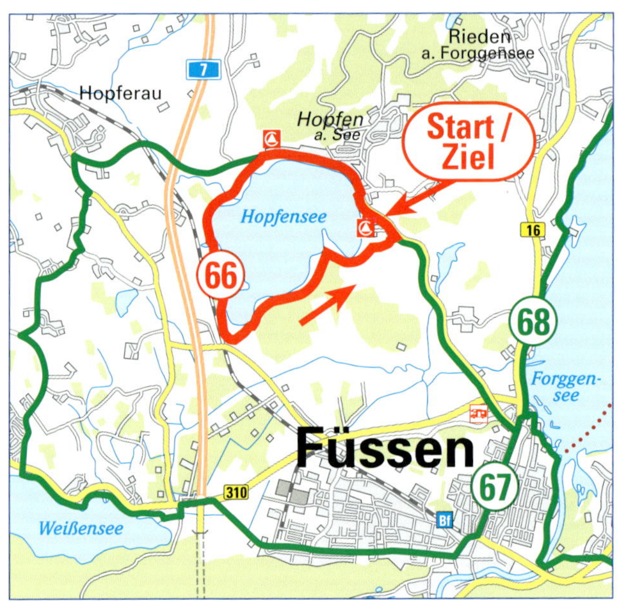

Der Hopfensee liegt wie hinein modelliert in einer sanft gewellten Landschaft zu Füßen der Alpen. Es gibt nur einen größeren Ort am Ufer, der gerne besucht wird. Die Gründe liegen auf der Hand: Gute Einkehrmöglichkeiten mit bestem Blick auf See und Berge.

Das verspricht, ein toller Urlaub zu werden: Mit fünf Sternen darf der **Campingplatz Hopfensee** auftrumpfen. Ein Garant für topmoderne und bestens ausgestattete Stellplätze und Sanitäranlagen. Die Lage des Camps lässt auch keine Wünsche offen: Nur eine Hecke und ein Fußweg trennen uns vom Badeufer des Hopfensees. Hier können wir uns auf grüner Wiese ausstrecken und auf Stegen ins Wasser gleiten. Für die Kleinen gibt es einen gesicherten Bereich und natürlich Spielmöglichkeiten. Die gibt es auch bei schlechtem Wetter, denn der Campingplatz bietet auch eine **Indoor-Spielhalle**. Für die Erwachsenen wird ein echter **Wellness-Spa** unter dem Motto 1001 Nacht und ein **Schwimmbad** mit Aussicht geboten.

Los geht´s vor der Einfahrt des Camps. Von hier rollen wir rechts zur Straße hinauf, und biegen oben links ab. Der Radweg endet bald, so dass wir auf der Straße durch Hopfen am See fahren müssen. Bitte beachten: Der Uferweg ist an dieser Stelle den Fußgängern vorbehalten!

Rund um Hopfen am See geht es hoch her. **Eisdielen**, Cafés, Restaurants, Badestrand, Bootsverleih und viele Einrichtungen mehr buhlen um die Gunst des Gastes. Wenn wir uns zu einem leckeren Eis oder Kuchen niederlassen, entdecken wir schnell den Grund für die Beliebtheit: Das Eis ist schon Klasse, der Blick über den See auf die **Alpenkette** macht es aber zu einem echten Erlebnis!

Es gibt aber auch Gäste, die nicht zum Einkehren, sondern zum Kuren kommen. Hopfen ist ein anerkannter **Kneipp- und Luftkurort**. Bei der guten Luft fällt es dann auch nicht schwer, auf den Berg zu steigen und sich die Ruine der **Burg Hopfen** anzusehen. Die Fern-

Der Hopfensee lädt nicht nur zum Radeln ein

sicht entschädigt für die Mühen des Aufstiegs.

Wer sich von der Aussicht lösen kann, widmet sich der über 1.000 Jahre alten **Pfarrkirche St. Peter und Paul** mit wertvollen gotischen Wandmalereien.

Tipp: Immer mittwochs startet in Hopfen um 19.00 Uhr die **Fackelwanderung** um den Hopfensee. Nicht nur für Kinder ein tolles Ereignis! Der Hopfensee ist rund 2 x 2 km groß. Wir genießen den gut ausgebauten **Uferweg**, der den See komplett umrundet.

Weiter geht´s von Hopfen am See auf bzw. entlang der Straße. Ab dem Ortsende bleiben wir stets in Ufernähe. Um nicht den Fußgängern ins Gehege zu kommen, nutzen wir die Wege, die etwas weiter weg vom See liegen. Reizvoll sind die allemal, denn die Aussichten sind einfach toll! Am Ende der kleinen Wege treffen wir auf die Straße, der wir nach links folgen. Nach wenigen Minuten können wir links abbiegen zum Camp.

Wir radeln entspannt über den Uferweg entlang des Hopfensees und blicken durch den **Schilfgürtel** auf das kühle Nass. Auf der anderen Seite winkt der Ort Hopfen mit unserem Campingplatz.

Kartentipp:
ADFC-Regionalkarte Allgäu, 1:75.000,
ISBN 978-3-87073-920-1, € 9,95
Digital für Smartphones und Tablets: www.fahrrad-buecher-karten.de/rk-digital

67 Sehenswertes Allgäu

Vom **Hopfensee** zum Weißensee und nach Füssen

CamperTouren Info

20 km, meist auf separaten Radwegen oder auf Radwegen neben Straßen, einige kleine, aber nicht allzu anstrengende Steigungen, regionale Wegweisung

Start und Ziel: Campingplatz Hopfensee in Hopfen am See, www.camping-hopfensee.de

Auswahl weiterer Camps am Weg: Josef Guggemos, Wohnmobilstellplatz Füssen

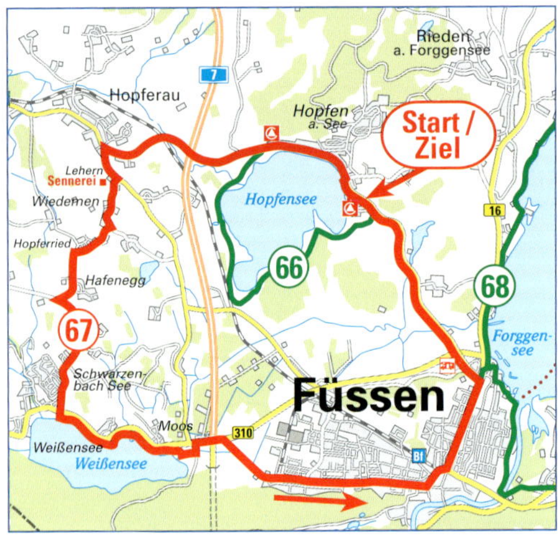

Die Unterschiede auf dieser Tour könnten kaum größer sein: Auf den ersten Kilometern radeln wir durch die beschaulichen Weiden des Voralpenlandes, während sich in der Füssener Fußgängerzone viele Touristen tummeln.

Los geht´s vor der Einfahrt des Camps. Von hier rollen wir wie bei der vorherigen Tour rechts zur Straße hinauf, und biegen oben links ab. Am Ortsende von Hopfen können wir auf einen Radweg rechts der Straße wechseln, der leicht, aber doch merklich ansteigt und die Autobahn überquert. Oben biegen wir bei Hopferau links ab nach Lehern. Hier geht es nach rechts auf der wenig befahrenen kleinen Straße via Wiedemen, Hopferried, Hafenegg und Schwarzenbach zum Ufer des Weißensees, dem wir nach links folgen. Die guten Radwegschilder geleiten uns durch Weißensee und Moos ins Herz von Füssen.

Aus einer 1504 geweihten Schlosskapelle der Freiherrn von Freyberg-Eisenberg ging die heutige **Pfarrkirche St. Martin und Sebastian** (1899 verändert) von Hopferau hervor. Den Freiherrn gehörten die Ländereien um Hopferau seit dem 14. Jh. Grund genug, sich 1468 auch ein kleines **Schloss** bauen zu lassen, das erst 1838 von dieser Familie an eine andere verkauft wurde.

Tipp: Im Ort Lehern finden wir eine **Sennerei.** Schon beim Öffnen der Ladentüre wird die Nase vom Duft des frischen Käses betört. Seit 1890 wird hier Allgäuer Bergkäse und Emmentaler hergestellt. Lehern liegt am gekennzeichneten **Ostallgäuer Emmentaler-Radweg**. Die komplette Runde umfasst 38,5 km.

Der **Weißensee** bildet einen tollen Kontrast zu den Felsen des aufragenden **Säulings**. Die **Kirche St. Nikolaus** im benachbarten Oberkirch stammt zu weiten Teilen aus dem 17. Jh. Beachtenswert ist vor allem die Kreuzigungsgruppe an der Nordwand.

Elegant über dem See liegt die **Pfarrkirche St. Walburga** mit einem romanischen Kern. Im Innern besticht der Altar aus Stuckmarmor mit seinen vier Säulen. Er dürfte aus der Zeit um 1715 stammen. Etwas unterhalb liegt das **Pfarrhaus.** Es wurde 1766 umgebaut, nachdem es bis dahin als Fischerhaus der Äbte aus Füssen diente.

Die großartige Alststadt Füssens liegt oberhalb des Lechs

Schnell wird uns klar, warum so viele Gäste nach Füssen kommen, denn es ist einfach schön hier. Auf die Gründerzeit der Stadt geht die Krypta (9. Jh.) in der **St.-Mang-Basilika** zurück. Das sonst barocke Innere schmückt u.a. ein Fresko aus dem 10. Jh. Überhaupt beherrschen die **Klosteranlage St. Mang** und das imposante **Hohe Schloss** die Silhouette der Stadt. In den Räumen finden wir auch das **Museum der Stadt Füssen**, das auf die Stadthistorie, den Geigenbau Füssens und auf das Leben im Kloster eingeht.

Auf dem Brotmarkt finden wir einen **Brunnen**, der sich auf die lange Geschichte der Saiteninstrumentenfertigung bezieht. Vom Magnusplatz aus sind wir über die „Lechhalde" (Straße) rasch an der Theresienbrücke und an der **Spitalkirche Hl. Geist**, die 1748/49 erbaut wurde.

Von der Kirche aus folgen wir dem Lechufer oder der Flößergasse. Dicht gedrängt stehen die **Klosterkirche St. Stephan** (1763), das **Franziskanerkloster** (1714), das **Bleichertörle** (14. / 19. Jh.) und Reste der **Stadtmauer** (1502) beisammen. Die Mauerreste stellen die Verbindung her zum **Seilerturm** und zum **Sebastiantor**.

Weiter geht´s von Füssen, das wir entlang der Augsburger Straße verlassen. Den Kreisverkehr verlassen wir nach links und folgen den Schildern über einen letzten Hügel zurück nach Hopfen am See, wo unsere Tour noch vor dem Ort links am Camp endet.

Der Rückweg zum Camp beschert uns noch schöne **Ausblicke** auf die Alpen und auf den Forggensee, den wir bei der nächsten Tour erkunden werden.

Kartentipp:

ADFC-Regionalkarte Allgäu, 1:75.000,
ISBN 978-3-87073-920-1, € 9,95

Digital für Smartphones und Tablets: www.fahrrad-buecher-karten.de/rk-digital

68 Seentour mit Schlossblick

Einmal rund um den **Forggensee** und zu den Königsschlössern

CamperTouren Info

41 km, meist auf separaten Radwegen oder auf Radwegen neben Straßen, einige kleine, aber nicht allzu anstrengende Steigungen, regionale Wegweisung

Start und Ziel: Campingplatz Hopfensee in Hopfen am See, www.camping-hopfensee.de

Auswahl weiterer Camps am Weg: Wohnmobilstellplatz Füssen, Camping Brunnen, Campingplatz Bannwaldsee, Wohnmobilstellplatz Schwangau, Campingplatz Seewang, Campingplatz Magdalena

Der Forggensee liegt zu Füßen des herrlichen Alpenpanoramas und zu Füßen der weltberühmten Königsschlösser. Höchste Zeit also, eine etwas anstrengende, aber wundervolle Tour um ihn herum zu drehen.

Los geht´s vor der Einfahrt des Camps. Von hier rollen wir rechts zur Straße hinauf und biegen oben rechts ab. Nach dem Hügel treffen wir auf einen Kreisel, den wir den Schildern folgend nach Füssen verlassen. Die Radschilder Richtung Schwangau bringen uns über den Lechsteg und dahinter zu den Königsschlössern.

Der Name des Forggensees erinnert an den Ort, der dort war, wo heute die Wellen in der Sonne glänzen – heute wird hier der Lech aufgestaut. Neben der Energiegewinnung dient der Forggensee zur Hochwasserregulierung, die nach dem Einsetzen der Schneeschmelze für die Anrainer wichtig ist.

Die Königsschlösser sind immer gut besucht. Sinnvoll ist es, recht früh morgens hierher zu kommen, denn dann sind die Übersee-Touristen noch beim Hotelfrühstück. Deutlich über 1 Mio. Gäste pro Jahr können nicht irren – es ist einfach wunderschön hier! **Schloss Neuschwanstein** ist ausschließlich im Rahmen einer 35-minütigen Führung zu besichtigen. Dabei geht es 165 Stufen auf- und 181 Stufen abwärts. Im Mai 1868 teilte König Ludwig II. seinem Freund Richard Wagner mit, dass er beabsichtigte, die Ruine Hohenschwangau im „Stil der alten deutschen Ritterburgen" neu aufbauen zu lassen. Ludwig selbst sah den Bau leider nie in Vollendung. Die Opern Richard Wagners „treffen" wir in den Wandmalereien wieder. In den Sälen, allen voran Sängersaal und Thronsaal, herrscht verschwenderischer Luxus.

Gleich gegenüber liegt **Schloss Hohenschwangau**, dessen Besitz mehrfach wechselte, ehe die Burg ab 1547 vollendet wurde. Kurfürst Albert V. kaufte das Schloss zunächst als Jagdschloss, das dann aber als Grenzfestung benötigt wurde. Wer mag, besucht die **Marienbrücke**, um die wohl berühmteste Aussicht auf Neuschwanstein zu genießen. Aber ehrlich: Die Aussicht auf das Schloss und der tosende Wasserfall 92 m unter uns – das hat schon was…

Tipp: Besorgen Sie sich über das Internet ein Ticket für die Schlossbesichtigung. So wissen Sie genau, wann Ihre Führung startet und sparen das Anstehen an der Tageskasse.

Schloss Neuschwanstein steht auf jedem Urlaubsprogramm

Weiter geht´s von den Königsschlössern den Schildern folgend nach Schwangau und von dort via Vogelberg, Greith, Rauhenbichl, Kniebis, Roßhaupten und Osterreinen einmal um den Forggensee herum. Am Ende der Runde treffen wir wieder auf den Kreisel, den wir nach rechts verlassen, um zurück nach Hopfen bzw. zum Camp zu radeln.

Das Herzstück Schwangaus ist der **Kurgarten** mit tollen Spielmöglichkeiten, Kneipp-Tretbecken, der Königlichen Kristall-Therme und vielem mehr. Einem irischen Märtyrer ist die **Wallfahrtskirche St. Coloman** geweiht, die an der Straße nach Hohenschwangau steht. Gerne fotografiert – weil in herrlicher Einzellage im Feld – wurde sie ab 1671 durch den Wessobrunner Schmuzer erbaut, was ein Garant für schneeweiße Stuck-Kunst ist.

Auf unserer Tour passieren wir schicke kleine Dörfer, kommen an lauschigen Seen wie dem **Bannwaldsee** oder dem **Schapfensee** vorbei und genießen immer wieder schöne Ausblicke. Einen Besuch sollten wir dem **Informationszentrum der Staustufe Roßhaupten** abstatten.

Ein kleiner Abstecher führt ins Zentrum von **Roßhaupten**. Hier finden wir die 1570 erstmals erwähnte **Pfarrkirche St. Andreas** mit einer barocken Innenausstattung. Das 4 m hohe Steinkreuz gilt als Wahrzeichen des Ortes wegen seiner exponierten Lage auf einem Sandsteinfindling. Gegen Ende der Radtour kommen wir am **Ludwig-Festspielhaus** vorbei. Es ist das erste Theater, das an einem Originalschauplatz erbaut wurde. Die Bayern lieben ihren König Ludwig II. Am 25.08.1845 im Schloss Nymphenburg geboren, wurde er mit nur 18 Jahren neuer König von Bayern. Eine Gattin hatte Ludwig nie, aber eine Verlobte, es war Sophie von Bayern. Deren ältere Schwester war Kaiserin Elisabeth, „Sissy" von Österreich. Ludwig war durch seine Liebe zur Kunst und Architektur am Ende völlig überschuldet. Über seinen Geisteszustand gab es Lebzeit verschiedenste Gerüchte. Er wurde entmündigt und starb wenig später unter mysteriösen Umständen im heutigen Starnberger See.

Kartentipp:

ADFC-Regionalkarte Allgäu, 1:75.000, ISBN 978-3-87073-920-1, € 9,95 und

ADFC-Regionalkarte Bayerische Seen, 1:75.000, ISBN 978-3-87073-967-6, € 9,95

Digital für Smartphones und Tablets:
www.fahrrad-buecher-karten.de/rk-digital

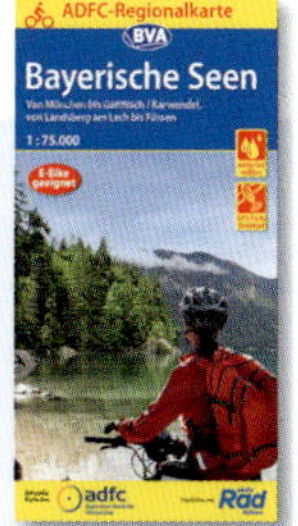

69 Alles´drin: Die Highlight-Tour von Garmisch-Partenkirchen

Einmal rund um und durch den Ort

CamperTouren Info

14 km, fast ausschließlich auf Radwegen neben der Straße bzw. auf verkehrsberuhigten Straßen. Keine größeren Steigungen, regionale Wegweisung

Start / Ziel: Camping Resort Zugspitze, www.perfect-camping.de/5-sterne-camping-resort-zugspitze-garmisch-partenkirchen-bayern/

Auswahl weiterer Camps an der Strecke: Camping Erlebnis Zugspitze, Alpencamping bzw. Wohnmobilstellplatz Wankbahn

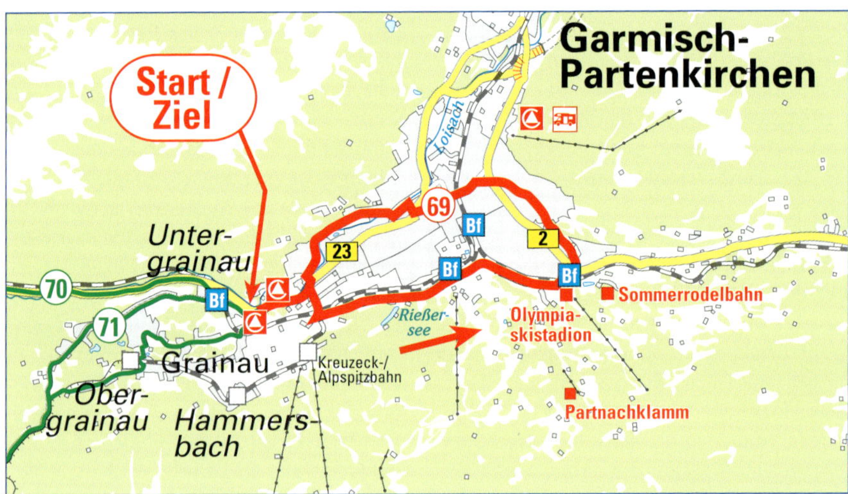

Eine echte Traumtour: Auf den ersten Kilometern radeln wir autofrei mit besten Aussichten auf Garmisch und die umliegenden Berge. Mit Skistadion, Ludwigstraße, Shoppingmeile und jede Menge Einkehrmöglichkeiten geht es einmal quer durch die Toppziele von Partenkirchen und Garmisch.

Haben Sie schon einmal etwas von „Glamping" gehört? Das ist Camping auf höchstem Niveau. Das **Camping Resort Zugspitze** kann dieses Niveau bieten, denn wer mag, bucht sich direkt neben dem Stellplatz sein privates Badezimmer. Aber auch die übrigen Sanitäranlagen entsprechen höchstem Standard. Wer friert, kann die Sauna besuchen, aber alle Camper haben einen echten Luxus: einen atemberaubenden Blick auf das Zugspitz-Massiv!

Los geht´s vom Campingplatz hinunter zur Bundesstraße, deren Radweg wir nach rechts folgen. An der ersten Ampelkreuzung biegen wir rechts ab Richtung Kreuzeck. Nach wenigen Minuten können wir hinter den Schienen links abbiegen und haben auf den nächsten Kilometern einen perfekt ausgebauten Radweg unter den Pneus. Immer parallel der Schienen erreichen wir die Skischanze. Diese verlassen wir über die Wildenauer Straße, que-

An der historischen Ludwigstraße finden wir reichlich Fotomotive

69

Garmisch-Partenkirchen ist über das ganze Jahr hinweg zurecht ein begehrter Urlaubsort

ren die Bundesstraße geradeaus und biegen dahinter schräg links ab. Die Schilder bringen uns über den Riedweg und an der Querstraße rechts zur Ludwigsstraße.

Das Skigebiet am Kreuzeck wurde 1936 anlässlich der Olympischen Spiele angelegt – der Abfahrtslauf am **Kandahar** ist bis heute legendär.

Wir genießen herrliche Blicke über die weiten Wiesen auf Garmisch und auf das Alpenpanorama. Ein kleiner Abstecher führt nach rechts hinauf zum **Rießersee**, einem idyllischen kleinen See.

Das Skistadion stammt auch von 1936 und ist jedes Jahr Schauplatz des Neujahrsspringens. Gleich nebenan können wir auf der **Sommerrodelbahn** rasant zu Tale rauschen.

Tipp: Ein Stück weiter entlang der Partnach liegt die **Partnachklamm**. Atemberaubend ist der Weg durch diese enge Schlucht, während unter uns der Fluss tost.

Die **historische Ludwigstraße** von Partenkirchen trägt ihren Namen zurecht, denn von den Häusern hier ist eines schöner als das andere – an fast jeder Fassade gibt es **Lüftl-Malereien** zu fotografieren. Die schönste Zeit hier ist früh morgens oder am Spätnachmittag, denn dann sind nicht so viele Touristen unterwegs – und es gibt immer einen Platz in den tollen Restaurants und Cafés. Wer mehr über die Region erfahren mag, besucht das Werdenfels-Museum. Und wer eher den Überblick sucht, folgt den Schildern zur **Wankbahn**. Die bringt uns hinauf auf den 1.780 m hohen Gipfel, von dem wir ein unbeschreibliches Panorama haben.

Weiter geht´s am Ende der Ludwigstraße mit links-rechts-Abbiegen in die Hindenburgstraße, die uns über die Bundesstraße und zur Loisach bringt. Hier radeln wir immer geradeaus und treffen auf die Fußgängerzone. Hier bitte weiter geradeaus schieben, denn sie ist den Fußgängern vorbehalten und zudem können wir die Einkaufs- und Einkehrmeile besser genießen. Am Ende der Fußgängerzone rechts, dann ein paar Meter über die vielbefahrene Straße bis (linkshaltend) vor die Loisachbrücke. Hier biegen wir links ab und folgen den Radschildern Richtung Grainau. Der Weg verläuft erst auf einer Anwohnerstraße, dann auf der anderen Uferseite neben der Straße. Nachdem wir wieder das Ufer gewechselt haben, an der Ampel rechts und auf dem Radweg entlang der Straße zurück zum Camp.

In der beliebten Shoppingmeile gibt es viele Geschäfte und Einkehrmöglichkeiten. Linkerhand stehen „in zweiter Reihe" historische Höfe, in denen teils Geschäfte eingezogen sind. Wer die Urlaubskasse aufbessern will, besucht die **Spielbank**. Direkt dahinter erstreckt sich der bestens gepflegte **Kurpark**, in dem auch gerne Boule gespielt wird. Am Ende der Fußgängerzone liegt rechts ein wunderschönes altes Bauernhaus mit Garten.

Kartentipp:
ADFC-Regionalkarte Bayerische Seen, 1:75.000,
ISBN 978-3-87073-967-6, € 9,95
Digital für Smartphones und Tablets: www.fahrrad-buecher-karten.de/rk-digital

70 Wunderschönes Loisachtal

Von **Garmisch-Partenkirchen** nach Ehrwald und zurück

CamperTouren Info

18 km, überwiegend auf separaten Radwegen sowie Radwegen neben der Straße. Zu Beginn zum Bahnhof und in Ehrwald jeweils eine kleine Steigung, sonst stets bergab, regionale Wegweisung

Start / Ziel: Camping Resort Zugspitze, www.perfect-camping.de/5-sterne-camping-resort-zugspitze-garmisch-partenkirchen-bayern

Auswahl weiterer Camps an der Strecke: Camping Erlebnis Zugspitze, Camping Dr. Lauth in Ehrwald, Camping Zugspitz Resort in Obermoos

Diese Tour ist eine echte Genießer-Tour: Wir lassen uns zunächst bequem mit der Bahn ins österreichische Ehrwald bringen. Dann geht es (fast) ständig bergab – und das auf einem gut ausgebauten Radweg, der zunächst auf Schotter, dann auf Asphalt durch das wunderschöne Tal der Loisach verläuft.

Die **Loisach** hat ihren Ursprung beim Fernpaß in Tirol und legt bis zu ihrer Mündung in die Isar 113 km zurück. Ihre vielleicht spektakulärste Etappe dürfen wir begleiten, denn das **Tal** ist teils eng, so dass wir uns den engen Einschnitt nicht nur mit dem gurgelnden Wasserlauf, sondern auch mit der Bahn und der Straße teilen müssen.

Los geht´s vom Campingplatz hinunter bis vor die Bundesstraße, dann nach links ein Stück bergauf auf der Schmölzstraße und rechts über „An der Wies" zum Bahnhof Untergrainau. Von hier bringt uns die Bahn in rund einer Dreiviertelstunde nach Ehrwald. Den Bahnhof verlassen wir über Zugspitz- und rechts Garmischer Straße. Das Passieren der Bundesstraße erfordert Aufmerksamkeit, ehe wir direkt schräg links auf den separaten Radweg einbiegen können. Es geht ein paar Meter bergauf, dann in teils rasanter Fahrt geht es mal links, mal rechts der Loisach bzw. Straße hinunter nach Schanz. Dabei sollten wir die Räder nicht allzu schnell rollen lassen, denn der Kies-Untergrund kann rutschig sein. Zudem müssen wir ab und an eine enge Passage meistern, auf der es Gegenverkehr geben kann.

Ehrwald liegt auf 1.000 m Höhe in der selbst so genannten „Urlaubsregion Tiroler Zugspitzarena". Womit klar wäre: Die **Zugspitze** ist hier mindestens so präsent, wie auf der deutschen Seite. Ein dichtes Netz an Rad- und Wanderwegen durchzieht die Region, wobei eher Mountainbiker auf ihre Kosten kommen. Stets dabei im Blick: Das Wettersteingebirge mit der 2.962 m hohen Zugspitze.

Das sogenannte **Ehrwalder Becken** wurde unter Schutz gestellt, um diese einzigartige Natur zu erhalten.

Tourismus wird das ganze Jahr über großgeschrieben in der 2.500-Seelen-Gemeinde. Beste Einkehr- und Übernachtungsmöglichkeiten gibt es hier reichlich – und auch Proviant für die Radtour können wir hier bunkern.

Die **Pfarrkirche Mariä Heimsuchung** markiert die Ortsmitte. Um sie herum gruppieren sich typisch-österreichische Häuser, viele mit Zimmervermietung. Ausgefallen sieht der hohe **Brunnen** an der Touri-Info aus, während sich die Martinskapelle allein auf der grünen Wiese präsentiert.

Tipp: Ein Ausflug mit der **Tiroler Zugspitzbahn** ist zwar kein Schnäppchen, aber ungemein lohnenswert, denn oben können wir nicht nur den berühmten **4-Länder-Panoramablick** genießen. Auch das Erlebnismuseum „Faszination Zugspitze", der **Technik-Schauraum** in der Talstation und die **Schneekristall-Welt** lassen die Zeit im Nu verfliegen.

Am Fuß der Zugspitze: Ehrwald

Weiter geht´s von Schanz auf unserer entspannten Tour bergab, wobei wir sowohl die Loisach als auch die Bundesstraße bzw. die Bahn stets neben uns haben. Einmal müssen wir vorsichtig durch ein mit Steinen befestigtes Bachbett rollen. Die Grenze von Österreich nach Deutschland nehmen wir kaum wahr. Hier haben wir schon rund die Hälfte der Strecke geschafft. Griesen ist der erste kleine Ort auf der Seite Oberbayerns. Unser Radweg geleitet uns ohne größere Steigungen durch Untergrainau zurück zu unserem Camp.

Ehrwald-Schanz markiert die Stelle, an der sich ehemals die österreichische **Grenzstation** befand. Heute ist die Tankstelle das begehrte Hauptziel vieler Autofahrer.

Der kleine Ort Griesen gehört zum Stadtgebiet von Garmisch-Partenkirchen. Von hier starten Wanderer und Kletterer in die Ammergauer Alpen, zum Plansee oder nach Ettal.

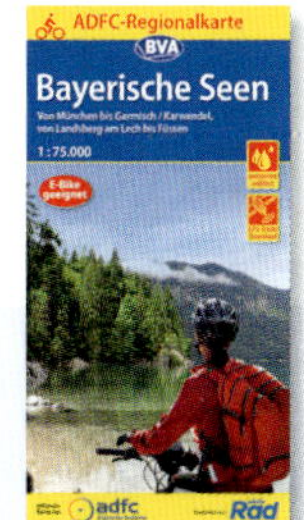

Kartentipp:
ADFC-Regionalkarte Bayerische Seen, 1:75.000,
ISBN 978-3-87073-967-6, € 9,95
Digital für Smartphones und Tablets: www.fahrrad-buecher-karten.de/rk-digital

71 Traumsee zu Füßen der Zugspitze

Von **Garmisch-Partenkirchen** zum Eibsee und zurück

CamperTouren Info

20 km, überwiegend auf separaten Radwegen sowie Radwegen neben der Straße. Im ersten Drittel eine erhebliche Steigung mit rund 250 Höhenmeter, regionale Wegweisung

Start / Ziel: Camping Resort Zugspitze, www.perfect-camping.de/5-sterne-camping-resort-zugspitze-garmisch-partenkirchen-bayern/

Auswahl weiterer Camps an der Strecke: Camping Erlebnis Zugspitze

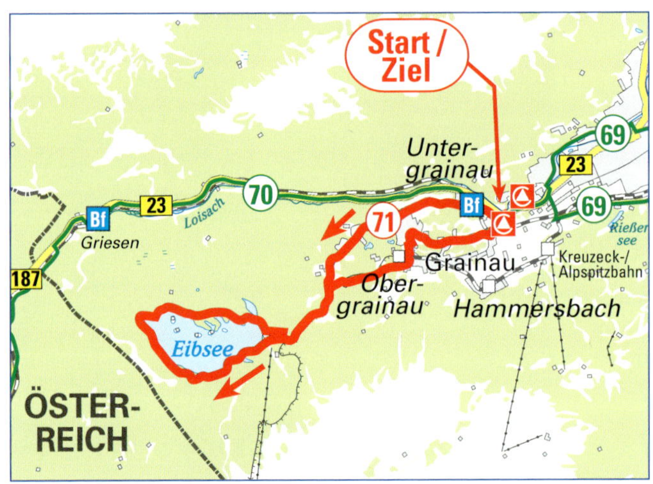

Glasklar ist er, der rund 12.000 qm kleine **Eibsee**, so dass wir am Ufer immer bis zum Grund sehen können. In der Mitte ist das eher nicht möglich, denn an der tiefsten Stelle misst der Eibsee fast 36 m! Gleich 8 **Inseln** gibt es im See und alle haben einen eigenen Namen bekommen.

Natürlich ist dieser Gebirgssee auch im Sommer eiskalt – umso erfrischender ist ein **Bad**, das wir an mehreren Stellen unserer Umrundung nehmen können.

Der Anblick ist einfach unglaublich: Hoch über uns ragt die Zugspitze empor, während wir ins glasklare Wasser des Eibsees blicken. Mit jedem Meter, den wir von der Talstation der Zugspitzbahn wegradeln, wird es um uns herum leerer und ruhiger.

Los geht´s wieder vom Campingplatz hinunter bis vor die Bundesstraße, dann nach links auf der Schmölzstraße und rechts über „An der Wies" ein Stückchen bergauf zum Bahnhof Untergrainau. Ab hier folgen wir der Loisachstraße, die bis in die Ortsmitte von Untergrainau kaum ansteigt. Ab Ortsende wird es dann spannend – bis zur Talstation der Zugspitzbahn legen wir rund 250 m bergauf zurück. Dahinter liegt der Eibsee, der für die Mühen entschädigt.

Die **Zugspitze** ist der höchste Berg Deutschlands – klar, dass viele Touristen einmal hierher kommen möchten. Schon im Jahre 1870 zog es die ersten Erholungssuchenden hierher. Daher ist schon der Weg dorthin nicht wirklich leer. Er führt uns durch Untergrainau, das mit Obergrainau zu Füßen des **Wettersteingebirges** liegt und freilich als „**Zugspitzort**" Werbung macht. Viele Touristen fahren einfach durch bzw. vorbei. Eine echte Sünde, denn es gibt hier tolle Unterkünfte und Einkehrmöglichkeiten – und das bei besten Aussichten!

Tipp: Es gibt auch einen **Bus** hinauf zum Eibsee. Ob hier Fahrräder mitgenommen werden dürfen, hängt freilich von der Fahrgastbelegung ab. Fragen lohnt sich! Wer die Räder stehen lassen möchte, steigt

Im glasklaren Wasser des Eibsees spiegelt sich das Zugspitzmassiv

in Garmisch oder in Hammersbach in die Zugspitzbahn.

Die **Zugspitzbahn** ist eine von noch vier aktiven Zahnradbahnen in Deutschland. Daher steht sie auch inzwischen unter Schutz. So gelangen wir aufs Zugspitzplatt und von dort mit der Gletscherbahn auf 2.962 m. So hoch ist Deutschlands höchster Gipfel. Von hier können wir bei klarem Wetter 400 weitere Gipfel erblicken – einfach grandios.

Vom Eibsee aus können wir uns auch mit der **Seilbahn** nach oben gondeln lassen – auch hier sind tolle Ausblicke und Nervenkitzel garantiert. Oben können wir uns die Szenerie noch mit Gaumenfreuden unterstreichen lassen. Bitte dicke Kleidung nicht vergessen – es ist immer kalt hier oben!

Weiter geht´s im Uhrzeigersinn um den Eibsee herum. Leider geht es bei der Umrundung noch einmal kräftig bergauf – das hält aber zugleich viele Ausflügler fern, so dass der weitere Rundweg deutlich ruhiger verläuft. Von der Talstation aus können wir denselben Weg wieder retour nehmen, den wir herkamen. Schöner ist es, den Bahnschienen zu folgen, denn so kommen wir durch Obergrainau. In der Ortsmitte halten wir uns besser links Richtung Untergrainau, weil die Straßen dann etwas leerer sind. Vorsicht bitte bei der Abfahrt – es geht schon ziemlich bergab hier!

Auf dem Rückweg machen wir einen Schlenker durch Obergrainau. Hier finden wir noch einige schöne alte **Bauernhäuser** und sogar einen lauschigen **Kurpark**, in dem wir uns vor der weiteren Abfahrt erholen können.

Kartentipp:

ADFC-Regionalkarte Bayerische Seen, 1:75.000,
ISBN 978-3-87073-967-6, € 9,95
Digital für Smartphones und Tablets: www.fahrrad-buecher-karten.de/rk-digital

72 Radelgenuss auf höchster Ebene

Rund um den **Isarstausee** und Krün

CamperTouren Info

17 km, meist auf separaten Radwegen oder auf Radwegen neben Straßen, einige kleine, aber nicht allzu anstrengende Steigungen, regionale Wegweisung

Start und Ziel: Alpen-Caravanpark Tennsee bei Krün, www.camping-tennsee.de

Weitere Camps entlang der Strecke: Wohnmobilstellplatz Krün

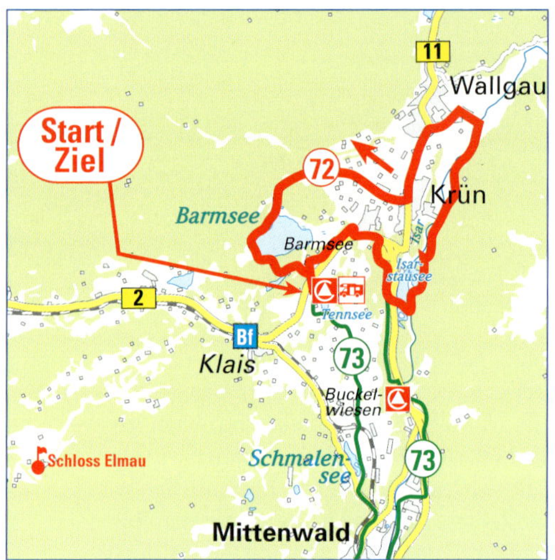

Wir radeln auf einer kleinen, aber dennoch etwas anstrengenden Runde zu Füßen des Karwendel-Gebirges. Über weite Strecken können wir uns auf die herrliche Landschaft konzentrieren, denn es geht meist autofrei entlang der Isar.

First-Class-Camping, so könnte man unseren Aufenthalt auf dem **Alpen-Caravanpark Tennsee** nennen. Sogar Erfahrene geraten bei den feinen Marmor-Sanitäranlagen ins Schwärmen und kehren gerne ein im platzeigenen Restaurant mit Biergarten. Seit Jahrzehnten ist das Camp ein Familienbetrieb, was man an der individuellen Betreuung merkt. Wer rechtzeitig reserviert, bekommt einen tollen Stellplatz mit bester Aussicht vom Vorzelt über das Camp auf die Alpenkette.

Los geht´s vor der Einfahrt des Camps. Von hier radeln wir zurück zur Bundesstraße. Nachdem wir diese gequert haben, halten wir uns (genau!) an die Radwegeschildern Richtung Mittenwald und passieren die kleine Ortschaft. Diese lotsen uns auf guter Trasse mal rechts, links neben der Straße entlang, ehe wir in ein kleines Gewerbegebiet namens „Zum Stausee" kommen. Ab hier umrunden wir den Isar-Stausee gegen den Uhrzeigersinn. In leichtem Auf und Ab tangieren wir Krün und müssen aufpassen, dass wir auf Höhe des Orts Wallgau die Brücke nicht verpassen. Hier queren wir wieder die Isar und radeln in die Ortsmitte von Wallgau.

Nach wenigen Pedaltritten am Ufer des klaren **Isar-Stausees** wird es deutlich ruhiger – wir tauchen ein in idyllische Natur mit besten Aussichten auf einem Weg, den wir uns nur mit den Wanderern teilen müssen.

Wir sind zu Füßen des **Karwendel-Gebirges** unterwegs, das sommers wie winters viele Touristen anzieht. Wer nicht wie wir die schönen Radwege genießt, geht wandern. Das Netz der Rad- und Wanderwege ist nahezu unerschöpflich und führt je nach Geschmack in schwindelerregende Höhen.

Wenn wir an der Brücke nicht links nach Wallgau abbiegen, sondern auf der rechten Isarseite bleiben, rollen wir zunächst durch unberührte Natur, in der sich Kühe, Pferde und andere Tiere frei bewegen dürfen. Wer weit genug radelt, kann sich nach einem kleinen Anstieg in der **Auhütte** stärken, bevor es wieder zurück nach Wallgau geht,

Die kurze Tour ist wie geschaffen für eine Einkehr in Wallgau

Rund um den Dorfplatz von Wallgau finden wir schöne alte **Bauernhäuser**, von denen viele mit Lüftlmalereien verziert wurden. Strahlend weiß und natürlich mit Zwiebeltürmchen ragt die Kirche **St. Jakob** aus dem Dächermeer empor. Überall im Ort finden wir schöne Cafés und Biergärten, wo wir einkehren und den Kalorienhaushalt wieder auffüllen können.

Tipp: Wer **abkürzen** mag und auf die etwas hügelige Runde um den Barmsee verzichten mag, folgt ab Krün direkt den Schildern (Garmisch) zurück zum Camp.

Weiter geht´s von Wallgau. Ab hier folgen wir ein Stück dem Straßenverlauf nach Krün und biegen dort rechts in die Wettersteinstraße ab. Diese führt als „Am Bärenbichl" unterhalb des Barmsees vorbei und trifft später auf die B2, unter der wir hindurch zurück zum Camp radeln.

Auch das **Rathaus** von Krün wurde mit Lüftlmalereien verschönert. Es bildet den Mittelpunkt des beliebten Urlaubsortes. Die Kirche St. Sebastian hütet eine wertvolle **Kreuzreliquie**.

Der **Barmsee** ist rund 55 ha groß und lädt uns mit einer Badestelle zur Abkühlung ein. Das Besondere am Barmsee ist seine enorme Tiefe – mehr als 30 m sind es teilweise bis zum Grund.

Nachdem wir den Barmsee wieder verlassen und die kleine Steigung gemeistert haben, gelangen wir zum **höchsten Punkt** unserer Tour – 920 m hoch sind wir hier.

Kartentipp:

ADFC-Regionalkarte Bayerische Seen, 1:75.000, ISBN 978-3-87073-967-6, € 9,95

Digital für Smartphones und Tablets: www.fahrrad-buecher-karten.de/rk-digital

73 Karwendelblick

Vom **Tennsee** nach Mittenwald

CamperTouren Info

24 km, meist auf separaten Radwegen oder auf Radwegen neben Straßen, einige kleine, aber nicht allzu anstrengende Steigungen, regionale Wegweisung sowie als Isar-Radweg

Start und Ziel: Alpen-Caravanpark Tennsee bei Krün, www.camping-tennsee.de

Auswahl weiterer Camps an der Strecke: Natur-Campingplatz Isarhorn, Wohnmobilstellplatz Karwendel in Mittenwald

Einmalig: Wir starten unsere Rundtour mitten im Campingplatz, denn hier verläuft der Wanderweg, dem wir auf den ersten Kilometern folgen. Später führt er durch die „Buckelwiesen", was verrät, dass die Tour doch etwas anstrengend ist. Aber Kinder und wenig trainierte Radler werden nicht vor größere Hindernisse gestellt. Als Ziel wartet Mittenwald mit wunderbaren Lüftlmalereien.

Der Name „**Tennsee**" ist etwas irreführend, denn zunächst vermuten wir einen Badesee zu Füßen unseres Camps. Der Tennsee fällt aber recht früh im Jahr trocken, so dass wir zum Baden die benachbarten Seen wie den Barmsee nutzen können.

Ein spannender Weg führt vom Tennsee aus über Klais zum **Schloss Elmau**. In dieser prachtvollen Anlage residierten einst die mächtigsten Staatslenker der Erde beim G7-Gipfel.

Los geht´s mitten im Campingplatz, wo wir auf dem Wanderweg starten, der mitten durchs Camp verläuft. Nachdem wir den Tennsee halb umrundet und die letzten Wohnwagen hinter uns gelassen haben, biegen wir links ab. Es geht mächtig den Berg hinauf, doch die 70 Höhenmeter sind rasch geschafft. Die Schilder fordern uns auf, während der Steigung einmal rechts abzubiegen. Dann geht es mit welligem Verlauf durch die Buckelwiesen. Hinter dem Schmalensee geht es nochmals etwas bergauf, bis wir den Schildern folgend das Zentrum von Mittenwald erreichen.

Der Start in die Tour ist etwas beschwerlich, dafür entschädigen herrliche Aussichten und danach die Tour durch die **Buckelwiesen**. Unterwegs gibt es auch die Möglichkeit, einzukehren oder sich ein kaltes Eis zu gönnen. Die Buckelwiesen werden landwirtschaftlich genutzt, stehen aber unter Naturschutz, da sie kostbare Relikte aus der Eiszeit sind.

Der **Schmalensee** ist wirklich recht schmal – und mit 2,5 m auch gar nicht tief. Da er in Privatbesitz ist und der Fischzucht dient, dürfen wir nicht hineinspringen.

Im Schloss Elmau können wir logieren wie Staatsgäste

Tipp: Wer hinter dem Schmalensee nicht die Straße nutzen mag, fährt zunächst links neben der Straße auf dem **Wanderweg**, kreuzt oben die Straße und nimmt dann weiter den Wanderweg durch den Wald. Doch Achtung: Es gibt zwar einen herrlichen Picknickplatz mit Aussicht auf Mittenwald, aber der Weg hinab ins Tal ist steil, eng und mit Geröll bedeckt!

Mittenwald ist wie geschaffen als Ziel einer Radtour, denn beim Durchstreifen des historischen Ortskerns laufen uns die Augen über beim Anblick der phantastischen **Lüftlmalereien**. Oft müssen wir zweimal hinsehen, weil die Illusion auf der Hauswand so perfekt ist. Ein idealer Ort also, um in eines der vielen Cafés oder Gasthäuser einzukehren und es sich gut gehen zu lassen. Wer dann wieder Kraft hat für Kultur, schaut sich die **Kirche St. Peter und Paul** an, deren Innenraum reich ausgestattet ist. Das große **Denkmal** erinnert uns daran, dass Mittenwald einst die „Welthauptstadt des **Geigenbaus**" war. Näheres dazu erfahren wir im **Museum**. Wer einmal so richtig den Überblick haben mag, fährt mit der **Karwendelbahn** auf den Berg und genießt die frische Bergluft bei erstklassiger Fernsicht.

Weiter geht´s von Mittenwald den Schildern des Isar-Radwegs folgend aus dem Ort heraus. Vom Bahnhof aus geht's zur Isar und dann auf den weiteren Kilometern an deren Ufer entlang. Später gesellt sich der Radweg zur Bundesstraße und die Schilder machen es möglich, dass wir fast ohne Autoverkehr wieder zurück zum Camp radeln können.

Direkt neben unserem „Heimweg" wird die **Isar** aufgestaut. Wer seine qualmenden Radlerfüße im eiskalten, aber glasklaren Wasser abkühlen mag, hat hier die beste Gelegenheit dazu.

Kartentipp:
ADFC-Regionalkarte Bayerische Seen, 1:75.000,
ISBN 978-3-87073-967-6, € 9,95
Digital für Smartphones und Tablets: www.fahrrad-buecher-karten.de/rk-digital

74 Unterwegs an den wärmsten Seen Bayerns

Von **Waging am See** nachTaching und um die Seen

CamperTouren Info

29 km, überwiegend auf separaten Radwegen, Radwegen neben der Straße sowie auf Nebenstraßen. Hügeliger Verlauf mit einigen kurzen, aber nicht allzu anstrengenden Steigungen. Regionale Wegweisung

Start / Ziel: Strandcamping Waging am See, www.strandcamp.de

Auswahl weiterer Camps an der Strecke: Campingplatz der Gemeinde Taching, Seecamping Taching am See, Camping und Strandbad Tettenhausen, Ferienparadies Gut Horn, Camping Ferienpark Hainz am See, Campingplatz Schwanenplatz, Wohnmobilstellplatz am Bauernhof Kaindl

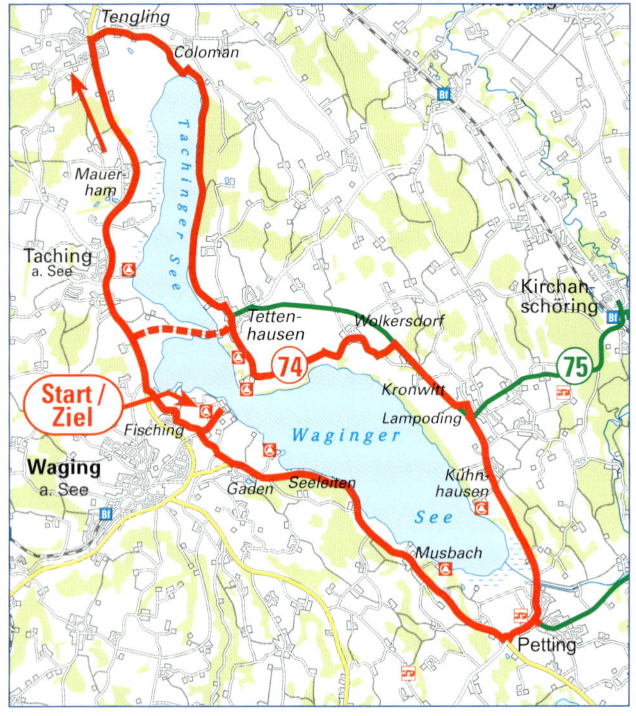

Eine weiß-blaue Traumtour erwartet uns, wenn wir einmal rund um den Tachinger und den Waginger See radeln. Das Badevergnügen kommt dabei auch nicht zu kurz, denn die beiden Seen konnten den inoffiziellen Wettbewerb „wärmster See in Bayern" schon oft für sich entscheiden.

Los geht´s an der Ausfahrt des Camps, von der wir nach rechts unsere Runde im Uhrzeigersinn um die beiden Seen starten. So radeln wir durch Fisching, Taching, Mauerham und Tengling nach Tettenhausen.

Bevor wir in die Tour starten, oder nachdem wir sie beendet haben, sollten wir dem Ort Waging einen Besuch abstatten:

Um 500 reiste Wago mit anderen Germanen in diese Region und wurde zum Mitbegründer des Stammes der Bajuwaren. Um diese Historie lebendig zu halten, richtete man im Gebäude des Verkehrsamtes ein **Bajuwarenmuseum** ein.

Waging selbst empfängt uns mit einem schmucken Ortskern, dessen Häuser meist aus dem 18. und 19. Jh. stammen und nach zwei großen Feuersbrünsten entstanden.

Sowohl der **Tachinger**, als auch der **Waginger See** sind einfach toll: Egal ob baden, surfen, segeln, minigolfen oder kuren im Strandkurhaus: All´ dies ist möglich im Frei-

Der Tachinger See schließt sich direkt an den Waginger See an

zeitzentrum. Beide Seen sind zusammen rund 9 km lang, aber nur maximal 1,7 km breit. Dass die Seen sich im Sommer so schnell erwärmen, ist schon verblüffend bei einer Tiefe von bis zu 27 m.

Taching empfängt uns mit einem sehenswerten Ortskern und der **Pfarrkirche St. Petrus** aus dem 15. Jh. Der Tachinger See ist nicht etwa ein Teil des Waginger Sees, sondern immer schon ein eigenes Gewässer gewesen. Dies wird auch daran deutlich, dass er im Winter meist deutlich früher zufriert als sein Nachbar. Dies liegt an der geringeren Strömung und der niedrigeren Durchschnittstemperatur.

Beim **Strandbad** Tettenhausen gibt es eine schöne Einkehrmöglichkeit. Der Ort selbst fällt mit einigen Baudenkmälern auf wie der Pfarrkirche St. Laurentius, dem **Einfirsthof** oder dem Gasthaus zur Post.

Tipp: Wer sich lieber auf die Bade- oder Einkehrmöglichkeiten konzentrieren und die Tour verkürzen möchte, biegt in Tettenhausen einfach rechts ab und fährt direkt wieder retour nach Waging bzw. zum Camp.

Weiter geht´s von Tettenhausen via Wolkersdorf, Lampoding, Kühnhausen, Petting, Musbach, Buchwinkel und Gaden zurück zu unserem Camp.

Der Ort Petting entstand an einer Stelle, die nach der Eiszeit angeschwemmt wurde. Daher geht man davon aus, dass es einst auf einer Insel lag. Zur Gemeinde Petting zählen heute **71 Ortsteile**. Wie weit die Geschichte zurück reicht, ist ungewiss. Belegt ist ein Ort namens „Pettinga" seit 1048. Wie auch die Nachbarorte so gehörte auch Petting lange Zeit zum Erzstift Salzburg. An der Hauptstraße finden wir einige **sehenswerte Gebäude**. Die Häuser Nr. 36, 45 und 48 stehen unter Schutz. Ebenso die **Pfarrkirche St. Johann der Täufer** aus dem 16. Jh.

Kartentipp:

ADFC-Regionalkarte Chiemgau, 1:75.000,
ISBN 978-3-96990-023-9, € 9,95

Digital für Smartphones und Tablets: www.fahrrad-buecher-karten.de/rk-digital

75 Die Salzach - nur noch ein imaginärer Grenzfluss

Von **Waging am See** nach Laufen und zurück

CamperTouren Info

41 km, überwiegend auf separaten Radwegen, Radwegen neben der Straße sowie auf Nebenstraßen. Hügeliger Verlauf mit einigen kurzen, teils etwas anstrengenden Steigungen. Regionale Wegweisung

Start / Ziel: Strandcamping Waging am See, www.strandcamp.de

Auswahl weiterer Camps an der Strecke: Camping Ferienpark Hainz am See, Campingplatz Schwanenplatz, Wohnmobilstellplatz am Bauernhof Kaindl, Wohnmobilstellplatz Petting, Wohnmobilstellplatz Laufen, Wohnmobilstellplatz Kleinanschöring

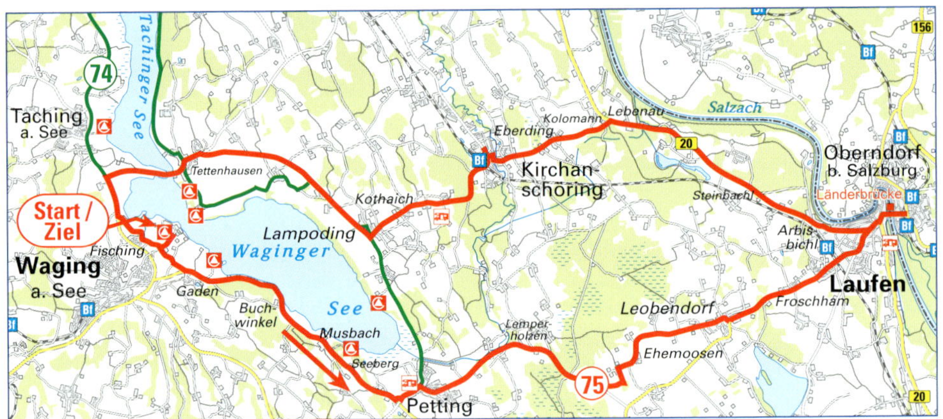

Auf dieser Tour machen wir uns auf zur österreichischen Grenze. Die wird offiziell durch die Salzach markiert. Der EU sei Dank – wir können unserem Nachbarland ohne größere Kontrollen einen kurzen Besuch abstatten.

Strandcamping Waging am See gehört seit vielen Jahren zu den Leading Campings in Europa. Wer einmal Urlaub auf dieser toll ausgestatteten 5-Sterne-Anlage erleben durfte, weiß warum: Für wirklich alle Altersklassen wird hier etwas geboten: Von Kinderprogramm, Spielplätzen und Badepark angefangen, reicht das Angebot über Fußballcamp, Fußballgolf, Morgengymnastik und Wassersportkursen bis hin zu Wellness. Dazu bestens gepflegte Sanitäranlagen und Stellplätze – Camperherz, so geht´s Dir gut!

Los geht´s an der Ausfahrt des Camps, von der wir nach links abbiegen und den Schildern via Gaden, Buchwinkel, Musbach, Seeberg, Petting, Ehemoosen, Leobendorf und Froschham nach Laufen folgen.

Wir kommen durch den schönen Ort Petting, dessen bedeutendste Sehenswürdigkeit etwas außerhalb mitten im **Naturschutzgebiet Weidsee** liegt: **Schloss Seehaus** ging aus einer mittelalterlichen Burg hervor, die Ende des 15. Jhs. zum Schloss umgestaltet wurde. Das Haus ist in Privatbesitz, daher bleibt uns der Zutritt verwehrt, gleichwohl bietet es mit der Umgebung ein herrliches Fotomotiv.

Schon die Römer siedelten im Bereich der Salzach, wo sich heute die hübsche Kleinstadt Laufen in einer Anhöhe befin-

Unsere Radtour führt uns bis nach Österreich

det. Der Fluss umschlingt die Stadt, die sich der **Brauchtumspflege** verschrieben hat. Das beginnt mit „echten" Bäckern, wo die Semmeln besonders gut schmecken und zeigt sich in verschiedenen Veranstaltungen wie **Open-Air-Events** auf dem Rupertusplatz. Die Kulisse dazu bildet eine farbenfrohe Altstadt mit vielen historischen Häusern. Zu denen zählen das **Alte Rathaus**, das **Salzburger Tor** oder die Fassaden rund um den **Marienplatz** mit gleichnamiger Säule und Brunnen. Herrlich war schon die Anfahrt dorthin, stets das **Alpenpanorama** vor Augen – und herrlich ist es, in einem der Biergärten oder Cafés einzukehren und Kraft für die Rückfahrt zu tanken.

Tipp: Zum Pflichtprogramm gehört es, über die **Länderbrücke** zu rollen, die schon für sich ein Schmuckstück ist: Auf steinernen Pfeilern stützt sich eine Stahlkonstruktion im Jugendstil ab. Die Brücke führt uns über die Salzach ins österreichische Oberndorf, das mit Sicherheit jeder kennt… naja, zumindest kennt jeder den berühmtesten Export des Ortes: In der ehemaligen Kirche St. Nikola wurde am 24.12.1818 zum ersten Mal das Weihnachtslied „Stille Nacht, heilige Nacht" aufgeführt. Heute steht hier die **Stille-Nacht-Kapelle** und zieht Besucher aus aller Welt an. Im Nordwesten der Stadt finden wir die zweitürmige **Wallfahrtskirche Maria Bühel** würdevoll oberhalb der Salzach. Im Innern wurde sie mit wertvollen Votivtafeln, Statuen und Gemälden ausgestattet.

Weiter geht´s von Laufen über Biburg, Pfüffing, Kirchanschöring, Kaothiach und Lampolding nach Teenhausen. Nun ist es nur noch ein Stückchen am See vorbei zurück zu unserem Camp bei Waging im See.

Auf der Rückfahrt zum Waginger See kommen wir durch mehrere kleinere und größere Ortschaften, in denen wir eine kleine Rast und ein Fotoshooting einlegen sollten, wie z.B. bei Lebenau mit der **Kapelle St. Koloman** oder in Kirchstein mit der spätgotisch katholischen **Kirche St. Ägidius**. Die sieht mit ihrem Zwiebelturm genau so aus, wie wir uns eine bayerische Kirche vorstellen.

Kartentipp:

ADFC-Regionalkarte Chiemgau, 1:75.000,
ISBN 978-3-96990-023-9, € 9,95

Digital für Smartphones und Tablets: www.fahrrad-buecher-karten.de/rk-digital

76 Lego, Donau und historische Fassaden

Von **Günzburg** über Lauingen

CamperTouren Info

ca. 63 km ohne Abstecher, gute, regionale Radweg-Beschilderung, teils Beschilderung als Donau Radweg. Mehrere, teils auch anstrengende Steigungen. Durch eine alternative Strecke können die Steigungen vermieden werden. Die Route führt meist über separate Radwege, einige Passagen auf losem Untergrund.

Start / Ziel: LEGOLAND Campingplatz bei Günzburg, www.legolandholidays.de

Auswahl weiterer Camps entlang der Strecke: Camping Gutshof Donauried, Campingplatz Stubenweiher, Campingfreunde Silbersee, sowie Wohnmobilstellplätze in Günzburg und Lauingen

Es erwartet uns eine zweigeteilte Radrunde: Im ersten Teil gleiten wir entspannt auf fast ebener Strecke über den Donau Radweg. Danach wird es deutlich hügeliger, wenn wir das Donautal verlassen und uns den kleinen, aber nicht minder interessanten Orten im Umland zuwenden.

Günzburg gehört zum großen Reigen der historischen Städte entlang der Donau. Die Stadtgeschichte begann um 77 n. Chr., als die Römer zum Schutz des Donauübergangs das Kastell Guntia errichteten. Später kam Günzburg zu den Habsburgern, die es über 500 Jahre lang behielten. Sie brachten auch Schwung in die Geschichte, errichteten eine neue **Oberstadt**, die 1307 mit Stadtrechten ausgestattet wurde. Zur Zeit der Habsburger wurde auch das prachtvolle **Renaissanceschloss** gebaut, das noch heute gemeinsam mit der Hofkirche und dem Rathaus ein sehenswertes Ensemble bildet. Das **Rathaus** war bei der Errichtung 1764 die Münzstätte für Vorderösterreich. Daher wurde hier auch der Maria- Theresien-Taler mit dem Günzburger Münzzeichen „SF" geprägt. Sehr sehenswert ist auch der weitläufige **Marktplatz**, wo wir zahlreiche historische Gebäude entdecken. Die Mitte des Marktplatzes ziert der Marktbrunnen, um den herum auch heute noch der Wochenmarkt abgehalten wird. Zur Altstadt gehört auch die Stadtbefestigung, wobei **Stadttor** der auffälligste Rest ist.

Im Stadtkern von Gundelfingen fällt vor allem das **Rathaus** von 1677 ins Auge, das in seinem Ratssaal ein überwältigendes Gemälde beherbergt. Das zweite markante Bauwerk ist die **Pfarrkirche St. Martin** aus dem 14. Jh., die an der Stelle einer alten Holzkirche erbaut wurde. Auch das Schloss Schlachtegg aus dem 16. Jahrhundert müssen wir gesehen haben.

Los geht's an der Ausfahrt unseres Campingplatzes, die wir nach rechts und gleich wieder rechts um das Campinggelände herum verlassen. Am nächsten Kreisverkehr rechts und im nächsten kleinen Kreisverkehr wieder rechts. Etwas kurvig kommen wir zur Autobahn, die wir überqueren, um über die Untere Dorfstraße nach Deffingen hineinzufahren. Mit rechts-links abbiegen kommen wir zur Nordstraße, die wir nach einigen Minuten rechts zum Feld hinaus verlassen. Am Bahnhof Wasserburg rechts abbiegen und in die City von Günzburg hinein. Die Innenstadt verlassen wir über die Heidenheimer Straße hinunter zur Donau, die wir überqueren, um an der nächsten Gelegenheit dahinter beim Schwimmbad rechts abzubiegen. Wir sind nun auf dem Donauradweg der an Baggerseen vorbei führt. Offingen lassen wir „rechts liegen" und gelangen via Gundelfingen nach Lauingen.

Nicht nur im Legoland, sondern auch in Günzburg gibt's ein Schloss

Tipp: In Faimingen lockt ein Abstecher zur **römischen Tempelanlage** „Apollo Granos", die seinerzeit durch ein römisches Dorf ergänzt wurde. Durch die aufgestellten Infotafeln leben die Römer hier förmlich wieder auf. Es handelt sich um einen der größten römischen Tempel nördlich der Alpen.

Die Gegend um Lauingen ist seit der Eiszeit ununterbrochen besiedelt. Im 2. Weltkrieg gab es große Zerstörungen, doch das **historische Stadtbild** wurde par excellence wiederaufgebaut: Im Zentrum gibt es kaum einen modernen Bau, dafür aber ein wahres Meer von alten **Giebeldächern**. Nicht zu übersehen ist das Wahrzeichen der Stadt, der schlanke **Schimmelturm**, der 1571 auf 55 Meter aufgestockt wurde. Er erhebt sich auf dem rechteckigen Marktplatz, wo auch das Albert-Magnus-Denkmal steht und an den großen Gelehrten des Mittelalters erinnert. Auf der anderen Seite des Marktplatzes ragt das mächtige **Rathaus** empor. Interessant ist, dass die Bürger von Lauingen selbst einen erheblichen Anteil der Baukosten trugen. Ansehen müssen wir und auch das **St.-Martins- Münster** mit seinem prachtvollen Altar und das etwas abseits des Zentrums gelegene herzoglich-bayerische Schloss. Wer über die Vergangenheit Lauingen erfahren mag, besucht das **Heimathaus** mit der größten städtischen Sammlung von ganz Bayern.

Weiter geht´s von Lauingen, das wir über die Donaubrücke entlang der Aislinger Straße verlassen. Es geht nun öfters einmal bergauf via Aislingen, Dürrlauingen, Mindelaltheim, Burgau und Großanhausen. Nachdem wir die A8 wieder gequert haben, folgen wir kurz dem Kammel-Radweg, bevor wir in Hammerstätten rechts und später vor Ebersbach nochmals rechts abbiegen. Durch die Felder kommen wir zurück zu unserem Campingplatz am Legoland, wo unsere Tour endet.

Mindelaltheim liegt mit seiner **Wallfahrtskirche Heilig Kreuz** am Ufer des Flusses Mindel. Später radeln wir ein Stück auf dem **Kammel-Radweg**, der dem gleichnamigen Fluss durch den sogenannten Schwäbischen Barockwinkel folgt.

Kartentipp:

ADFC-Regionalkarte Ulm und Umgebung,
1:75.000, ISBN 978-3-96990-074-1, € 9,95
Digital für Smartphones und Tablets: www.fahrrad-buecher-karten.de/rk-digital

77 Der höchste Kirchturm der Welt

Von **Günzburg** nach Ulm

CamperTouren Info

ca. 38 km ohne Abstecher, gute, regionale Radweg-Beschilderung, sowie Beschilderung als Donau-Radweg. Stetig ansteigender Radweg ohne größere Anforderungen an die Kondition. Mehrere, teils auch anstrengende Steigungen. Durch eine alternative Strecke können die Steigungen vermieden werden. Die Route führt meist über separate Radwege, einige Passagen auf losem Untergrund.

Start / Ziel: LEGOLAND Campingplatz bei Günzburg, www.legolandholidays.de

Auswahl weiterer Camps entlang der Strecke: Camping Schwarzenfelder Hof, sowie Wohnmobilstellplätze in Günzburg und Ulm

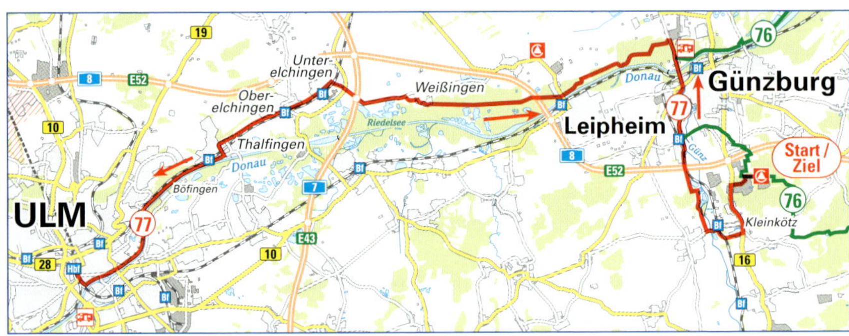

Das Ziel unserer Streckentour ist die spannende Stadt Ulm. Hier schauen wir voller Respekt hinauf zum höchsten Kirchturm der Welt. Doch auch in der Altstadt zu Füßen dieses ehrwürdigen Gotteshauses haben noch wir reichlich zu entdecken. Auf dem Weg dorthin begleitet uns der perfekt ausgebaute Donauradweg.

Unser Domizil auf Zeit beziehen wir dieses Mal auf dem **LEGOLAND- Deutschland-Campingplatz**. Die perfekten Sanitäranlagen sind natürlich nicht aus Legosteinen zusammengebaut, dafür liegt das Abenteuer gleich nebenan. Wer es bei der Übernachtung etwas ausgefallener mag, kann in einer **Burg**, in Themenzimmern, Campingfässern oder auf der **Pirateninsel** übernachten.

Los geht's genau wie bei der letzten Tour vom Campingplatz mit zweimal rechts um die Anlagen herum. Dieses Mal biegen wir vor dem ersten Kreisel links ab, hinter den Parkplätzen am Kreisel geradeaus, vor der B16 links, und in Kleinkötz links in die Raiffeisenstraße. Vor dem Bahnhof links abbiegen (Großkötzer Straße) und wir gelangen auf den Radweg an der Günz, dem wir nach rechts folgen. Er führt uns am Günzburger Bahnhof vorbei und durch die Innenstadt hindurch ans Ufer der Donau, die wir überqueren. Ab hier folgen wir den bestens ausgebauten und beschilderten Donauradweg durch Leipheim, Weißingen und Unterelchingen nach Oberelchingen.

Die Hauptattraktion von Leipheim ist das **Gässen-Schloss** aus dem 16. Jh. das genauso aussieht wie man sich ein mittelalterliches Schloss vorstellt. Im Innern lockt eine **Uhren- und Waffenausstellung** und auch der Rest von Leipheim ist sehenswert: Eine gut erhaltene Stadtmauer mit **Wehrtürmen**, prächtige alte Häuser und nicht zuletzt die im 14.

Jh. erbaute **Pfeilerbasilika St. Veit** warten darauf von uns entdeckt zu werden.

Höher als er ist keiner: Der Turm des Ulmer Münsters

Tipp: Wenn es unterwegs zu warm wird, können wir uns im **Riedelsee** abkühlen, der am Wegesrand liegt. Zwar läuft der Radweg entlang der Bahn, aber einen Abstecher ins Ortszentrum von Oberelchingen lohnt sich aufgrund es schönen Ortsbilds, dass von der Klosterkirche gekrönt wird. Sie stammt aus dem 12. und dem 18. Jh. und vereint damit die unterschiedlichen Stilrichtungen dieser Zeit. Blickfang des bereits um 1000 gegründeten Klosters sind die Heiligenstatuen und der Hochaltar der Kirche.

Weiter geht´s von Oberelchingen auf dem Donau-Radweg über Thalfingen und Böfingen ins Herz von Ulm. Hier steuern wir den Hauptbahnhof an, wo unsere Tour endet. Die Bahn gondelt uns zurück nach Günzburg. Nun müssen wir nur noch die wenigen Kilometer von vom Günzburger Bahnhof zurück zum Legoland hinter uns bringen.

Er ist weltberühmt und natürlich aus jeder Richtung kommend unübersehbar: Der Turm das **Ulmer Münsters** ist mit 161,60 Metern der **höchste Kirchturm der Welt**! Am 30.Juni 1377 wurde durch Bürgermeister Kraft der Grundstein zum Bau einer gewaltigen Kirche gelegt. Die Planung besagte, dass 29.000 Menschen in der Kirche Platz findet sollten - und das wo Ulm zu dieser Zeit gerade mal 12.000 Einwohner zählte. So wurde gebaut und gestoppt, wieder etwas gebaut und wieder gestoppt, ehe 1540 ein Baustopp verhängt wurde. Das klingt länger als es war denn in Summe wurde nur 66 Jahre lang an der Kirche gewerkelt. 1890 war es dann endlich geschafft und das Münster war vollendet. Im Innern sehen wir uns die Orgel, das 26 m hohe Sakramentshaus und vielen Kapellen und Altäre an.

Von dem Ulmer Münster geht es direkt über den **Marktplatz** mit seinem Brunnen zum **Rathaus**, das 1370 als Kaufhaus gebaut wurde. Direkt daneben liegt der „Neubau" des Rathauses der 1584 als Lagerhaus errichtet wurde. Museumsfreunde werden sich dem **Stadtmuseum** widmen, das natürlich über die Gotteshäuser und über die Historie der Stadt berichtet. So auch über den **Schwörmontag** - hier werden die Angehörigen der Zünfte vereidigt, was durch den Oberbürgermeister persönlich übernommen wird. Heutzutage wird es von einem turbulenten Volksfest begleitet. Der zweite Höhepunkt ist die Nabada, wo die sogenannten „**Ulmer Schachteln**", Einwegschiffe aus Holz, zu Wasser gelassen und ein paar Kilometer flussabwärts geschifft werden. Eine weitere Gaudi ist das **Fischerstechen**, dies ist ein Turnier auf der Donau, das alle 4 Jahre stattfindet. Wer es eher ausgefallen mag, besucht das **Brotmuseum** im Südwesten der Stadt. Da das Brotbacken eine der ältesten Tätigkeiten des Menschen ist reicht, die Darstellung rund 8000 Jahre zurück.

Kartentipp:
ADFC-Regionalkarte Ulm und Umgebung,
1:75.000, ISBN 978-3-96990-074-1, € 9,95
Digital für Smartphones und Tablets: www.fahrrad-buecher-karten.de/rk-digital

78 Zum Anfang der Via Claudia

Von **Affing-Mühlhausen** bei Augsburg nach Donauwörth

CamperTouren Info

ca. 44 km ohne Abstecher, gute, regionale Radweg-Beschilderung sowie Beschilderung als Lech-Radweg und Radweg Via Claudia. Keine größeren Steigungen mit Ausnahme eines Hügels. Die Route führt meist über separate Radwege, einige Passagen auf losem Untergrund.

Start / Ziel: Lech-Camping GmbH in Affing-Mühlhausen bei Augsburg, www.lech-camping.de

Auswahl weiterer Camps entlang der Strecke: Campingplatz Ludwigshof am See, Caravaningpark Augsburg, sowie Wohnmobilstellplatz in Donauwörth

Schon die Römer wussten, dass es sich entlang von Flussufern bestens reisen lässt. Und so schufen sie eine Fernstraße, die in Donauwörth begann und über die Alpen bis zur Adria führte. Wir nehmen uns die Via Claudia in umgekehrter Richtung vor und rollen auf bester Radtrasse entlang des Lechufers zum Anfang des heutigen Fernradweges nach Donauwörth.

Vor den Toren der Stadt Augsburg beziehen wir unser Basislager auf dem „**Lech-Camping**" und können sofort auf Urlaub umschalten, denn das Areal ähnelt eher einem Park, als einem Campingpatz. Aber selbstverständlich bietet der 5-Sterne-Platz auch alle Annehmlichkeiten wie beste Sanitäranlagen, Restaurant oder Shop. Ganz wunderbar ist freilich die Lage direkt am Ufer eines kleinen Badesees, der sich im Frühling schnell erwärmt und für ungetrübtes Wasservergnügen sorgt.

Los geht's an unserem Campingplatz, den wir nach links entlang der Augsburger Straße verlassen. In Höhe des Flughafens rechts in die Gersthofer Straße. Bei Gersthofen treffen wir auf den Lech, nehmen die erste Brücke und bieten auf der Insel rechts ab. So gelangen wir auf den Lech-Radweg beziehungsweise auf den Radweg Via Claudia. Auf bester Trasse geht es vorbei an Stettenhofen und Langweid nach Meitingen.

Gersthofen kann auf eine sehr lange Geschichte zurückblicken, denn schon in der Jungsteinzeit, also etwa 3.000 v. Chr., siedelten hier die ersten Menschen. Heute radeln wir durch eine Stadt, in der mehr als 20.000

Menschen leben und blicken auf schöne historische Gebäude, deren Mittelpunkt die **Kirche St. Jakobus** bildet. Außergewöhnlich ist das **Ballonmuseum** in Gersthofen. Es ist das älteste Museum der Welt mit diesem Schwerpunkt und in einem ehemaligen **Wasserturm** untergebracht.

Elegant ist die Innenstadt von Donauwörth

Im Jahre 47 n. Chr. ließ Kaiser Claudius eine **Römerstraße** anlegen, auf der Waren und freilich auch Soldaten vom Mittelmeer in die nördlichen Provinzen bewegt werden sollten.

Wir radeln auf unserer Tour über weite Passagen immer wieder über genau diese Trasse, auf der seinerzeit die **Via Claudia Augusta** verlaufen ist.

Weiter geht´s von Meitingen, das wir auf unserem Radweg Via Claudia am Lechufer entlang verlassen. Vor Waltershofen zweigen wir den Radwegschildern folgend links und kurz darauf nach Walteshofen ab, dann links nach Westendorf und im Ort wieder rechts. Via Nordendorf, Druisheim, Mertingen, Bäumenheim und Northeim gelangen wir nach Donauwörth. Hier steuern wir den Bahnhof an, wo wir in die Bahn steigen, um uns zurück Gersthofen fahren zu lassen. Hier müssen wir aus dem Bahnhof kommend einmal quer durch die Innenstadt, um bei der Lechbrücke wieder auf unseren Radweg zu treffen, über den wir zurück zum Campingplatz rollen.

Die alte **Reichsstraße** ist noch heute das Prachtstück Donauwörths. Dabei meinte es die Geschichte nicht immer gut mit Donauwörth, denn die Stadt erlangte zwar früh die Zoll-, Markt- und Münzrechte, aber sie gehörte fünfmal zu Schwaben und sechsmal zu Bayern. Zahlreiche Kriege, darunter vor allem der 2. Weltkrieg, führten immer wieder zu großen Zerstörungen.

Tipp: Wer Lust auf etwas Außergewöhnliches hat, soll der Pflegstraße bis zur Nummer 12 A folgen. Dort befindet sich das **Käthe-Kruse-Puppen-Museum**, das nicht nur Kinderherzen höherschlagen lässt. Das Museum befindet sich nicht zufällig hier, denn seit 1949 werden in Donauwörth Puppen hergestellt. Entsprechend ist die Ausstellung des Museums besonders selten und umfangreich.

Bei der zerstörerischen Geschichte ist es verwunderlich, dass uns an den Ufern von Donau und Wörnitz heute eine wundervolle **Altstadt** empfängt. Neben den schmucken Bürgerhäusern müssen wir das **Riedtor** als ein Teil der ehemaligen Stadtbefestigung, sowie **Deutschordenshaus**, Rathaus, Hintermeierhaus, Tanzhaus, **Fuggerhaus** und die toll ausgestatteten Kirchen beachten.

Kartentipp:
ADFC-Regionalkarte Augsburg und Umgebung,
1:75.000, ISBN 978-3-87073-918-8, € 8,95
Digital für Smartphones und Tablets: www.fahrrad-buecher-karten.de/rk-digital

79 Die Fugger und ganz viele Seen

Von **Affing-Mühlhausen** bei Augsburg über Königsbrunn

CamperTouren Info

ca. 52 km ohne Abstecher, gute, regionale Radweg-Beschilderung sowie Beschilderung als Lech-Radweg und Radweg Via Claudia. Keine größeren Steigungen, nur zwei kleinere eines Hügels und in der ersten Hälfte stetig sanfter Anstieg. Die Route führt meist über separate Radwege, einige Passagen auf losem Untergrund.

Start / Ziel: Lech-Camping GmbH in Affing-Mühlhausen bei Augsburg, www.lech-camping.de

Auswahl weiterer Camps entlang der Strecke: Campingplatz Ludwigshof am See, Caravaningpark Augsburg, sowie Wohnmobilstellplätze in Augsburg, Königsbrunn und Friedberg

Von unserem Camp, das vor den Toren Augsburgs liegt, rollen wir ganz bequem in die Innenstadt und tauchen ein in eine beeindruckende Szenerie: Auf engstem Raum drängeln sich hier Sehenswürdigkeiten par excellence. Bei einer Führung erfahren wir mehr über die Fugger, wie sie zu ihrem Vermögen kamen und wie sie versuchten, mit dem Vermögen auch anderen zu helfen.

Unser Camp liegt vor den Toren von Mühlhausen, das zur Gemeinde Affing gehört. Die Region wird durch viel Wasser geprägt, denn das Gelände wird von vielen Gräben wie dem Leitengraben oder den Rohrgraben durchzogen Zudem gibt es zahlreiche Baggerseen und andere Gewässer.

Das Schmuckstück von Mühlhausen ist die **Pfarrkirche St. Johannes Baptist und Maria Magdalena**, die malerisch auf einer Anhöhe über dem Lechrain thront. Im Innern finden wir wertvolle Fresken und etwas nördlich der Kirche entdecken wir den **mittelalterlichen Burgstall**.

Los geht's genau wie bei der letzten Tour an unserem Campingplatz, den wir nach links entlang der Augsburger Straße verlassen. Beim Flughafen rechts und in Gersthofen zur ersten Lech-Brücke. Dieses Mal biegen wir auf der Insel links ab. So gelangen wir auf den Lech-Radweg beziehungsweise auf den Radweg Via Claudia, der uns stets am Ufer entlang nach Augsburg bringt. Die Altstadt liegt etwas rechterhand vom Lech.

Augsburg ist eine äußerst sehenswerte Stadt: In der Innenstadt reckt sich der markante ‚Hohe Dom' empor. In dem Bereich um das heutige Gotteshaus herum wurden die ältesten Siedlungsspuren der Region gefunden.

Tipp: Wer länger auf unserem Campingplatz weilt, sollte für Augsburg einen separaten Besuchstag einplanen, denn es gibt einfach so viel zu sehen und es gibt so viele Möglichkeiten, einzukehren oder zu shoppen! Vielleicht ist ja auch ein Besuch der berühmten **Augsburger Puppenkiste** auf dem Plan.

Die Fugger gaben einen Teil ihres Reichtums an die Armen

Die Maximilianstraße von Augsburg verläuft genau dort, wo einst die Römer auf der Via Claudia reisten. Sie ist heute eine echte Prachtstraße mit **historischen Gebäuden** auf beiden Seiten. Hier liegen **Brechthaus**, Rathaus, Weberhaus, **Fuggerstadtpalast**, Maximilianmuseum, Staatsgalerie und **Römermuseum** eng beieinander.

Ansehen müssen wir uns auch unbedingt die **Fuggerei**, die in der Innenstadt mit den kleinen Touristik Schildern gut zu finden ist. Die kleinen gelben Häuser wirken wir ein Dorf in der Stadt. Und das waren sie auch: Bis 1523 ließ Jakob Fugger der Reiche sie als erste Sozialsiedlung der Welt errichten. Arme, katholische Bürger konnten hier leben und zahlten einen Rheinischen Florin (etwa 1 Euro) als Jahresmiete. Noch heute ist das Konzept erhalten. Der gute alte Fugger wollte so ein Stück seines Reichtums, den er u.a. mit Bankgeschäften erzielte, wieder an seine Mitbewohner zurückgeben.

Weiter geht´s von Augsburg, das wir am Ufer des Lech auf unserem Radweg Via Claudia weiter flussaufwärts verlassen. Der Via-Claudia-Radweg überquert schließlich den Lech mittels Brücke und verlässt das Ufer, um durch den weitläufigen Haunstetter Stadtwald vorbei an Siebenbrunn zu den Toren von Königsbrunn zu führen. Beim Mandichosee queren wir wieder den Lech mit der Staustufe und rollen am anderen Ufer wieder retour. Etwa bei Tourkilometer 40 zweigen wir rechts ab von Lechufer und rollen über Amagasaki-Allee geradeaus Kurt-Schumacher Straße und rechts Stätzlinger Straße heraus aus der Stadt. Durch Stätzling, Derching und vorbei am Flughafen gelangen wir wieder zurück zu unserem Camp bei Affing.

Tipp: Wer dem Charme von Augsburg komplett verfallen ist, kann auf die Runde südlich der Stadt verzichten und Augsburg direkt über Amagasaki-Allee verlassen, um die Tour fortzusetzen. Damit **verkürzen** wir die Tour um stattliche 30 km.

Königsbrunn gilt als einer der jüngsten Siedlungsorte Bayerns. Das verwundert etwas, weil die Region eigentlich bereits in der Jungsteinzeit besiedelt war. Fundstücke aus dieser Zeit präsentiert das **Archäologische Museum**.

Der **Mandichosee** ist der Teil einer Staustufe im Lech, die zur Gewinnung von Wasserkraft dient. Inzwischen hat er sich zu einem sehr beliebten Naherholungsort entwickelt.

Kartentipp:
ADFC-Regionalkarte Augsburg und Umgebung,
1:75.000, ISBN 978-3-87073-918-8, € 8,95
Digital für Smartphones und Tablets: www.fahrrad-buecher-karten.de/rk-digital

80 Münchner Highlightrunde

Von **München Nord-West** durch die Innenstadt

CamperTouren Info

ca. 39 km ohne Abstecher, gute, regionale Radweg-Beschilderung. Keine größeren Steigungen. Die Route führt meist über straßenbegleitende Radwege und über Nebenstraßen, einige Passagen auf losem Untergrund.

Start / Ziel: Campingplatz Nord-West in München, www.campingplatz-nord-west.de

Olympiapark, Marienplatz, Rathaus, Dom, Viktualienmarkt, Theresienwiese, Schloss Nymphenburg… alles das können wir auf dieser knapp 40 km langen Radtour kennenlernen. Wer nicht gerne in der Stadt radelt, sollte einige Passagen mit den öffentlichen Verkehrsmitteln zurücklegen und sich auf den Genuss dieser Highlights konzentrieren!

Der 85 ha. große **Olympiapark** wurde 1972 anlässlich der Olympischen Spiele im Münchner Stadtteil Milbertshofen angelegt. Eine Investition in die Zukunft, denn seitdem fanden hier mehr als **11.000 Veranstaltungen** statt. Und auch wenn gerade keine Veranstaltung ist, tummeln sich zahlreiche Besucher im weitläufigen Grün. Besonders markant ist das **Olympiastadion** mit seinem einzigartigen Glasdach. Das ehemalige **olympische Dorf** hat sich zu einem beliebten Wohngebiet entwickelt.

Los geht's an der Ausfahrt des Camps, die links versetzt geradeaus auf der Straße „Am Blütenanger" verlassen. Der Blütenanger vollzieht eine Rechtskurve und trifft hinter einem Park bzw. Spielplatz auf die querende Pappelallee, wo wir rechts abbiegen. Wir folgen dem Straßenverlauf, überqueren die Gleise und die Max-Born-Straße, folgen der Donaustaufer Straße und biegen links ab und fahren über die Gleise. Anschließend radeln wir durch Moosach, lassen den Westfriedhof links liegen und treffen auf den Nymphenburg-Biedersteiner-Kanal. Diesem folgen wir noch vor der Brücke nach links und gelangen schnurgeradeaus zum Olympiapark. Rechts auf die Lerchenauer Straße und dann leicht rechts auf die Schleißheimer Straße, entlang der wir durch Schwabing radeln. Wir zweigen links, rechts und später wieder links und rechts ab und erreichen die Münchner Innenstadt mit dem Marienplatz.

Tipp: Die Fahrt hinauf auf den **Olympiaturm** lohnt sich nicht nur wegen der grandiosen Aussicht, die bei klarem Wetter bis zu den Alpen reicht. Hier oben auf 200 m Höhe können wir auch das **Rockmuseum Munich** entdecken.

München bietet uns Sehenswertes an jeder Ecke. Nur wenige Pedalumdrehungen sind es vom **Neuen Rathaus** am Marienplatz vorbei am **Hofbräuhaus** zur **Dom- und Stadtpfarrkirche „Zu unserer Lieben Frau"**. Lecker und quirlig geht es auf dem **Viktualienmarkt** zu, während es am **Stachus**, dem Karlsplatz, um „sehen und gesehen werden" geht. Auch die

Unendlich viel zu sehen gibt es in der Millionenstadt München

Münchner Residenz gehört mit auf das Programm, denn es ist das größte Innenstadtschloss Deutschlands.

Wer es ruhiger mag, rollt hinaus in den 375 ha. großen **Englischen Garten** mit dem berühmten **Chinesischen Turm**. Nicht minder bekannt ist inzwischen der Eisbach, wo sich die **Surfer** tummeln.

Weiter geht´s vom Marienplatz, den wir über die Straße Oberanger verlassen. Es geht fast immer geradeaus. Auch über den unübersichtlichen Platz am Sendlinger Tor geradeaus, dahinter rechts-links und wieder geradeaus und auch über den Kaiser-Ludwig-Platz geradeaus hinweg. So kommen wir vor die Theresienwiese, vor der wir rechts abzweigen, um das Gelände gegen den Uhrzeigersinn zu umrunden. Ein Stück hinter der U-Bahnstation links, vor der S-Bahn rechts und nächstmöglich links-recht auf die Zschokkestraße. An der breiten Querstraße (Fürstenrieder Straße) rechts, über die querende Landsberger Straße geradeaus hinweg und dahinter links – so erreichen wir den Nymphenburger Park, den wir im Uhrzeigersinn umfahren. Auf der Mitte des Parks rechts und mitten durch die Anlage und das Schloss hindurch. Auch hinter dem Schloss links-geradeaus am Weiher vorbei. An der Querstraße links und gleich wieder rechts. Nun kommen wir wieder an die Stelle, wo wir auf der Hinfahrt schon waren. Also links ab und über diese Strecke wieder retour zum Camp.

Am Wegesrand liegt die **Theresienwiese** wo auf 42 ha das weltbekannte **Oktoberfest** steigt. Auf dem Rückweg kommen wir an **Schloss Nymphenburg** vorbei. Der prachtvolle Barockpalast liegt inmitten eines 180 ha. großen Parks. Übrigens: Die Seitenlänge des Schlosses ist länger als die von Versailles!

Kartentipp:
ADFC-Regionalkarte München und Umgebung, 1:75.000, ISBN 978-3-87073-887-7,€ 8,95
ADFC-Regionalkarte München/Alpenvorland, 1:75.000, ISBN 978-3-87073-972-0, € 9,95
Digital für Smartphones und Tablets:
www.fahrrad-buecher-karten.de/rk-digital

81 Residieren und Rudern

Von **München Nord-West** über Oberschleißheim

CamperTouren Info

ca. 30 km ohne Abstecher, gute, regionale Radweg-Beschilderung. Keine größeren Steigungen. Die Route führt meist über separate Radwege, einige Passagen auf losem Untergrund.

Start / Ziel: Campingplatz Nord-West in München, www.campingplatz-nord-west.de

Auswahl weiterer Camps entlang der Strecke: Camping Langwieder See, Wohnmobilstellplatz München-Arena

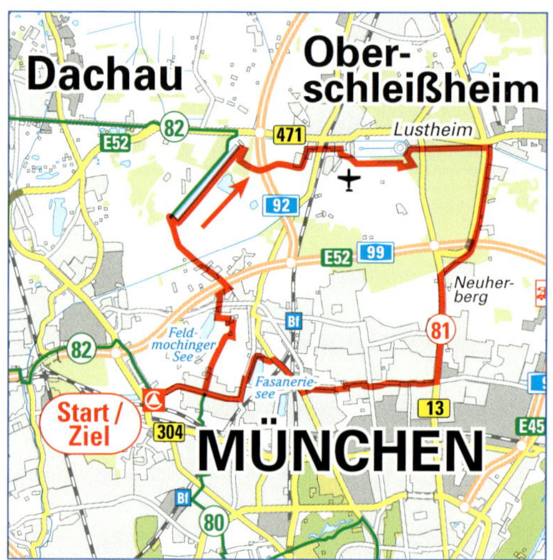

Es erwartet uns eine Tour mit völlig unterschiedlichen Gesichtern: Nachdem uns die Regattastrecke in die Zeiten von Olympia 1972 entführt hat, werden wir an der großartigen Residenz von Oberschleißheim noch weiter in der Geschichte zurückversetzt und bekommen einen guten Eindruck davon, wie gut es sich die Mächtigen einst haben gehen lassen.

Haustiere sind herzlich willkommen auf dem auch für Durchreisende ideal gelegenen **Campingplatz Nord-West**. Hier können wir zwischen sonnigen Stellplätzen mitten auf der Wiese oder schattigen Plätzen unter dichten Bäumen wählen, während wir unsere nächste Tour in die Landeshauptstadt oder in die benachbarten Gemeinden planen.

Los geht's an der Ausfahrt des Camps, die links versetzt geradeaus auf der Straße „Am Blütenanger" verlassen. Der Blütenanger vollzieht eine Rechtskurve und trifft hinter einem Park bzw. Spielplatz auf die querende Pappelallee, wo wir links abbiegen. So fahren wir schnurgerade heraus aus dem Ort, später in einem rechts-links-rechts-links-rechts-Knick zum Feldmochinger See, vor dem wir rechts abbiegen und geradeaus bis vor die Autobahn fahren. Nachdem wir dem Autobahnverlauf ein Stückchen nach rechts gefolgt sind, können wir die A 99 nach links überqueren. So gelangen wir ans Ende der Regattastrecke, der wir gegen den Uhrzeigersinn folgen. Am Ende zweimal rechts, dann links abbiegen und wieder über die Autobahn. So gelangen wir ins Herz von Oberschleißheim und rollen direkt auf das Schloss zu.

Im Jahr 1972 fanden in München die Olympischen Sommerspiele statt. Damit die Kanuten und Ruderer ihre Wettbewerbe austragen konnten, wurde eine große **Regattastrecke** vor den Toren von München angelegt, die seit 2018 unter Denkmalschutz steht. Nachdem wir gelernt haben, dass eine Regattastrecke mit 2,3 Kilometer ziemlich lang ist, können wir uns am benachbarten **Badesee** abkühlen und am Badestrand entspannen.

Von der Regattastrecke ist es nur noch ein Katzensprung bis zu den Schlössern von Oberschleißheim. Für die müssen wir uns reichlich Zeit nehmen, denn die Anlagen sind riesig groß und die umliegenden Parks sehr weitläufig. Die Parks sind den Fußgängern

Schloss Schleißheim beeindruckt uns mit weitläufigen Gärten

vorbehalten. Die **Schlossanlage Schleißheim** besteht aus drei einzelnen Schlössern, die zwischen dem 17. und dem 18. Jahrhundert errichtet wurden. Es wird unterschieden in das Alte und Neue schloss sowie ins Schloss Lustheim – alle drei Prachtbauten liegen direkt auf unserem Weg.

Der führt uns auch an der **Außenstelle des deutschen Museums** vorbei. Diese ist untergebracht im Gebäude des hundert Jahre alten **Flughafen**, den es einst hier in Oberschleißheim gab. Auf den Freiflächen und im Innern werden wir auf eine Reise in die Fluggeschichte entführt. Einfache Flugapparate entdecken wir hier genauso, wie hochmoderne Jets und Raketen.

Weiter geht´s von Oberschleißheim, wo wir rechts um die Schlossgärten herumfahren und bei Schloss Lustheim rechts in den schnurgeraden Weg einbiegen. An der nächsten großen Kreuzung nach rechts auf die Ingolstädter Landstraße. Diese biegt bei Neuherberg schräg rechts ab und wird zur B 13 mit einem straßenbegleitenden Radweg. Im Ort Harthof biegen wir rechts ab in die Rathausstraße und rollen ab hier in grober Richtung stets geradeaus. So treffen wir auf den Fasaneriesee, den wir gegen den Uhrzeigersinn umrunden. Den großen Parkplatz verlassen wir auf der Feldmochinger Straße nach links. Im Ort nach wenigen Metern rechts abbiegen in die Straße „Am Blütenanger", die uns nach einigen Minuten bekannt vorkommt. Ab hier folgen wir dem im selben Weg zurück zum Camp, auf dem wir herkamen.

Auf unserer Strecke wird es noch einmal olympisch: Ganz in der Nähe liegt die **Schießsportanlage Hochbrück**, die ebenfalls für die Olympischen Spiele 1972 auf einer Fläche der Bundeswehr errichtet wurde. Sie ist gilt heute als größte zivil genutzte Schießsportanlage der Welt!

Gegen Ende unserer Rundtour kommen wir am Ufer des **Fasaneriesees** vorbei. Er liegt zwar fast mitten in der Stadt, entführt uns mit dem vielen Grün in eine Oase der Ruhe. Er ist einer der drei Badeseen, die zur Münchner 3-Seen-Platte im Nordwesten gezählt werden.

Kartentipp:

ADFC-Regionalkarte München und Umgebung, 1:75.000, ISBN 978-3-87073-887-7, € 8,95

Digital für Smartphones und Tablets: www.fahrrad-buecher-karten.de/rk-digital

82 Erhellende Altstadt und dunkle Vergangenheit

Von **München Nord-West** über Dachau

CamperTouren Info

ca. 36 km ohne Abstecher, gute, regionale Radweg-Beschilderung. Keine größeren Steigungen. Die Route führt über straßenbegleitende Radwege, über Nebenstraßen und separate Radwege, einige Passagen auf losem Untergrund.

Start / Ziel: Campingplatz Nord-West in München, www.campingplatz-nord-west.de

Auswahl weiterer Camps entlang der Strecke: Camping Langwieder See

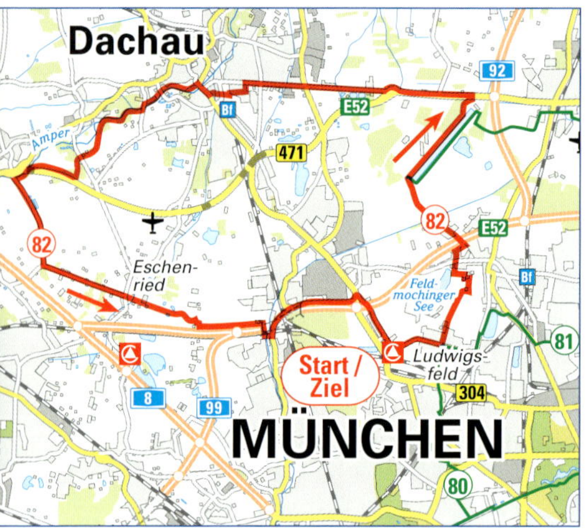

Das Dachauer Moos durchradeln wir auf besten Wegen und können uns im Vorbeifahren ansehen, wo einst die Olympioniken Medaillen sammelten. Nachdem wir uns mit der grauenvollen Seite der deutschen Geschichte beschäftigt haben, erholen wir uns in der sehenswerten Dachauer Altstadt.

Los geht's an der Ausfahrt des Camps, die links versetzt geradeaus auf der Straße „Am Blütenanger" verlassen. Der Blütenanger vollzieht eine Rechtskurve und trifft hinter einem Park bzw. Spielplatz auf die querende Pappelallee, wo wir links abbiegen. So fahren wir schnurgerade heraus aus dem Ort, später in einem rechts-links-rechts-links-rechts-Knick zum Feldmochinger See, vor dem wir rechts abbiegen und geradeaus bis vor die Autobahn fahren. Nachdem wir dem Autobahnverlauf ein Stückchen nach rechts gefolgt sind, können wir die A 99 nach links überqueren. So gelangen wir ans Ende der Regattastrecke. Wir radeln am linken Ufer der Anlage entlang und zweigen hinter deren Ende links an auf den straßenbegleitenden Radweg der Dachauer Straße. So gelangen wir zielsicher ins Zentrum von Dachau.

Wir rollen nicht nur an der Regattastrecke, sondern auch am **Schwarzhölzl** vorbei, das nur wenige Meter links von uns liegt. Heute empfängt uns hier ein Moorwald, doch einst wurde hier im Dachauer Moos in großem Stil Torf abgebaut. Die Münchner Brauereien brauchten Torf als Brennmaterial und als Isolierungen für die Eiskeller. Als Folge des Abbaus sank der Grundwasserspiegel. Als auch noch der hier fließende **Kalterbach** vertieft und begradigt wurde, ging die urwüchsige Natur weiter verloren. Inzwischen steht das Schwarzhölzl unter Naturschutz.

Fast 50.000 Einwohner leben in der Großen Kreisstadt Dachau, die auf eine lange Geschichte zurückblicken kann: Schon 1288 zum Markt erhoben und später zu einer Festung ausgebaut konnten viele der alten **Bürgerhäuser** in der Altstadt bis heute erhalten werden. Mit dem schmucken **Rathaus**, vor dem der **Taschnerbrunnen** plätschert, geben sie ein schönes Bild ab. Von der **Renaissance-Festung** wurden einige Teile abgebrochen.

Die Allacher Lohe steht unter Naturschutz

Der noch erhaltene Westflügel lässt erahnen, welche Dimensionen das Schloss einst hatte. Der prachtvolle Garten stammt auch noch aus dieser Zeit. Die schmucken Häuser und die **Gemäldegalerie** von Dachau sorgen für viel Farbe in unserer Tour, doch es gibt auch dunkle Seiten der Stadt: Am Ostrand liegt die **KZ-Gedenkstätte Dachau**. Der Besuch der noch erhaltenen Schauplätze des Schreckens lässt uns das Blut in den Adern gefrieren.

Weiter geht´s von Dachau, das wir auf dem Radweg entlang des Flüsschens Amper verlassen. Der Ammer-Amper-Radweg bringt uns unter der B 471 hindurch. Dahinter biegen wir links ab in die Feldgedinger Straße, die bald schräg links als Allacher Straße nach Eschenried führt. Am querenden Hardinger Weg rechts und gleich wieder links. So radeln wir mal rechts, mal links der A 99, kommen an den Hallen des Konzerns MAN/MTU vorbei und zweigen ein paar Meter nach der Anschlussstelle Ludwigsfeld rechts ab. Schnurgeradeaus rollen wir so zurück zum Camp.

Nachdem wir Dachau verlassen haben, rollen wir über den AAR, den Ammer-Amper-Radweg. Die beiden Flüsse bilden ein zusammenhängendes System: Die **Ammer** entspringt ihrer Quelle in den Ammergauer Alpen und prägt den Oberlauf bis zum gleichnamigen See. Die **Amper** entwässert den Ammersee und vollzieht ihre Reise, bis sie sich bei Moosburg mit den Fluten der Isar vermischt.

Auf unserem Rückweg kommen wir am **Allacher Forst** vorbei. Die Errichtung des großen Rangierbahnhofs sorgte 1991 für viel Unruhe, da dafür Teile des Lohwaldgürtels vernichtet werden mussten. Dank des Engagements der Umweltschützer wurden Teile des Forstes mitsamt eines Landschaftssees unter **Naturschutz** gestellt.

Kartentipp:
ADFC-Regionalkarte München und Umgebung,
1:75.000, ISBN 978-3-87073-887-7, € 8,95
Digital für Smartphones und Tablets: www.fahrrad-buecher-karten.de/rk-digital

83 Durch die Isar-Auen

Von **Moosburg** über Landshut

CamperTouren Info

ca. 50 km ohne Abstecher, gute, regionale Radweg-Beschilderung sowie teilweise Beschilderung als Isar-Radweg. Keine größeren Steigungen. Die Route führt meist über separate Radwege, einige Passagen auf losem Untergrund.

Start / Ziel: Campingplatz & Freizeitzentrum Haselfurth bei Moosburg, www.camping-haselfurth.de

Auswahl weiterer Camps entlang der Strecke: Camping Landshut-Mitterwöhr

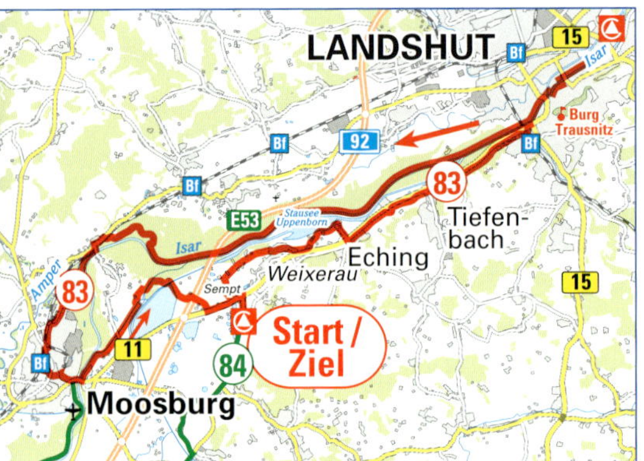

Auf dieser nicht allzu anspruchsvollen Radtour verbinden wir zwei der schönsten Städte Ober- beziehungsweise Niederbayerns. Die Isar ist dabei der rote Faden, wobei wir auf dem Hinweg den perfekt ausgebauten Isarradweg nutzen.

Unser **Campingplatz Haselfurth** gehört eher zu den kleineren Campingplätzen, die wir auf der Reise durch die schönsten Camps Süddeutschlands kennenlernen. Dafür ist die Lage direkt am Badesee mit seiner großen Liegewiese sehr einladend.

Los geht's am Campingplatz Haselfurth, den wir an der Ausfahrt schräg links versetzt geradeaus in die Erdinger Straße verlassen, um im Kreisverkehr links in die Thaler Straße abzubiegen. Wir folgen der Spörerauer Straße nach rechts, dann wieder rechts in die Schapolterauer Straße. Diese bringt uns mit nur wenig Autoverkehr in den Ort Weixerau, wo wir auf den Isarradweg treffen. Diesem folgen wir nach rechts und rollen via Eching und Tiefenbach nach Landshut.

Im ersten Teil unserer Radtour folgen wir dem **Isarradweg**. Landshut gehört ohne Frage zu den schönsten Städten entlang der Isar. Schon 1150 wurde ein „Landeshuata" erstmals in den Urkunden erwähnt.

Nicht zuletzt aufgrund der strategisch günstigen Lage entwickelte sich Landshut zu einer der wichtigsten Städte Süddeutschlands. Dies können wir heute noch an dem wunderbaren historischen Stadtbild ablesen. Aus dem dicht gedrängten Häusermeer ragt der 130 Meter hohe gotische Turm der **Martinskirche** weit empor. Drum herum gesellen sich zahlreiche Bauten aus der Zeit der Gotik und der Renaissance. So finden wir rund um die Martinskirche eine sehr farbenfrohe **Altstadt** mit herrlichen Stufengiebel-Häusern, schönen Arkaden und einem bestens erhaltenen Marktplatz.

Tipp: Hoch über Landshut thront **Burg Trausnitz**. Seit den Anfängen der Stadt im Jahre 1150 gibt es an dieser Stelle eine Burg. Der Aufstieg zu der strahlend weißen Anlage lohnt sich nicht nur, um die Anlage In Augenschein zu nehmen, sondern auch um einen herrlichen Blick über die Altstadt von Landshut zu erhaschen

Um die Stadt zu schützen, wurden umfangreiche **Verteidigungsanlagen** angelegt, von denen wir Teile der Schutzmauer und Wachtürme entdecken. Sie bewachen die **Altstadt**,

130 m ragt der Turm der Martinskirche in die Höhe

die neben der Kirche auch das **historische Rathaus** mit seiner gotischen Fassade einschließt. Wer mehr über die Region erfahren möchte, besucht das Landshuter Stadtmuseum oder die Zweigstelle des **Bayerischen Nationalmuseums.** Ebenfalls interessant sind das Skulpturenmuseum oder das Museum im Kreuzgang des alten Franziskanerklosters. Wer nach all dieser Historie genug gesehen hat, zieht sich in einen der Parks beziehungsweise Erholungsgebiete zurück, wobei allein der **Stadtpark** eine erstaunliche Fläche von 6 Hektar bedeckt.

Weiter gehts aus Landshut, das wir auf derselben Strecke verlassen, wie wir herkamen. Doch dieses Mal bleiben wir auf dieser Seite des Flusses und folgen dem Ufer der Isar auf unserer Seite vorbei am Stausee Oppenborn, um später den Schildern folgend ins Ortszentrum von Moosburg zu radeln. Die Ortsmitte verlassen wir zum Isarufer hin, überqueren den Fluss und folgen diesem ein Stück flussabwärts auf dem Isarradweg. Nachdem wir den Ausgleichsweiher umrundet haben, verlassen den Isarradweg über die Autobahn hinweg durch den Ort Sempt. Hier treffen wir auf die B 11, der wir wenige Meter nach links folgen, um dann rechts abzubiegen und zurück zu unserem Camp zu radeln.

In Moosburg sind wir zurück in Oberbayern und zugleich in der **ältesten Stadt** des Landkreises Freising. Sie liegt auf einer **Insel** zwischen der Amper und der Isar. Diese günstige Lage war dafür verantwortlich, dass Moosburg rasch zu einer bedeutenden Stadt heranwuchs.

Wer genau hinsieht, entdeckt, dass fast mitten in der Stadt ein großer chemischer Industriebetrieb liegt. Dies hat durchaus historische Bedeutung denn wir sind an einem der ältesten Chemiestandorte Bayerns.

Doch als Radtouristen beschäftigen wir uns lieber mit der wundervollen **Altstadt**, die viele historische Bauwerke zu bieten hat.

Tipp: Rund um den weitläufigen Platz, auf dem oft die Marktstände stehen, ragen die die Türme der **Johanniskirche** und des **Kastulusmünsters** empor. Da sie fast gleich hoch sind, scheinen sie zu ein und demselben Bauwerk zu gehören. Doch das Kastulusmünster ist eine ehemalige Wallfahrtskirche und die Johanniskirche ist ein komplett eigenständiges Gotteshaus. Spannend sind der geschnitzte Hochaltar und der Kirchturm, der einst als **Stadtturm** diente und damit die Wohnung des Türmers war.

Rund um die Gotteshäuser entdecken wir gleich mehrere **farbenfrohe historische Fassaden** – und auch zur Einkehr locken eine Reihe schöner Gasthäuser.

Kartentipp:
ADFC-Regionalkarte München und Umgebung,
1:75.000, ISBN 978-3-87073-887-7, € 8,95
Digital für Smartphones und Tablets: www.fahrrad-buecher-karten.de/rk-digital

84 Heimat des Weißbiers

Von **Moosburg** über Erding

CamperTouren Info

ca. 64 km ohne Abstecher, gute, regionale Radweg-Beschilderung sowie teils Beschilderung als Isar-Radweg. Keine größeren Steigungen. Die Route führt meist über separate Radwege, einige Passagen auf losem Untergrund.

Start / Ziel: Campingplatz & Freizeitzentrum Haselfurth bei Moosburg, www.camping-haselfurth.de

Auswahl weiterer Camps entlang der Strecke: Wohnmobilstellplatz in Erding

Unsere Radtour beginnt mit einem entspannten Radeln auf dem Isarradweg. Nachdem wir das Naturschutzgebiet der Moosburger Au genossen haben, steuern wir die „Weißbier-Metropole" Erding an. Auf dem Rückweg geht es durch weitere typisch-bayerische Ortschaften.

Los geht's an der Ausfahrt des Camps, die wir nach links auf der Straße verlassen. Der querenden B 11 folgen wir ein paar Meter nach links, um diese direkt wieder nach Sempt und über die Autobahn hinweg zu verlassen. So gelangen wir auf den Isarradweg, der uns am Ufer entlang an Moosburg vorbeiführt. Bei Oberhummel kreuzen wir die Isar, zweigen danach rechts ab, rollen durch Gaden dann links über die A 92 hinweg, so dass wir nach Eitting gelangen. Von hier ist es durch in Niederding und Siglfing nicht mehr weit in die Innenstadt von Erding.

Der perfekte Isarradweg geleitet uns durch die Ruhe des **Naturschutzgebiets der Moosburger Au.**

Unübersehbar, weil strahlend weiß, überragt die **Kirche St. Georg und St. Dionysus** den Ort Oberhummel. Nicht weit von unserem Weg entfernt liegt die Weißbierbrauerei von „Erdinger". Bei einer Führung können wir nicht nur in die Braukessel sehen, sondern erfahren auch, dass „Erdinger" die erste Brauerei war, die über die Landesgrenzen Bayerns hinaus expandierte.

Wenn die Zeit es zulässt, planen Sie einen Besuch in der **Therme Erding** ein, denn diese ist wirklich einzigartig. Das Erlebnisbad „Galaxy", riesige Pools und die größte Saunalandschaft der Welt lassen die Zeit im Nu verfliegen.

Für Erding müssen wir uns reichlich Zeit nehmen. An der Fernstraße Schongau-München-Landshut entstand schon früh eine Stadt, die mit Bewehrungen und einem Straßenmarkt ausgestattet wurde. Heute ist der **Schrannenplatz** die gute Stube und der Mittelpunkt der **Altstadt.** Von den ursprünglich 4 Stadttoren ist noch das **Landshuter Tor** erhalten – es war seinerzeit auch das größte der Tore und beinhaltet den „Schönen Turm".

Tipp: Wer mehr über die Stadt erfahren mag besucht das **Museum Erding**, das in einem geschützten Gebäude untergebracht ist und uns mehr als 50.000 historische Exponate aus der Region präsentiert.

Am Wasserlauf des Flusses **Sempt** spiegeln sich teils die Türme der ehemaligen Wehranlage. Farbenfroh empfängt uns das **Erdinger Rathaus**, das einst die ehemalige **Stadtresidenz** der Grafen von Preysing war. Gar nicht weit entfernt steht die Stadtpfarrkirche Sankt Johann mit ihrem **Turm**. Der ist nicht nur besonders auffällig, er diente vielmehr auch einst als Stürmerstube und als Stadtturm. Toll anzusehen sind auch das Rivera-Palais, die Schrannenhalle, die Frauenkirche und der Gasthof zur Post.

Interessantes Pflaster finden wir in der Innenstadt von Erding

Weiter gehts von Erding, dass wir am Landshuter Tor vorbei immer entlang des Flusses Sempt verlassen. Hinter dem Kronthaler Weiher zweigen wir rechts ab Richtung Langengeisling wo wir im Ort links abbiegen. In Eichenkofen rechts, dann geradeaus über die querende Landstraße hinweg. In Tittenkofen links und via Reichenkirchen, Fraunberg Riding, Wartenberg, Langenpreising, Pfrombach, Moos und vorbei an Niedererlbach zurück zum Camp.

Kaum losgeradelt, gibt es in Langengeisling schon wieder Gründe, von den Räder zu steigen: Am Freizeitzentrum Kronthaler Weiher können wir ins kühle Nass springen, eine Runde Minigolf spielen oder im Biergarten niederlassen.

Die **Kirche St. Martin** entzückt uns mit Elementen aus den Epochen des Barock und des Rokoko. Auch Altham ist ein typisches Kirchdorf - also statten wir der kleinen **Kirche Sankt Benedikt** einen kurzen Besuch ab.

Unser Rückweg gestaltet sich kurzweilig: Auf kleinen, meist wenig befahrenen Sträßchen rollen wir durch die Ausläufer des **Naturschutzgebiets Erdinger Moos** und durchfahren immer wieder schöne kleine Ortschaften. Hier gibt es auch meist die Möglichkeit, in einem **Wirtshaus** wieder zu Kräften zu kommen und in jedem Ort gibt es eine Kirche zu bestaunen. Fraunberg setzt noch eins drauf mit dem **Wasserschloss Fraunberg,** das als Stammhaus der Freiherren von Fraunberg seine Geschichte schrieb.

Kartentipp:

ADFC-Regionalkarte München und Umgebung,
1:75.000, ISBN 978-3-87073-887-7, € 8,95
Digital für Smartphones und Tablets: www.fahrrad-buecher-karten.de/rk-digital

85 Rottaler Bäderdreieck

Von **Bad Füssing - Eglfing** über Bad Griesbach

CamperTouren Info

ca. 58 km ohne Abstecher, gute, regionale Radweg-Beschilderung. Mehrere Steigungen auf die, durch eine alternative Route, verzichtet werden kann. Die Route führt über straßenbegleitende Radwege, über Nebenstraßen und separate Radwege, einige Passagen auf losem Untergrund.

Start / Ziel: Campingplatz MAX 1 in Bad Füssing – Eglfing, www.campingpmax.de

Auswahl weiterer Camps entlang der Strecke: Kurcamping Fuchs, Fischer Camping, Camping Holmernhof, Seecamp, Camping Dreiquellenbad, VitalCamp, Kur- Gutshof-Camping Arterhof, Terrassencamping Theresienhof, Camping Rosi, Camping Preishof sowie Wohnmobilstellplätze in Bad Füssing, Pocking, Bad Griesbach und Bad Birnbach

Auf hügeliger Strecke lernen wir gleich drei renommierte Kurorte kennen, die eng beieinander liegen. Da fällt die Wahl schwer, welcher Ort schöner ist und wo es mehr zur Regeneration gibt.

Los geht´s vom Campingplatz, den wir entlang der Straße nach rechts verlassen, um bei der übernächsten Ecke links abzubiegen. Hier folgen wir den Schildern des Römerradwegs entlang der Straße und rollen ins Herz von Bad Füssing, das wir vom Kreisel aus auf der Thermalbadstraße wieder verlassen. Der Römer-Radweg bringt uns zielsicher nach Pöcking, wo wir links auf den Rottalradweg abzweigen. Eggersham und Karpfham begleiten unseren Weg nach Singham, das sozusagen „unterhalb" von Bad Griesbach liegt. Von hier können wir nach rechts zum Thermalbad oder zur Innenstadt von Bad Griesbach abzweigen, oder weiter geradeaus fahren nach Bad Birnbach.

Deutschlandweit bekannt wurde Bad Füssing durch sein 56 Grad warmes **Thermalwasser**, das bei verschiedensten Erkrankungen Linderung verspricht. Mit dem Johannesbad, der **Europa Therme**, der Therme 1 und dem Saunahof nutzen gleich mehrere Kureinrichtungen das Heilwasser. Erst aus der Luft wird deutlich: Die Wasserflächen der Thermalbecken haben unglaubliche Ausmaße!

Die Stadt bietet alles, was einen **Kurort** ausmacht: Einen weitläufigen **Kurpark**, ein Kurhaus, eine Spielbank und natürlich gleich zwei Kirchen. Im Ortsteil Aigen liegt die **Wallfahrtskirche Maria Himmelfahrt**, die Ziel der Leonardi-Wallfahrt ist. Wer mehr über die Hintergründe der Wallfahrt erfahren mag besucht das Heimatmuseum im Ort.

Abkühlung finden wir unterwegs am Wegesrand, wenn wir den **Pockinger Baggersee** passieren.

Der Marktplatz ist die gute Stube von Rottalmünster

Der Ortskern von Karpfham empfängt uns mit teils bunt gestalteten Gebäuden. Auch die 1476 fertiggestellte **Pfarrkirche St. Himmelfahrt** ist innen wie außen farbenfroh gestaltet.

Tipp: Wer die wunderbaren Innenstädte von Bad Griesbach und Bad Birnbach bereits kennt und den teils **anstrengenden Weg** dorthin nicht auf sich nehmen möchte, zweigt bei Singham ab und radelt direkt nach Asbach weiter. Da es auf dieser Strecke eine weitere Steigung gibt, sollten weniger sportliche Naturen erwägen, auf dem Hinweg wieder retour zu rollen.

Weiter geht's von Singham via Schwaim, Maierhof, Asbach und Pattenhof nach Rottal-Münster. Durch Tutting und Kirchham sind wir rasch wieder in Egglfing, wo die Rad-Runde am Campingplatz Max 1 endet.

Von einer „Burg Griesbach" war bereits 1076 die Rede. Später entstanden hier ein Markt und ein **Schloss**. Im Jahre 1973 kürte man Griesbach zum Kurort wegen der guten Luft, später auch wegen der drei Thermalquellen. Sichtbarer Zeuge dieser Zeit ist das **Dreiquellenbad**, in dem wir uns entspannen können. Die **Stadtpfarrkirche** Heilige Familie, **Emmauskirche**, Kloster und Klosterkirche St. Salvador, Friedhofskirche St. Michael und auf dem Kronberg die **Wallfahrtskirche Maria** Schutz laden uns zu Besuchen ein.

Die Geschichte Bad Birnbachs ist außergewöhnlich: Im Jahre 1939 wurde hier nach Erdöl gebohrt – und Thermalwasser gefunden. Erst 1973 wurde wieder gebohrt und eine **Thermalquelle** in 1.700 m Tiefe entdeckt. Schnell entstanden ein **Kurmittelhaus** und ein Thermalbad. Und so zieht die **Rottal Therme** auf 2.400 qm bis heute Erholungssuche aus nah und fern an. Die Ortsmitte wird geprägt durch die farbenfrohe **Kirche St. Maria Himmelfahrt**. Gar nicht weit entfernt sprudelt der **Bräunlbrunnen** auf dem Neuen Markt.

Die gute Stube von Rottalmünster ist der **Marktplatz**, der im oberen Teil mit dem Portalstöckl genannten Torturm, Treppen, Wasserfall und Blumenschmuck verziert wurde.

Wunderbar anzuschauen ist die die **Pfarrkirche St. Martin** von Kirchham in neubarockem Kleid. Drumherum finden wir das Schloss Kirchham und einige historische **Bauernhäuser**. Wenig später radeln wir durch Tutting, wo wir uns dem **Mühlenmuseum** widmen können.

Kartentipp:
ADFC-Regionalkarte Niederbayern,
1:75.000, ISBN 978-3-96990-083-3, € 9,95
Digital für Smartphones und Tablets: www.fahrrad-buecher-karten.de/rk-digital

86 Deutsch-österreichische Flussfahrt

Von **Bad Füssing - Eglfing** über Schärding

CamperTouren Info

ca. 46 km ohne Abstecher, gute, regionale Radweg-Beschilderung sowie Beschilderung als Inn-Radweg. Einige kleine Hügel, die keine größere Anforderung an die Kondition stellen. Die Route führt über straßenbegleitende Radwege, über Nebenstraßen und separate Radwege, einige Passagen auf losem Untergrund.

Start / Ziel: Campingplatz MAX 1 in Bad Füssing – Eglfing, www.campingpmax.de

Auswahl weiterer Camps entlang der Strecke: Kurcamping Fuchs, Fischer Camping, Camping Holmernhof, Panorama Camping

Bei dieser Radtour lernen wir den Inn auf beiden Seiten des Flusses kennen. Einen gut ausgebauten und beschilderten Radweg gibt es sowohl in Deutschland, als auch in Österreich. Unterwegs machen wir immer wieder Halt und entdecken kleine und größere Orte entlang der Strecke.

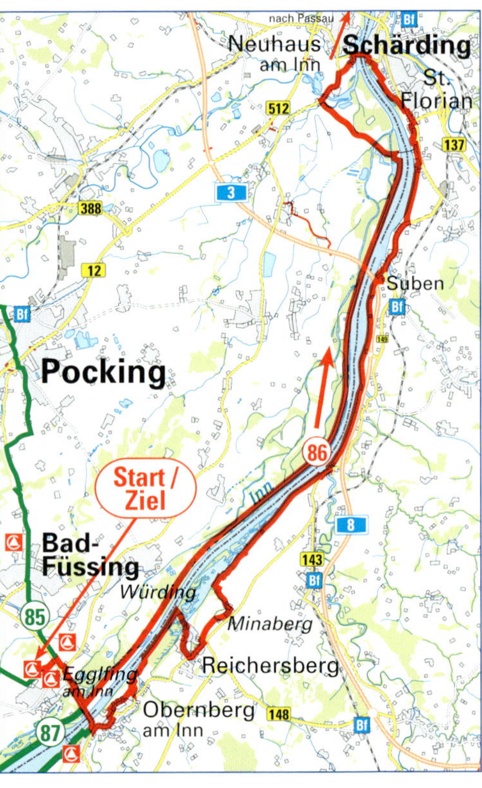

Der **Campingplatz MAX 1** ist die perfekte Basis, um die Region im Rottaler Bäderdreieck mit unseren Fahrrädern zu erkunden. Es könnte kaum besser sein: Die Stellplätze liegen malerisch eingebettet in Büsche und Bäume, und die Infrastruktur ist so, wie wir es von einem 5-Sterne-Platz erwarten dürfen. Sogar für Hunde gibt es hier eine Luxusdusche! Die Krönung des Platzes ist aber die einzigartige Thermalbade- und Saunalandschaft. „Wellness-Camping" ist bei dieser Anlage also wahrlich keine Übertreibung.

Übrigens: Reservieren ist natürlich Pflicht – und wer trotzdem keinen Platz ergattern kann, findet in der näheren Umgebung **weitere Camps**, die ähnlich gut ausgestattet sind!

Los geht´s vom Campingplatz, den wir entlang der Straße nach rechts verlassen, um bei der übernächsten Ecke rechts abzubiegen. Vor dem Ufer des Inn zweigen wir links ab und gelangen auf den Inn-Radweg. Seine Schilder geleiten uns auf ruhiger Strecke vorbei an Würding nach Neuhaus am Inn. Hier wechseln wir das Ufer und gelangen nach Schärding.

Der kleine, heute zu Bad Füssing gehörende Ort Würding fand seine erste urkundliche

Drei Flüsse umschmeicheln die Altstadt von Passau

Erwähnung im Jahre 814. Das markanteste Bauwerk ist die Pfarrkirche St. Mariä Himmelfahrt, die im Stil der Spätgotik erbaut und später erweitert wurde.

In erhöhter Lage steht das gelb getünchte **Rathaus** und blickt auf die Innenstadt von Neuhaus, doch noch imposanter wirkt **Schloss Neuhaus**, das sich malerisch am Ufer des Inn erhebt.

Tipp: Wer gute Waden oder einen vollen Akku am E-Bike hat, kann in einer Dreiviertelstunde am Inn entlang nach Passau radeln. Die **Dreiflüsse-Stadt** ist ein wunderbares Ziel für alle, die eine gut gepflegte Altstadt, die **größte Kirchenorgel der Welt** oder eine Festung mit guter Aussicht genießen wollen.

Schloss Neuhaus blickt hinüber nach Schärding, das sich mit einer breiten und geschlossenen Bebauung am Inn präsentiert. In der oberösterreichischen Stadt leben rund 5.000 Einwohner, die sich über einen wunderschönen **Oberen Stadtplatz** freuen. In allen möglichen Farben leuchten hier die Fassaden der historischen **Bürgerhäuser**, die als Silberzeile bezeichnet werden. Hier lässt es sich mit Blick auf den **Brunnen** trefflich einkehren, bevor wir uns der noch fast komplett erhaltenen **Stadtmauer** zuwenden. Freunde der sakralen Kunst werden in der Stadtpfarrkirche verwöhnt, die im 14. Jh. erbaut, aber nach 1720 mit barocken Elementen verfeinert wurde.

Weiter geht's von Schärding, das wir über den Inn-Radweg nun auf österreichischer Seite flussaufwärts verlassen. Via St. Florian, Suben, Minaberg, Reichersberg gelangen wir nach Obernberg. Hier wechseln wir wieder das Flussufer und radeln auf deutscher Seite über Hinweg wieder zurück zu unserem Campingplatz Max 1.

Es ist wenig überraschend, dass das wichtigste Bauwerk von St. Florian ein Gotteshaus ist. Genau gesagt ist es mit dem **Stift St. Florian** eines der größten Klöster von ganz Österreich, das in glanzvollem Barock gestaltet wurde. Marmorsaal, Bibliothek, Stiftsbasilika – ja, wir brauchen viel Zeit, um diese Pracht in Ruhe genießen zu können!

Nicht vergessen dürfen wir, uns **Schloss Hohenbrunn** anzusehen, in dem das österreichische Jagdmuseum untergebracht ist.

Kartentipp:
ADFC-Regionalkarte Niederbayern,
1:75.000, ISBN 978-3-96990-083-3, € 9,95
Digital für Smartphones und Tablets: www.fahrrad-buecher-karten.de/rk-digital

87 Via Nova - Radpilgern am Inn

Von **Bad Füssing - Eglfing** über Ering

CamperTouren Info

ca. 38 km ohne Abstecher, gute, regionale Radweg-Beschilderung sowie Beschilderung als Inntal-Radweg. Keine nennenswerten Steigungen. Die Route führt über straßenbegleitende Radwege, über Nebenstraßen und separate Radwege, einige Passagen auf losem Untergrund.

Start / Ziel: Campingplatz MAX 1 in Bad Füssing – Eglfing, www.campingpmax.de

Auswahl weiterer Camps entlang der Strecke: Kurcamping Fuchs, Fischer Camping, Camping Holmernhof, Panorama Camping

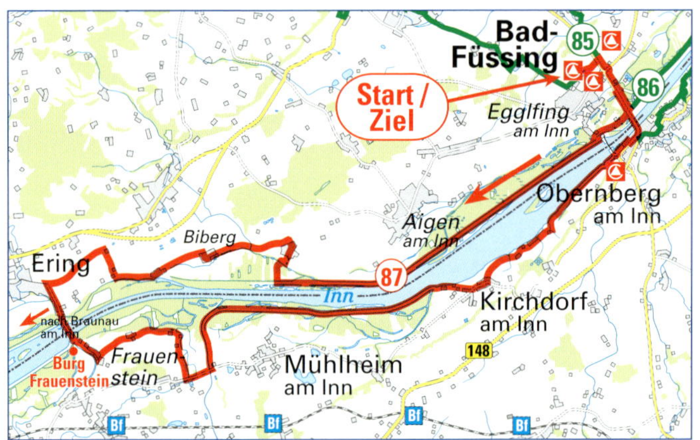

Los geht´s vom Campingplatz, den wir entlang der Straße nach rechts verlassen, um bei der übernächsten Ecke rechts abzubiegen. Vor dem Ufer des Inn zweigen wir abermals rechts ab und gelangen auf den Inn-Radweg. Dieser geleitet uns auf ruhiger Strecke vorbei an Aigen und Biberg nach Ering.

Diese Tour lädt dazu ein, das Radeln einmal von einer ganz anderen Seite zu betrachten: Während wir bei den meisten Touren unsere Blicke auf Natur und Sehenswertes richten, können wir hier mal in uns hinein blicken. Anlass dazu ist der Pilgerradweg Via Nova, dem wir einige Kilometer folgen.

Mit dem Herzen gehen – mit dem Herzen sehen, auf den Spuren der Päpste und Heiligen – Pilgern mit dem Radl… Schon die ersten Verse des Reims lassen keinen Zweifel daran, worum des beim Pilgern geht – man ist hier „unterwegs zu sich selbst". Der **Pilgerweg Via Nova** lässt mehr als genug Raum dafür, denn er zieht sich weitläufig durch Bayern. So gibt es Etappen an der Donau z.B. von Weltenburg nach Bogen, aber von dort über 177 km auch hinunter zum Inn, wo wir unser Quartier bezogen haben.

Der schöne Ort Ering kann auf eine lange und bewegte Geschichte zurückblicken. Schon 725 erstmals erwähnt, prägten sowohl verschiedene Klöster (wie das in Passau) und Adelsgeschlechter die Historie des Ortes. Da wir auf dem Pilgerweg unterwegs sind, ist es wenig überraschend, dass wir rund um Ering mit der **Wallfahrtskirche St. Johannes und Paulus** sowie mit der **Wallfahrtskirche St. Anna** zwei sehenswerte Gotteshäuser finden. Natürlich gibt es ein weiteres in der Ortsmitte: Die **Pfarrkirche Mariä Himmelfahrt** ist eine Symbiose aus spätgotischen und spätbarocken Elementen. Deutlich auffälliger ist **Schloss Ering**, wo uns ein Zutritt verwehrt bleibt, weil es in Privatbesitz ist.

Tipp: Von Ering aus sind es rund 12 km über den bestens ausgebauten **Inntal-Radweg** nach Braunau am Inn, das uns rund um den schmucken Stadtplatz mit einem sehenswerten historischen Stadtkern empfängt. Zu diesem gehören das außergewöhnliche **Rathaus**, die Pfarrkirche St. Stephan und das **Heimathaus** in der Glockengießerstube. In Braunau wurde einst Adolf Hitler geboren. Um davor zu warnen, dass sich Geschichte nicht wiederholen darf, wurde hier ein **Mahnstein** gegen Krieg und Faschismus aufgestellt.

Deutlich erheiternder ist da schon ein Stadtrundgang mit der **Nachtwächterin**. In einer mittelalterlichen Kluft gewandet ruft sie aus: „Hört Ihr Leut´, hurra, hurra, die Nachtwächterin ist da!" und bringt uns zu den bedeutenden Orten der Stadt.

Weiter geht's von Ering, wo wir mithilfe des Kraftwerks Ering-Frauenstein das Ufer des Inns wechseln, um dann dem österreichischen Inntal-Radweg flussabwärts zu folgen. Vorbei an Frauenstein, Mühlheim, Kirchdorf kommen wir nach Obernberg. Hier wechseln wir wieder das Flussufer und radeln auf deutscher Seite über Hinweg wieder zurück zu unserem Campingplatz MAX 1.

Burg Frauenstein wacht über die Stadt

Kaum in Österreich angekommen, werden wir von der prachtvollen **Burg Frauenstein** empfangen, wo wir in der **Burgschänke** bestens einkehren können.

Unser weiterer Weg führt uns durch das **Europareservat „Unterer Inn"**, wo sich seltene Tier und Pflanzenarten unter Schutz entfalten können.

In Mühlheim können wir uns ein weiteres herrliches Anwesen anschauen: **Schloss Mühlheim**. Das ist schon der dritte Prachtbau an dieser Stelle und liegt eingebettet in einem großen Park.

Auch die Kilometer in Österreich halten mit der Pfarrkirche von Kirchdorf, Schloss Selbersdorf, Schloss Ritzing und **Schloss Katzenberg** noch viele Fotomotive für uns bereit.

Kartentipp:

ADFC-Regionalkarte Niederbayern, 1:75.000, ISBN 978-3-96990-083-3, € 9,95

Digital für Smartphones und Tablets: www.fahrrad-buecher-karten.de/rk-digital

88 Vom Regen in die Glasbläserstadt

Von **Viechtach** über Bodenmais

CamperTouren Info

ca. 43 km ohne Abstecher, gute, regionale Radweg-Beschilderung. Mehrere Steigungen, auf die durch eine alternative Route und mit ÖPNV weitgehend verzichtet werden kann. Die Route führt über straßenbegleitende Radwege, über Nebenstraßen und separate Radwege, einige Passagen auf losem Untergrund.

Start Ziel: Adventure-Camp Schnitzmühle bei Viechtach. www.schnitzmuehle.de

Auswahl weiterer Camps entlang der Strecke: Knaus Campingpark Viechtach, Camping Höllensteinsee, Campingresort Bodenmais, Campingplatz Haufenmühle, Wohnmobilstellplätze in Viechtach, Bodenmais und Arnbruck

Der Bayerische Wald ist eine echte Natur-Oase. Aber er ist auch sehr gebirgig, was uns unsere Waden auf dieser Tour deutlich zurückmelden. Lohn der Anstrengung sind wunderbare Aussichten, ruhige Landschaften und mit Bodenmais eine der beliebtesten Destinationen dieser Region.

Gleich ein wichtiger Tipp vorab: Bei den vielen Steigungen kann der Akku schnell mal schlapp machen. Die Touristen-Infos halten Karten bereit, auf denen die aktuellen **E-Bike-Ladestationen** verzeichnet sind!

Das **Adventure-Camp Schnitzmühle** könnte nicht schöner nicht gelegen sein. Weit abseits des Trubels einer Stadt finden wir unseren Stellplatz unter hohen Bäumen und mit entsprechender Reservierung sogar auf der Insel direkt am Ufer des Schwarzen Regen. Nicht nur das Team, sondern auch das ganze Drumherum ist jung bzw. jung geblieben. Und so ist „Chillen" hier ebenso Programm, wie Spa oder Abenteuer, was bei dem Campnamen kaum verwundet. Weitere Highlights sind der Badesee La Laguna und die „Ur-Waldbahn". Die hält nur wenige Meter neben dem Camp und bringt uns auch ganz ohne Anstrengungen in die Höhen des Bayerischen Waldes.

Los geht´s vom Campingplatz, den wir entlang der Straße nach Fischaitnach verlassen, um dort rechts abzubiegen und nach Viechtach zu radeln. Nach dem kleinen Hügel sind wir aufgewärmt für den ersten großen Anstieg, der hinter der Regen-Brücke beginnt und bis hinter Wiesing andauert. Mit weiteren Steigungen radeln wir via Hötzelsried, Ambruck und Drachselsried nach Bodenmais.

Tipp: Beginnen wir mit einem „Tipp": Die beschriebene Strecke ist wunderbar. Der Bayerische Wald ist aber auch ein Mittelgebirge, und daher müssen wir während der rund 51 km mit vielen Steigungen rechnen. Wer also weder über gut trainierte Waden noch einen vollgeladenen Akku am E-Bike verfügt sollte in Erwägung ziehen mit **öffentlichen Verkehrsmitteln** von Viechtach nach Bodenmais zu fahren (mit Umsteigen in Gotteszell und Zwiesel) und ab dort der Strecke zurück zum Camp zu folgen. Dann bleiben immer noch 15 schöne

In Bodenmais gibt es mehr als nur Glas zu entdecken

Kilometer, aber nur zwei weniger anstrengende Steigungen.

Nach der Plackerei bergauf trifft es sich gut, dass Ambruck ein anerkannter Erholungsort ist. Um 950 war es Graf Arno, der aus einer adeligen Familie aus Bogen stammt, der hier in einem Wildbach in Gefahr geriet. Aus Dank, dass ihn ein Einheimischer aus den Fluten rettete, spendete Arno eine **Brücke**, die noch heute seinen Namen trägt. Im Ort finden wir einige alte Bauernhäuser und die sehenswerte **Pfarrkirche St. Bartholomäus**.

Die Erholung geht weiter, denn auch Drachselsried führt dieses Prädikat. Auch „gläsern" ist es hier, denn mehrere **Glaskünstler** können wir in ihren Ateliers besuchen.

Etwas oberhalb unseres Streckenverlaufs liegt die Innenstadt von Bodenmais. Die Stadt ist einer der touristischen Hotspots des Bayerischen Waldes, was wir mitunter an der großen Anzahl von Unterkünften und Einkehrmöglichkeiten bemerken. Es ist aber auch wirklich schön hier - rundherum liegen ausgedehnte **Hochwälder**. Der baumlose **Große Arber**, mit 1.456 m die höchste Erhebung weit und breit, liegt auch gleich vor der Tür und die Luft ist so gut, dass die Stadt als **heilklimatischer Kurort** ausgezeichnet wurde.

Das Herzstück von Bodenmais ist der Marktplatz mit seinem Brunnen. Hier steht die schmucke Pfarrkirche St. Mariä Himmelfahrt, die Richtung Silberberg blickt und uns den Weg zu einer weiteren Attraktion weist: Tief ins Innere der Erde dringen wir im **Besucherbergwerk** am Silberberg vor und erfahren Interessantes über den Abbau des wertvollen Elements. Nachdem wir wieder über Tage sind, sorgt der Bade- und Saunapark im Silberbergbad für eine Erfrischung.

Lassen Sie genug Platz in den Packtaschen, denn es gibt hier gleich mehrere Möglichkeiten, **Glaskunst** zu erwerben. Einer der größten Glasmacher liegt direkt am Wegesrand. Bei den teils ausgefallenen Stücken fällt die Wahl sehr schwer!

Weiter geht's von Bodenmais, das wir bergab verlassen, über Böbrach, Teisnach und Geiersthal mit zwei kleineren Steigungen zurück nach Fischaitnach, wo wir rechts abbiegen, um zurück zu unserem Adventurecamp zu radeln.

Bei unserer Fahrt durch Böbrach fällt uns direkt die **Pfarrkirche St. Nikolaus** auf, denn das weiß-graue Kirchenschiff steht in einer erhöhten Lage über dem Ort.

Im Markt Teisnach neigt sich unsere Tour langsam dem Ende zu, was uns mit einen interessanten Farbspiel von gelber Fassade und roten Dach des **Rathauses** versüßt wird, das von der etwas düster wirkenden Pfarrkirche St. Margaretha noch überragt wird.

Kartentipp:

ADFC E-Bike Karte Bayerischer Wald,
1:75.000, ISBN 978-3-96990-082-6, € 9,95

Digital für Smartphones und Tablets: www.fahrrad-buecher-karten.de/rk-digital

89 In den Tälern des Bayerischen Waldes

Von **Viechtach** nach Cham

CamperTouren Info

ca. 41 km ohne Abstecher, gute, regionale Radweg-Beschilderung sowie Beschilderung als Regental-Radweg. Mehrere kürzere Steigungen im ersten Streckenteil, ab Blaibach weitgehend flach. Die Route führt über straßenbegleitende Radwege, über Nebenstraßen und separate Radwege, einige Passagen auf losem Untergrund.

Start Ziel: Adventure-Camp Schnitzmühle bei Viechtach. www.schnitzmuehle.de

Auswahl weiterer Camps entlang der Strecke: Knaus Campingpark Viechtach, Camping Höllensteinsee, Adventurecamp Bad Krotzing, Wohnmobilstellplätze in Viechtach, Chammünster und Cham

Bei dieser Tour folgen wir dem Regental-Radweg, der auf den ersten Kilometern gar nicht so einfach zu fahren ist, wie wir das bei einem Flussradweg vermuten. Die Steigungen sind aber keine allzu großen Hindernisse und wer die Strecke bis Blaibach geschafft hat kann sich dann auf entspanntes Rollen auf bester Trasse freuen.

Das **Adventure-Camp Schnitzmühle** könnte nicht schöner nicht gelegen sein. Weit abseits des Trubels einer Stadt finden wir unseren Stellplatz unter hohen Bäumen und mit entsprechender Reservierung sogar auf der Insel direkt am Ufer des Schwarzen Regen. Nicht nur das Team, sondern auch das ganze Drumherum ist jung bzw. jung geblieben. Und so ist „Chillen" hier ebenso Programm, wie Spa oder Abenteuer, was bei dem Campnamen kaum verwundet. Weitere Highlights sind der Badesee La Laguna und die „Ur-Waldbahn". Die hält nur wenige Meter neben dem Camp und bringt uns auch ganz ohne Anstrengungen in die Höhen des Bayerischen Waldes.

Los geht´s vom Campingplatz, den wir entlang der Straße nach Fischaitnach verlassen, um dort rechts abzubiegen und mit einer ersten Steigung nach Viechtach zu radeln. Hier rollen wir zum Flussufer hinunter und folgen dem Regental-Radweg. Das ist auf den ersten Kilometern anstrengender, als bei einem Flussradweg gedacht, denn es geht immer wieder kurz, aber „knackig" nach oben. Vorbei an Unterviechtach kommen wir nach Blaibach.

Gut, dass die Luft im **Luftkurort** Viechtach so gut ist, denn wir brauchen einen guten Atem für die ersten Kilometer. Rund um den weitläufigen **Stadtplatz** finden wir die etwas erhöht stehende Pfarrkirche St. Augustinus und das stolze **Rathaus**. Wer in

Unweit unseres Abenteuercamps liegt die Innenstadt von Viechtach

Erinnerungen schwelgen mag, besucht das **Nostalgiemuseum**.

Tipp: Ein kurzer Abstecher führt ins Zentrum von Bad Kötzing, einem **Kneippheilbad**, das zu Füßen des Kaitersberges am Ufer des Regen liegt. Ein toller Anblick ist die **Pfarrkirche Mariä Himmelfahrt**, die von einer stattlichen **Ringmauer** umgeben ist. Von der alten Wehranlage, zu der auch ein Graben und ein innerer Ring gehörte, finden wir bestens erhaltene Reste an mehreren Stellen der Stadt. Einkehrmöglichkeiten, das schmucke **Alte** und das **Neue Rathaus** machen den Abstecher lohnenswert.

Deutlich näher an unserer Strecke liegen **Schloss Blaibach** mit seinem auffälligen Giebel und die leuchtend gelbe Pfarrkirche St. Elisabeth von Blaibach.

Weiter geht's von Blaibach, das wir auf dem Regental-Radweg verlassen. Nun ist es deutlich angenehmer zu fahren, denn es gibt kaum wahrnehmbare Steigungen, wenn wir via Miltach, Chamerau und Kammerdorf nach Cham rollen. Hier steigen wir in die Bahn, fahren mit dieser nach Bad Kötzing und von dort mit dem Bus zurück nach Viechtach.

Auch in Miltach finden wir ein Schloss, deren Wurzeln bis 1600 zurückreichen. Nicht minder schön ist das nahe liegende **Schloss Altrandsberg**, das unübersehbar auf einem Berg thront.

Etwas abseits unseres Radwegs liegt Chammünster mit der **Pfarrkirche Mariä Himmelfahrt**, die im Innern besonders prachtvoll ausgestattet ist. Wem der Sinn nach etwas Gruseln steht, der sieht sich die Totenschädel im dazugehörigen Karner (Beinhaus) an.

Unser Etappenziel Cham zählt ohne Frage zu den schönsten Städten des Bayerischen Waldes. Schon die Häuser, die am Ufer des „Regenbogens" stehen, lassen uns erwartungsvoll auf die **Altstadt** blicken. Die erreichen wir am würdevollsten durch das rote **Biertor**, das mit seinen beiden Rundtürmen im 14. Jh. errichtet wurde. Von hier ist der Weg frei zum weitläufigen **Marktplatz**. Um ihn herum finden wir zahlreiche historische Gebäude, wie das **Rathaus** aus dem 15. Jh., die Pfarrkirche St. Jakob, das **Bürgerspital** oder den Straubinger Turm. Um wieder zu Kräften zu kommen, können wir in eines der vielen Gasthäuser einkehren, die in der Innenstadt auf uns warten.

Kartentipp:

ADFC E-Bike Karte Bayerischer Wald,
1:75.000, ISBN 978-3-96990-082-6, € 9,95

Digital für Smartphones und Tablets: www.fahrrad-buecher-karten.de/rk-digital

90 Vogelkunde

Vom **Altmühlsee** nach Ornbau und zurück

CamperTouren Info

24 km, meist auf separaten Radwegen oder auf Radwegen neben Straßen, keine Steigungen

Start und Ziel: Altmühlsee-Campingplatz Herzog in Schlungenhof, www.camping-herzog.de/uebernachten/campingplatz-stellplatz-altmuehlsee-fraenkisches-seenland

Auswahl weiterer Camps an der Strecke: Wohnmobilstellplatz Schlungenhof, Campingplatz Zum Fischer-Michl, Familienzeltplatz Muhr am See

Der Altmühlsee ist zu einem echten Urlaubs-Hotspot geworden: Herrlich sauberes Wasser, das im Sommer angenehme Temperaturen hat, eine perfekte Infrastruktur mit Radwegen, Spielplätzen, Badestränden und vielem mehr finden wir hier. Fast komplett autofrei radeln wir ganz entspannt zu einem der schönsten Orte der Region und am anderen Ufer wieder retour.

Die Lage des **Campingplatzes Herzog** könnte nicht besser sein: Bäume spenden wohligen Schatten, die Kinder amüsieren sich auf dem Spielplatz oder am Strand, der nur 200 m entfernt liegt. Auch unser Altmühlsee-Radweg verläuft direkt vor der Tür. Wer sein eigenes Bett nicht dabei hat, schläft im Matratzenlager oder in der Ferienwohnung.

Los geht´s vor der Einfahrt des Camps. Von hier rollen wir auf den Radweg hinauf, dem wir gegen den Uhrzeigersinn um den See herum folgen. Wir tangieren Muhr am See, haben die Möglichkeit, auf die Vogelinsel zu gehen und gesellen uns an den Altmühl-Zuleiter. So gelangen wir vorbei an Gern nach Ornbau, dessen Ortskern wir über die Brücke erreichen.

Direkt vor den Türen unseres Camps finden wir den 1,2 ha großen **Abenteuer-Spielplatz,** der unter dem Motto „Römer und Alemannen" steht. So gibt es eine Ausgrabungsstätte, eine **Römerburg** mit Rutsche und ein Alemannendorf – auch die Großen kommen hier voll auf ihre Kosten!

Rund 4,5 qkm groß und bis zu 2,5 m tief ist der **Altmühlsee**, der verkehrstechnisch bestens angebunden ist. Mit der Bahn erreicht man Gunzenhausen und zur Autobahn führt eine gut ausgebaute Straße.

Auch auf dem Wasser gibt es eine Menge für uns zu erleben: Baden, Segeln, Surfen, Paddeling und vieles mehr ist möglich. Mit der **MS Altmühlsee** können wir uns zudem auf Kreuzfahrt begeben.

Auf unserer Runde um den See kommen wir an der **Vogelinsel** vorbei. Hier ketten wir unsere Räder an und schleichen leisen Fußes über den Steg in das Naturschutzgebiet. Wer ein Fernglas dabei hat, wird vom Treiben der gefiederten Freunde so begeistert sein, dass

Die Altmühlbrücke von Ornbau wird oft von Radlern fotografiert

er vom Aussichtsturm gar nichtmehr absteigen mag.

Tipp: Rund um den Altmühlsee ist fast immer etwas los: Beim **Festival** spielen verschiedene Bands rund um den See, bei der **Kirchweih** im September steht die ganze Gegend Kopf und im Oktober locken Drachen- und Fischerfest.

Ein kleiner Abstecher bringt uns nach Muhr am See. Der kleine Ort präsentiert uns einige hübsche alte Häuser und ein Schloss, das schon als Filmkulisse diente. Überregional bekannt sind die Altmühlsee-Festspiele von Muhr am See

Ornbau ist ohne Frage eine der Perlen der Region: Die alte **Brücke** mit dem **Tor** und der Stadtmauer ist einfach ein herrlicher Anblick. Mittendrin erheben sich der Diebsturm und die Kirche St. Jakobus.

Weiter geht´s von Ornbau zurück nach Gern, dann mit der Brücke auf das andere Ufer des Zuleiters. Auch hier haben wir einen perfekten Radweg, der uns vorbei an Mörsach, Streudorf, Mooskorb und Schweina zum Altmühldamm bringt. Von hier ist es am Ufer entlang nicht mehr weit zurück zu unserem Camp.

„Dorf, wo der Streit stattgefunden hat" – so lautet die Erklärung für den Namen von Streudorf. Heute gibt's nichts zu streiten – ein markanter **Glockenturm** erwartet uns in der Ortsmitte.

Aus Sand und Lehm errichtete man den 12,5 m hohen **Damm**, mit dem die Altmühl hier aufgestaut wird. Wir genießen hier die touristischen Errungenschaften durch den Bau. Vor allem aber reguliert der Damm das Hochwasser und versorgt die anderen Seen mit Wasser.

Kartentipp:

ADFC-Regionalkarte Fränkisches Seenland, 1:50.000,

ISBN 978-3-87073-884-6, € 8,95

Digital für Smartphones und Tablets: www.fahrrad-buecher-karten.de/rk-digital

91 Fränkisches Seenland in Perfektion

Vom **Altmühlsee** zum Brombachsee und zurück

CamperTouren Info

42 km, meist auf separaten Radwegen oder auf Radwegen neben Straßen, hügeliger Verlauf, einige kurze Steigungen

Start und Ziel: Altmühlsee-Campingplatz Herzog in Schlungenhof, www.camping-herzog.de/uebernachten/campingplatz-stellplatz-altmuehlsee-fraenkisches-seenland

Auswahl weiterer Camps an der Strecke: See-Camping Langlau, Wohnmobilstellplatz Regelsberg, Waldcamping Brombach, Zeltwiese Absberg, Wohnmobilstellplatz Panorama in Absberg

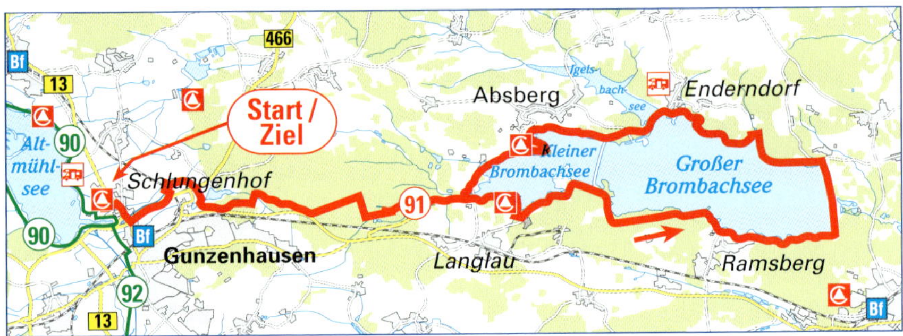

Vor den Türen der Großstadt Nürnbergs liegt ein herrliches Naherholungsgebiet, das aus Menschenhand entstand. Auf unserer leicht hügeligen aber nicht allzu anstrengenden Tour lernen wir gleich vier der Gewässer im Fränkischen Seenland kennen.

Mit dem Altmühlsee haben wir einen der Wasserspeicher des ab 1970 entstandenen **Fränkischen Seenlandes** direkt vor der Türe unseres Campers. Um den Norden Frankens mit Wasser zu versorgen, beschloss man, eine Reihe von Seen anzulegen, die perfekt in die Gegebenheiten der Natur eingepasst wurden. Neben einigen kleineren Wasserflächen zählt das fränkische Seenland sieben Seen: **Altmühlsee** (Wasserfläche 450 ha), Hahnenkammsee (23 ha), Kleiner Brombachsee (250 ha), Igelsbachsee (90 ha), Großer Brombachsee (870 ha), kleiner Rothsee (50 ha) und großer Rothsee (160 ha). Während die Hauptaufgabe der Rothseen die Wasserversorgung des Main-Donau-Kanals ist, soll der große Brombachsee das überschüssige Wasser der Altmühl aufnehmen und an die südöstliche Region weitergeben.

Los geht´s von der Einfahrt des Camps nach Schlungenhof, wo wir an der Straße rechts abbiegen. Dann folgen wir den Schildern des Radwegs, der dem Altmühl-Überleiter folgt. Es geht zunächst sanft bergauf, dann etwas hinunter zum Ufer des Kleinen Brombachsees. Der hat einen perfekt ausgebauten Uferweg, dem wir gegen den Uhrzeigersinn um den großen Campingplatz Langlau herum folgen. Auch beim Staudamm bleiben wir auf dem Uferweg und umrunden mit ihm den Großen Brombachsee. Wir passieren Ramsberg und gelangen zur Staumauer, die wir nun queren.

Nach entspannter Fahrt auf gut ausgebauten Radwegen erreichen wir den **Kleinen Brombachsee** mit der **Badehalbinsel**. Dann schweift der Blick über die riesige Wasserfläche des **Großen Brombachsees**. Sie ist so groß wie die des

Der große und der kleine Brombachsee verbinden sich zu einer großen Wasserfläche

Tegernsees. Die Infrastruktur an den Seen lässt keine Wünsche offen: Badestrände mit Spielplätzen und Sanitäreinrichtungen, Einkehrmöglichkeiten und ein perfektes Rad- und Fußwegenetz sind vorhanden. Außergewöhnlich ist der **Fahrgast-Trimaran** der auf dem großen Brombachsee schwimmt. Auf drei Decks gibt es Aussicht und Alles für´s leibliche Wohl.

Tipp: Ausgefallene Angebote gibt es auf dem Brombachsee: Kinder können stolze Besitzer des „Mini-Kapitäns-Patents" werden. Ende September bis Anfang Oktober ist auf der MS Brombachsee Oktoberfest angesagt. Bei fetziger Musik und typisch-bayerischen Leckereien kommt garantiert Wies´n-Feeling auf.

Weiter geht´s von der Staumauer des Großen Brombachsees auf dem Uferweg entgegen des Uhrzeigersinns. Nach entspannten Kilometern erreichen wir Enderndorf am See. Hier passieren wir den Staudamm des Igelsbachsees, bleiben weiter in Ufernähe, sehen rechts über uns Absberg und umfahren die Badehalbinsel. Bei der „Hühnermühle" treffen wir wieder auf den Altmühl-Überleiter. Dessen Radweg folgen wir nun zurück zu unserem Camp – genauso, wie wir herkamen.

Wer Lust auf eine kleine Bewertung hat, tritt kräftig in die Pedale und schraubt sich hinauf nach **Markt Absberg** mit seinem 1724 erbauten Deutschordensschloss (heute werden hier Behinderte betreut). Ritter Paul von Absberg wurde durch Kämpfe gegen die Nürnberger berühmt. Gestorben ist er aber nicht hoch zu Ross auf dem Schlachtfeld. Nein, er fiel in seine eigene Lanze. Raubritter Hans von Absberg versetzte Anfang des 16. Jhs. die Region in Angst und Schrecken. Seine Burg wurde 1520 durch die Schwaben zerstört. Das einst im Schloss wohnhafte Edelfräulein von Lindenfels war eine leidenschaftliche Tänzerin. Nichts Besonderes, wenn sie sich nicht – so die Geschichte – eines Tages zu Tode getanzt hätte. Ihr ist in Markt Absberg eine Gedenktafel gewidmet.

Kartentipp:

ADFC-Regionalkarte Fränkisches Seenland, 1:50.000,
ISBN 978-3-87073-884-6, € 8,95
Digital für Smartphones und Tablets: www.fahrrad-buecher-karten.de/rk-digital

92 Ritter, Apostel und viele alte Steine

Vom **Altmühlsee** nach Dollnstein

CamperTouren Info

57 km, meist auf separaten Radwegen oder auf Radwegen neben Straßen, keine größeren Steigungen, Wegweisung als Altmühltal-Radweg

Start und Ziel: Altmühlsee-Campingplatz Herzog in Schlungenhof, www.camping-herzog.de/uebernachten/campingplatz-stellplatz-altmuehlsee-fraenkisches-seenland

Auswahl weiterer Camps an der Strecke: Wohnmobilstellplatz Treuchtlingen, Natur Camping Pappenheim, Zeltplatz Hammermühle, Campingplatz Dollnstein, Wohnmobilstellplatz Eichstätt

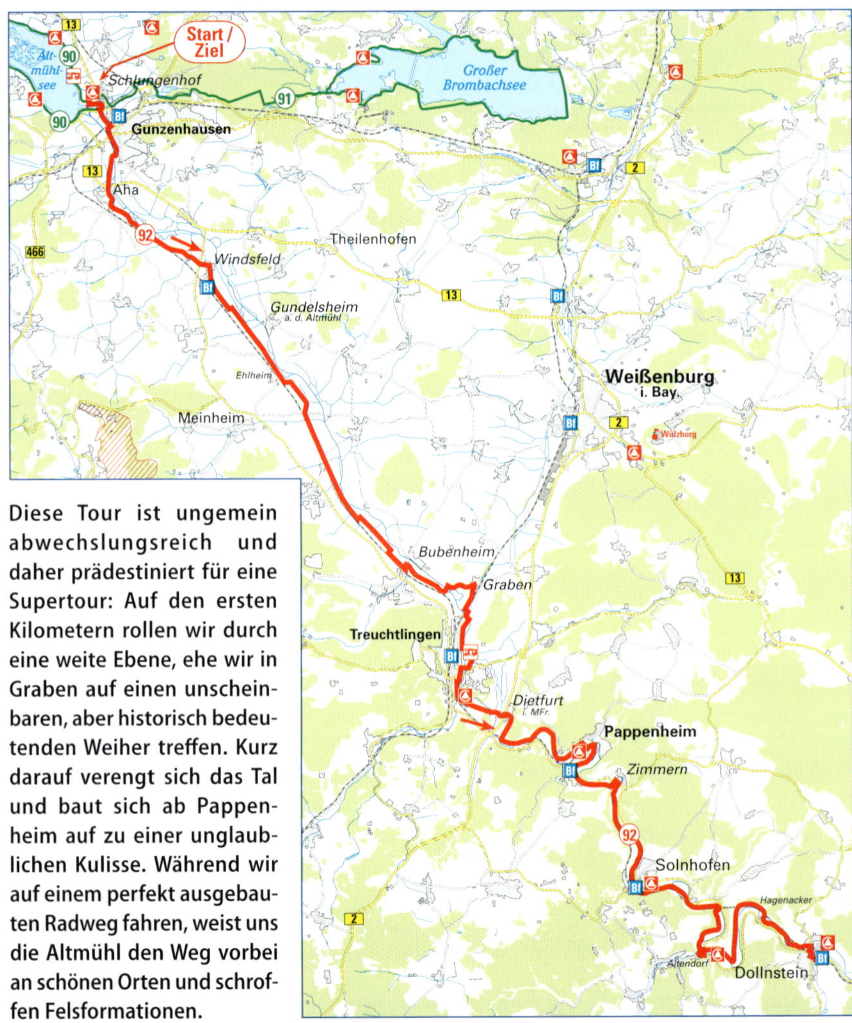

Diese Tour ist ungemein abwechslungsreich und daher prädestiniert für eine Supertour: Auf den ersten Kilometern rollen wir durch eine weite Ebene, ehe wir in Graben auf einen unscheinbaren, aber historisch bedeutenden Weiher treffen. Kurz darauf verengt sich das Tal und baut sich ab Pappenheim auf zu einer unglaublichen Kulisse. Während wir auf einem perfekt ausgebauten Radweg fahren, weist uns die Altmühl den Weg vorbei an schönen Orten und schroffen Felsformationen.

Es erwartet uns eine sehr abwechslungsreiche Tour vom Altmühlsee...

Los geht´s vom Camp zum Ufer des Altmühlsees, dem wir im Uhrzeigersinn folgen. Ab dem Damm werden wir durch die Schilder des Altmühltal-Radwegs elegant um Gunzenhausen herum gelotst. In der weitläufigen Ebene radeln wir entspannt vorbei an Aha, Windsfeld, Gundelsheim, Ehlheim, Bubenheim und Graben, so dass wir nach Treuchtlingen kommen. Hier geht's einmal mitten durch die Stadt und später durch Dietfurt nach Pappenheim.

Das haben wir uns anders vorgestellt: Von einem Tal ist auf den ersten Kilometern nichts zu sehen. Stattdessen fahren wir durch eine weitläufige Ebene und tangieren nette kleine Ortschaften. Zu denen gehören Windsfeld mit einem alten **Dorfplatz** und der Kirche St. Wolfgang, oder Ehlheim, wo ein Abstecher hinauf nach Theilenhofen lockt. Dort wurden ein **Römerbad** und ein Römerkastell ausgegraben.

Bei Meinheim entführen uns Schilder zur **Steinernen Rinne**. Das stark kalkhaltige Wasser des Baches sorgte dafür, dass sich ein mehr als 130 m langes und über 160 cm breites Flussbett entwickelte. In jedem Jahr kommen einige Zentimeter hinzu.

Im Jahre 793 war der Ort Graben der Mittelpunkt eines Weltreiches. Karl der Große wollte sein Reich schiffbar machen und mit dem **Karlsgraben** („Fossa Carolina") eine Verbindung zwischen Donau und Main schaffen. Seine Baufachleute fanden genau diese Stelle als optimal heraus. Sie liegt nur wenige Meter von der Europäischen Tal-Wasserscheide. Hier kommen sich die fränkische Rezat und die Altmühl bis auf 800 m nahe. Im Herbst 793 wurde mit dem Kanalbau begonnen, musste wegen schwerer Regenfälle aber abgebrochen werden, weil die Erdwälle immer wieder einstürzten.

Tipp: Ein Abstecher von jeweils ca. 10 km hin und zurück führt hinter Graben nach Weißenburg. Nur wenige Städte Deutschlands haben in ähnlicher Weise ihren mittelalterlichen Charakter bewahren können, wobei die Geschichte noch älter ist. Römische Legionäre errichteten das Kastell Biriciana, das 1976 ausgegraben und teils rekonstruiert wurde. 1977 entdeckte man ein **Römerbad** und 1979 den **größten Römerschatz Deutschlands**, der im Römermuseum gezeigt wird. Hier gibt es seit 2006 auch das bayerische Limes-Informationszentrum.

Bestes Zeugnis für den mittelalterlichen Charme der Stadt ist die nahezu perfekt erhaltene **Stadtbefestigung** aus dem 14./15. Jh. mit ihren 33 Türmen, darunter auch das Wahrzeichen der Stadt, das **Ellinger**

92

Tor. Inmitten der Mauern finden wir die Pfarrkirche **St. Andreas**, das **Apothekenmuseum** im Kellergewölbe der Einhorn-Apotheke und das **Gotische** Rathaus. In direkter Nachbarschaft liegen der Marktplatz mit einem Brunnen und das Reichsstadtmuseum mit Infos zur Stadtgeschichte.

Weit oberhalb Weißenburgs liegt die **Wülzburg** auf 630 m Höhe. Von hier können wir bei klarem Wetter bis zu den Alpen blicken. Neben den Wehranlagen verfügt die Wülzburg über eine Schlosskirche und den tiefsten Ziehbrunnen der Welt. Im hiesigen Gefängnis wurde im ersten Weltkrieg ein junger französischer Offizier namens Charles deGaulle gefangen gehalten.

Unser Altmühltal-Radweg bringt uns von Graben rasch nach Treuchtlingen. 1976 fand man bei Bohrungen für eine Brauerei eine Quelle, die heute die **Altmühltherme** speist. Auf unserem Weg kommen wir am Spielplatz und an der **Dampflok** vorbei. Es ist jene, die auf ihrer Strecke Frankfurt – München auch die Eisenbahnerstadt Treuchtlingen durchquerte. Schön anzusehen ist das Schloss mit seinem kleinen, aber feinen Park.

Ab Dietfurt wird es so richtig schön: Das **Tal** wird immer enger, die Altmühl windet sich in Schleifen hindurch und unser Radweg bleibt aber so gut wie bisher, windet sich um eine Kurve und gibt den Blick frei auf **Burg Pappenheim**. Die Wehranlage wurde bereits um 1050 für die Pappenheimer Reichsmarschälle erbaut. Beim Rundgang durch die 3 ha umfassenden Ruinen können wir die insgesamt 105 km langen **Mauern**, den Kanonenweg, den Burghof und den Brunnen bestaunen, der 60 m tief in den Felsen geschlagen wurde, um das Wasser der Altmühl zu erreichen. Wer noch höher hinaus mag, steigt auf den 30 m hohen Turm. „Daran erkenn´ ich meine Pappenheimer" – den Spruch aus Schillers Wallenstein kennt jeder. Hier erfahren wir, dass er dies nicht abwertend, sondern voller Respekt gemeint hat.

Unterhalb der Burg erhebt sich das **Neue Schloss**. Es wurde ab 1819 erbaut und beherbergt die gräflich-pappenheimische Verwaltung. Noch heute ist es im Familienbesitz derer von Pappenheim. Die **St. Galluskirche** zählt zu den ältesten Gotteshäusern Frankens, zu den jüngsten hingegen die „Weidenkirche", in der Gottesdienste unter geflochtenen Weiden gefeiert werden.

Weiter geht´s von Pappenheim via Zimmern, Solnhofen Altendorf, Hagenacker nach Dollnstein. Hier steigen wir in die Bahn oder in den Radel-Bus und kehren zurück nach Gunzenhausen bzw. zu unserem Camp.

Ein Schild am Radweg verheißt: „Solnhofen – die Welt in Stein" und deutet darauf hin, dass 1987 der ehemalige Bürgermeister Friedrich Müller in den hiesigen Steinbrüchen die Versteinerung eines **Archaeopteryx**, eines Urvogels, fand. Es handelt sich dabei um ein mehrere Millionen Jahre altes, vogelähnliches Tier. Dieses Wesen vereinte zwei Arten in sich: Federn und Flügel stammen vom Vogel, Schwanz und Krallen an den Flughäuten beweisen, dass es ein Reptil (Saurier) war. Es war also der Übergang des Sauriers zum Urvogel, der vor mehr als 100 Mio. Jahren vor unseren menschlichen Vorfahren in der Kreidezeit lebte. Die Evolutionstheorie von Charles Darwin aus dem Jahre 1859 war damit bestätigt.

In den Steinbrüchen um Langenaltheim und Solnhofen wurden in den letzten 100 Jahren mehrere Exemplare gefunden. Im **Bürgermeister-Müller-Museum** sind neben dem Urvogel weitere Funde aus der Kreidezeit ausgestellt. „Bewacht" wird es von einem Cheratosaurus.

Die nachvollziehbare Geschichte Solnhofens geht bis ins 6. Jh. zurück, als Mönche hier eine Kirche bauten. Im Jahre 762 wurde der heilige Sola vom heiligen Bonifatius nach Solnhofen gesandt. Nach seinem Tode entstand um 830 jene **Sola-Basilika**, in deren Krypta sich einst der Sarg von Sola befunden haben muss. Er ist bis heute unentdeckt. Die Reste der Kirche können wir von einer Plattform der neuen Kirche (1784) bewundern. Sie

...durch das von Burg Pappenheim beschützte Altmühltal

gehören zu den ältesten und bedeutendsten Baudenkmälern Deutschlands!

Auf unserer weiteren Fahrt kommen wir vorbei an zwölf eindrucksvollen Felsen, die vor Jahrmillionen Riffe im einstigen Jurameer waren. Sie werden im Volksmund in Anlehnung an die Sendboten des Evangeliums „die **12 Apostel**" genannt. Die Prallhänge aus Dolomitfelsen sind typisch für das Altmühltal und werden auch gerne als „Altmühlalb" bezeichnet.

Tipp: Das Tourende in Dollnstein ist willkürlich gewählt, weil die rund 57 km als Tagestour gut zu schaffen sind. Da die Bahnlinie durch das Tal führt, ist eine Beendung der Tour auch an anderen Stellen möglich. Wer genug Puste hat, fährt weiter bis **Eichstätt** (ca. 16,5 km), das mit einer wundervollen Altstadt und einem Dom mit verschiedenen Baustilen beeindruckt.

In Dollnstein begegnen wir wieder der Urgeschichte. Vor 240.000 Jahren wären wir hier auf die Donau getroffen. Die erste urkundliche Erwähnung des Ortes unter dem Namen „Tollnstein" gab es 1007. Im 12. Jh. entstand eine Burg, der im 15. Jh. eine **Stadtbefestigung** folgte, wobei nur letztere erhalten blieb. Einen Besuch wert ist **die Pfarrkirche St. Peter und Paul** aus dem 11. Jh. mit ihren gotischen Fresken. Die stammt aus der Ära des deutschen Papstes Victor II. Der „Vorgänger" von Papst Benedict entstammte einem Adelsgeschlecht aus Dollnstein.

Kartentipp:

ADFC-Regionalkarte Fränkisches Seenland, 1:50.000,

ISBN 978-3-87073-884-6, € 8,95

Digital für Smartphones und Tablets: www.fahrrad-buecher-karten.de/rk-digital

93 Ein Ehekarussell mitten in Nürnberg

Von **Nürnberg-Langwasser** in die Nürnberger Innenstadt

CamperTouren Info

ca. 20 km ohne Abstecher, gute, regionale Radweg-Beschilderung. Keine größeren Steigungen. Die Route führt meist über separate Radwege, einige Passagen auf losem Untergrund.

Start / Ziel: KNAUS Campingpark in Nürnberg, www.knauscamp.de

Auswahl weiterer Camps entlang der Strecke: Wohnmobilstellplatz in Nürnberg

Es ist bewusst eine kurze Tour, die uns ins Herz von Nürnberg führt, denn wir tauchen ein in eine der schönsten Städte Deutschlands. Um nur einen Bruchteil der Sehenswürdigkeiten zu entdecken, brauchen wir reichlich Zeit!

Die Lage des **KNAUS Campingpark Nürnberg** könnte kaum besser sein: Wir logieren nur wenige Radelminuten von den weltbekannten Nürnberger Sehenswürdigkeiten entfernt und doch schlagen wir unser Lager im Grünen auf. Die Stellplätze, die teils unter schattigen Bäumen liegen, sind mitten im Naherholungsgebiet Dutzendteich, in dem es mehrere Teiche und ein weitläufiges Waldgebiet gibt. Dass wir hier reservieren müssen, versteht sich von selbst. Das gilt aber besonders, wenn auf dem Volksfestplatz, dem Messegelänge nebenan oder im Park eine Veranstaltung stattfindet.

Tipp: Musikfans wissen, wann sie hierherkommen müssen, denn jedes Jahr im Frühsommer steigt hier das Festival „**Rock im Park**", bei dem mehrere Tage lang dutzende international bekannte Bands auf mehreren Bühnen rocken.

Los geht´s am Campingplatz, den wir an der Ausfahrt nach links am Stadionbad (Freibad) vorbei verlassen. An der S-Bahn-Station und an der B 4 jeweils geradeaus, beim Tiergarten links. Den Schildern folgend gelangen wir im Zick-Zack durch die verschiedenen Stadtteile ans Ufer der Pegnitz, die hier zum Wöhrder See aufgestaut wird. Wir wechseln die Seite und folgen dem anderen Ufer nach links. So gelangen wir in die Innenstadt Nürnbergs unterhalb der Burg.

Nürnberg entführt uns zu einer Reise ins Mittelalter, denn die Geschichte ist in der Stadt nicht nur überall sichtbar, sondern auch erlebbar.

Mehr als eine halbe Millionen Einwohner hat die Metropole inzwischen und noch vielmehr Besucher kommen jedes Jahr hierher. Viele Gäste zieht der weltberühmte **Christkindlesmarkt** an. Auf dem weitläufigen Platz, dem Hauptmarkt, auf dem der Markt im Winter stattfindet, können wir uns den impo-

In Nürnberg tauchen wir tief ein ins Mittelalter

santen **Schönen Brunnen** ansehen. Etwa 19 m ragt er empor und bildet eine gotische Kirchturmspitze nach. Eine Legende besagt, dass dies eigentlich tatsächlich die Spitze des Frauenkirchenturmes werden sollte, man sie seinerzeit aber nicht auf das Dach bekam. Da ist die Legende von dem Ring am Brunnen greifbarer: Glück bzw. Kindersegen soll das Berühren bringen. Die Touristen greifen meist nach dem Messingring, während die Nürnberger den **Eisenring** für den Glücksbringer halten.

Rund um den Schönen Brunnen erkunden wir die herrlichen Fassaden der **Altstadt**. Über der Szenerie thront die **Nürnberger Burg**. Unter Konrad III. und Friedrich Barbarossa entstand diese prachtvolle Kaiserburg. Der Aufstieg, egal ob per pedes oder mit dem Rad über das unruhige Kopfsteinpflaster, lohnt sich schon alleine für die grandiose **Aussicht**, die wir von hier oben genießen können. Erst mit einer Führung erleben und verstehen wir die weitläufige Anlage, die zu einer der wichtigsten Wehranlagen Deutschlands gehört.

Die Altstadt ist über weite Teile von der bestens erhaltenen **Stadtmauer** umgeben. Sie beschützen wunderbare historische Bauwerke, unter ihnen die **Lorenzkirche** oder die **Sebalduskirche**. Ansehen können wir uns unter anderem auch das **Albrecht-Dürer-Haus** mit einer Ausstellung zu seinem Leben, das **Spielzeugmuseum** die **Kunsthalle**, das **Germanische Nationalmuseum** oder die **Lochgefängnisse** unter dem Rathaus.

Weiter geht´s in der Innenstadt Nürnbergs, die wir über den Spittlertorgraben, dann links auf „Am Plärrer", nochmals links in den Frauentorgraben und wieder links über Königs- und Marientorgraben mit einem Bogen verlassen. Vor dem Ufer der Pegnitz rechts und am Ende der Wöhrder Wiese, nachdem wir die Konrad-Adenauer-Brücke unterquert haben, wieder rechts. Nach wenigen Metern entlang der Dürrenhofstraße an der querenden Regensburger Straße links. Der straßenbegleitende Radweg Nr. 11 bringt uns wieder hinaus zum Dutzendteich. Am Messegelände zweigen wir links ab und rollen wieder zurück zu unserem KNAUS-Campingpark.

Auf unserer Tour radeln wir auch über den Spittlertorgraben. Von hier sind es nur wenige Pedalumdrehungen zum Hans-Sachs-Brunnen. Er liegt zu Füßen des **Weißen Turms** und zeigt das „**Ehekarussell**". Wir lassen das Kunstwerk einfach auf uns wirken und verstehen sehr schnell, warum es 1984 beim Aufbau sehr umstritten war.

Auf dem Volksfestplatz von Nürnberg ist immer wieder etwas los. Besonders ausgelassen wird hier das große **Volksfest** gefeiert. Fahrgeschäfte, Bierzelte und freilich gutes Essen stehen dann auf dem Programm.

Kartentipp:

ADFC-Regionalkarte Nürnberg und Umgebung,
1:75.000, ISBN 978-3-87073-827-3, € 8,95
Digital für Smartphones und Tablets: www.fahrrad-buecher-karten.de/rk-digital

94 Schlossherren und Raumfahrer

Von **Nürnberg-Langwasser** über Feucht

CamperTouren Info

ca. 20 km ohne Abstecher, gute, regionale Radweg-Beschilderung. Zwei Steigungen, davon eine etwas anstrengende hinter Fischbach. Die Route führt meist über separate Radwege, einige Passagen auf losem Untergrund.

Start / Ziel: KNAUS Campingpark in Nürnberg, www.knauscamp.de

Auswahl weiterer Camps entlang der Strecke: Wohnmobilstellplätze in Nürnberg und Feucht

Auf hügeliger Strecke radeln wir durch ruhige Natur. Langweilig wird es bestimmt nicht, denn in Fischbach, Feucht und Röthenbach entdecken wir eine ganze Reihe von Schlössern, die alle ihren eigenen Charme versprühen.

Wir campieren am **Dutzendteich**, der um das Jahr 1430 herum entstand, als mehrere Bäche aufgestaut wurden. Das Gelände war einst von dichtem Schilf bewachsen, wovon auch der Name „dutze" von „Schilfrohrkolben" zeugt. Genau genommen besteht die Wasserfläche aus mehreren verschiedenen Teichen, die bis ins 19. Jh. hinein auch zum Betrieb von Hammerwerken und Mühlen genutzt wurden. Heute genießen wir weitläufige Parkanlagen, die vom Messegelände und vom Volksfestplatz flankiert werden.

Los geht´s am Campingplatz, den wir an der Ausfahrt nach links am Stadionbad (Freibad) vorbei verlassen. An der S-Bahn-Station und an der B 4 jeweils geradeaus, direkt hinter der B4 rechts in den Weg 14 hinein. Wenn der Untergrund nicht ideal zum Fahren ist können wir auch erst vor dem Tiergarten rechts und dann durch den Wald radeln. Beide Varianten führen uns nach Fischbach, das wir über die Autobahn hinweg verlassen. Direkt dahinter rechts und eine ordentliche Steigung hinauf. In entspannter Abfahrt erreichen wir Feucht.

Alte Schlösser liegen am Wegesrand

Der Ort Fischbach hielt 1339 als „Fischbekken" Einzug in die Geschichtsbücher. Später geriet es zwischen die Fronten verfeindeter Parteien. Während dieser Auseinandersetzungen und während des 30-jährigen Krieges kam es immer wieder zu großen Zerstörungen in Fischbach. So haben wir es einer grandiosen Aufbauleistung zu verdanken, dass wir heute das **Scheurlsche Schloss**, das **Harsdorfsche Schloss** mit seinen rot-weiß Fensterläden sowie das **Pellerschloss** bestaunen dürfen. Letzteres vermittelt den Eindruck, als hätte man ein Fachwerkhaus auf einen bestehenden Bruchsteinsockel gesetzt. Mit seinem

Der idyllische Dutzendteich liegt gleich neben unserem Campingplatz

schönen Park verführt es uns zu einem Halt und bietet eine schöne Kulisse für ein Picknick.

Durch eine hügelige und zugleich sehr grüne Landschaft erreichen wir den Markt Feucht, der aus einer Kapelle hervorging, die vermutlich im 10. Jh. errichtetet wurde.

Für die Innenstadt müssen wir uns reichlich Zeit nehmen, denn es gibt viel zu sehen: So markiert das **Rathaus** mit seiner schmucken Fachwerkfassade sozusagen die Mitte der Sehenswürdigkeiten. Zu denen zählen auch das nicht weit entfernt der Innenstadt stehende **Zeidlerschloss**, das **Tucherschloss** mit seinem Barockgarten, das **Pfinzingschloss** sowie das **Hutzler-Haus**, in dem heute das Zeidel-Museum untergebracht ist.

Tipp: Das Pfinzingschloss gehört dem Markt Feucht und dient als Ort für unterschiedliche kulturelle Zwecke. Besonders interessant ist Das **Hermann-Oberth-Raumfahrt-Museum**. Es erinnert an den 1989 in Feucht verstorbenen Physiker Hermann Oberth, der sich der Raumfahrt verschrieben hatte. Die Ausstellung zeigt Raumschiffe, Raumstationen, Raketen und vieles mehr, was uns gedanklich in den Weltraum entführt.

Wer in der Region genauer hinsieht, entdeckt rund um Feucht drei **Sühnekreuze**. Die steinernen Kreuze wurden seinerzeit als Sühne für einen Mord aufgestellt.

Weiter geht´s von Feucht, das wir über den Josef-Schlösser-Weg und die Autobahn hinweg verlassen. Am Jägersee vorbei radeln wir in Autobahnnähe, bevor wir auf die Straße treffen, deren Radweg wir nach rechts folgen. Nachdem wir abermals die Autobahn gekreuzt haben, erreichen wir wieder Nürnberg-Langwasser. Hier rechts auf die Liegnitzer Straße, dann links auf die Glogauer Straße. Nun einfach immer geradeaus, vor dem Messegelände rechts (Karl-Schönleben-Straße) und direkt wieder links. So gelangen wir zurück zu unserem Camp.

Auf beiden Seiten unseres Radwegs erstreckt sich der Jägersee, der als Baggersee entstand und später naturnah gestaltet wurde.

Wir kommen an Röthenbach vorbei, das nur knapp hinter der Autobahn liegt. Der Abstecher lohnt sich, denn Schloss Kugelhammer bereitet das nächste herrliche Fotomotiv. Ein Hammerwerk produzierte hier eins Kugeln, womit der Name geklärt wäre.

Auch das Schlossgelände lohnt eine nähere Betrachtung.

Kartentipp:

ADFC-Regionalkarte Nürnberg und Umgebung,
1:75.000, ISBN 978-3-87073-827-3, € 8,95
Digital für Smartphones und Tablets: www.fahrrad-buecher-karten.de/rk-digital

95 Die Welt der 7,5 cm großen Menschen

Von **Nürnberg-Langwasser** über Zirndorf und zurück

CamperTouren Info

ca. 57 km ohne Abstecher, gute, regionale Radweg-Beschilderung. Hügelige Tour mit einer großen, kräftigen Steigung. Die Route führt meist über separate Radwege, einige Passagen auf losem Untergrund.

Start / Ziel: KNAUS Campingpark in Nürnberg, www.knauscamp.de

Auswahl weiterer Camps entlang der Strecke: Camping Zirndorf, Wohnmobilstellplatz in Nürnberg

Es erwartet uns eine anstrengende Tour, die recht lang und im zweiten Teil auch gebirgig ist. Als Entschädigung rollen wir durch liebenswerte Orte. Allen voran das mittelalterliche Zirndorf. Hier können wir auch bestens einkehren und uns überlegen, ob wir nicht auf dem weniger anstrengenden Hinweg wieder retour fahren.

Gleich gegenüber unseres Campingparks liegt das ehemalige **Reichsparteitagsgebäude**, in dem zwischen 1933 und 1938 die Parteitage der NSDAP abgehalten wurde. Das von Albert Speer geplante Areal umfasste einst mehr als 16.5 km2. Dies und mehr zur wenig ruhmreichen Geschichte berichtet das Dokumentationszentrum Reichsparteitagsgelände.

Los geht´s am Campingplatz, den wir an der Ausfahrt nach rechts verlassen. An der nächsten Ecke links, dann rechts vor dem Messezentrum vorbei, über die Querstraße geradeaus und dann links auf den Radweg entlang der Münchener Straße. Nach genau einem Kilometer rechts in die Trierer Straße und kurz darauf direkt wieder links in die Kornburger Straße. Geradeaus über die A 73 hinweg bis wir auf die Schwanstetter Straße treffen, der wir dann folgen. Durch Worzeldorf, Herpersdrof und Weihernhaus erreichen wir den Kanal, den wir etwas nach links versetzt überqueren können. Dahinter ein Stück geradeaus, dann via Reichelsdorf, Gerasmühle, Stein, Oberasbach und Kreutles, radeln wir nach Zirndorf.

Der alte Kran ist ein Überrest des Hafens von Worzeldorf

Der Ort Worzeldorf entwickelte sich aus mehreren Gehöften, aus denen ein Straßendorf wurde. In die Geschichte ging der Ort ein, nachdem 1840 der Ludwig-Donau-Kanal gebaut wurde, denn nun war es möglich, das Gestein aus den Steinbrüchen abzutransportieren. Heute ist der **Alte Kanalhafen** mit dem tollen **alten Kran** das Wahrzeichen von Worzeldorf

Die Gegend um Zirndorf dürfte bereits vor der Jungsteinzeit besiedelt gewesen sein. **Im mittelalterlichen Ortskern** gibt es viele Einkehr- und Shoppingmöglichkeiten und rund um die Pfarrkirche St. Rochus entdecken wir viele tolle **Fachwerkhäuser**. Darunter sind auch das Fürstenhaus und das **Alte Schlösschen**.

Weiter geht´s von Zirndorf, das wir entlang der Rothenburger Straße verlassen. Beim Playmobilland biegen wir rechts ab und haben direkt eine kräftige Steigung vor uns. Lind, Anwanden, Sichersdorf, Groß- und Kleinweismannsdorf, Regelsbach, Hengdorf, Dietersdorf und Wolkersdorf liegen auf unserem Weg nach Katzwang, wo wir, nachdem wir die Rednitz überquert haben, wieder auf den Kanal treffen. Diesen queren wir, biegen am anderen Ufer direkt links ab und können dann auf derselben Strecke wieder retour fahren, auf der wir herkamen.

Direkt an unserem Wegesrand liegt der **Playmobil Funpark**. Für Kinder wird dieser Abstecher garantiert zu einem unvergesslichen Erlebnis. Horst Brandstätter, der die kleinen Playmobil-Figuren einst kinderzimmertauglich machte, wollte mit dem Park der Bewegungsarmut der Kinder vorbeugen. Es gibt hier wenige Fahrgeschäfte, dafür viele Attraktionen, bei denen die Kinder aktiv werden können. Die bekannte **Burg** ist hier ebenso begehbar, wie das **Piratenschiff** und andere typische „Playmobil"-Requisiten.

Tipp: Hinter Zirndorf wird die Tour deutlich anstrengender, denn es geht für mehr als 5 km den **Berg** hinauf und das auch mit steilen Passagen. Es ist also eine gute Alternative, auf demselben Weg wieder retour zu radeln, auf dem wir nach Zirndorf gekommen sind.

In Wolkersdorf müssen wir uns das **ehemalige Wasserschloss** ansehen, das auch ohne das feuchte Nass drum herum eine Augenweide ist. Sogar das ehemalige Verwalterhaus des Schlosses lohnt eine nähere Betrachtung.

Kartentipp:
ADFC-Regionalkarte Nürnberg und Umgebung,
1:75.000, ISBN 978-3-87073-827-3, € 8,95
Digital für Smartphones und Tablets: www.fahrrad-buecher-karten.de/rk-digital

96 Tauber-Träume

Von **Rothenburg** ins Taubertal

CamperTouren Info

7 km, meist auf separaten Radwegen oder auf Radwegen neben Straßen, zwischendurch eine kleine, gegen Ende eine heftige Steigung. Beliebig erweiterbar auf dem Radweg „Liebliches Taubertal" oder auf dem Altmühl-Radweg.

Start und Ziel: Wohnmobil-Stellplatz P2 in Rothenburg ob der Tauber, www.frankentourismus.de/poi/wohnmobil-stellplaetze_rothenbu-3753/

Auswahl weiterer Camps an der Strecke: Campingplatz Tauber-Idyll, Campingplatz Tauberromantik

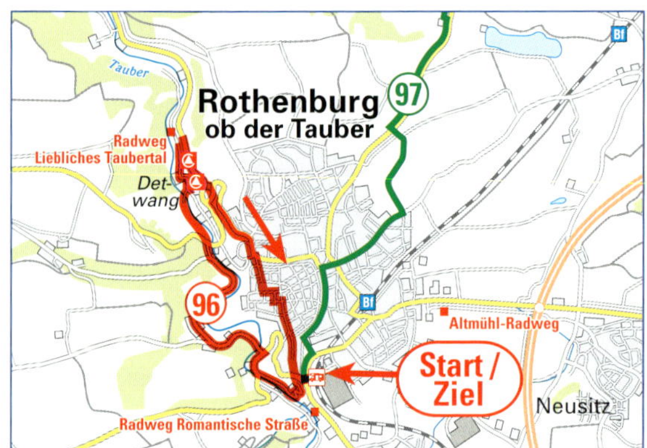

Rothenburg ob der Tauber ist ohne Frage eine der schönsten Städte Deutschlands! Hoch über dem Tal der Tauber umschließt eine komplett erhaltene Stadtmauer einen mittelalterlichen Stadtkern. Wer früh morgens oder abends durch die Straßen schlendert, wird sich nicht dem Charme der Romantik entziehen können.

Die Lage vom Wohnmobil-Stellplatz P2 in Rothenburg ob der Tauber ist einfach unglaublich: Wer den richtigen Platz erwischt, blickt vom Camper direkt auf die Stadtmauer. Platz gibt es reichlich auch für große Wohnmobile und in der kleinen Station finden wir Duschen und Toiletten.

Tipp: Die Tour umfasst „nur" eine Strecke von 7 km. Allerdings rollen wir ins Tal der Tauber hinunter. Wer nicht auf einem E-Bike sitzt, sollte eine gute Kondition mitbringen, um am Ende der Tour wieder hinauf in die Altstadt zu kommen. Daher der Tipp, vom P2 nur durch das Stadttor zur Oberen Schmiedgasse zu radeln und dieser ins Herz der Altstadt zu folgen.

Los geht´s vom Wohnmobil-Stellplatz P2 geradeaus über die Ampelkreuzung. Dahinter rollen wir bitte vorsichtig auf dem teils steilen Taubertalweg geradeaus hinunter zur Altmühl – leider ohne Radweg. Unten folgen wir der Tauber flussabwärts. Ab der Brücke folgen wir dem Radweg „Liebliches Taubertal", der über eine sehr wenig befahrene Nebenstraße mit einem kleineren Hügel führt. An der Querstraße rechts und gleich wieder links nach Detwang.

Kaum in die Pedale getreten, sehen wir die **Spitalbastei**, an die sich der Wehrgang auf der Stadtmauer anschließt. Die aufwändigen Anlagen entstanden im 17. Jh., als Rothenburg erweitert und es immer schwerer wurde, sich gegen Eindringlinge zu schützen. Eine Investition in die Ewigkeit, denn noch heute können wir über die Wehrgänge schreiten. Unten im Tal angekommen, erblicken wir die mittelalterliche **Doppelbrücke**, die sich über die Tauber erstreckt. Sie wurde schon 1330 erbaut und war eine wichtige Passage auf der Handelsstraße von Würzburg nach Augsburg. Dann kommen wir am **Topplerschlösschen** vorbei, das so aussieht, als habe man ein Haus auf einen zu kleinen Turm gestellt. Herrlich

So leer ist es selten in Rothenburg – aber so schön ist es immer!

ist von hier unten der Blick auf die 70 m weiter oben liegende Altstadt. Auf unserem Weg durch das Taubertal kommen wir an mehreren alten Mühlen vorbei. Ein paar Minuten später sind wir in Detwang. In der **romanischen Kirche St. Peter und Paul** finden wir einen Riemenschneider-Altar und rund um die Kirche viele historische Gebäude.

Weiter geht´s von Detwang noch ein Stück auf dem Taubertal-Radweg um die beiden Campingplätze herum. Dahinter treffen wir auf die Straße, der wir nach rechts folgen. Die Schilder führen uns zielsicher hinauf ins Herz von Rothenburg. Vom Rathaus aus etwas bergab über die Obere Schmiedgasse, hinter dem Tor wieder an der Ampel zurück zum Stellplatz.

Die **Altstadt** von Rothenburg ist wirklich einzigartig: Eine unglaubliche Ansammlung historischer Gebäude lässt die Besucher ununterbrochen auf die Auslöser der Kameras klicken. Zunächst kommen wir zur **Jakobus-Kirche** und dahinter zum mächtigen **Rathaus** mit dem weitläufigen Platz. Neben der fachwerkgeschmückten Marienapotheke beginnt die Herrngasse, die von stattlichen Patrizierhäusern gesäumt wird. Dort können wir bei Käthe Wohlfahrt in Weihnachtsillusionen baden, in den Restaurants einkehren oder in einem der Hotels übernachten.

Die prachtvollen alten Hausfassaden setzen sich an der **Schmiedgasse** fort – aber auch in den anderen Gassen gibt es reichlich zu sehen. Empfehlenswert ist ein Besuch des **Mittelalterlichen Krimimalmuseums**. Hier erfahren wir, dass viele Folterkammern in alten Burgen wohl eher „erschaffen" wurden, um Touristen zu beeindrucken. Gleichwohl finden wir hier im Museum eine ganze Menge Folterinstrumente, die uns einen kalten Schauer auf den Rücken schicken. Nur ein paar Meter vom Museum entfernt liegt einer der schönsten Plätze Deutschlands. Der „Plönlein" wird vom Sieberturm geziert, in dem einst das Staatsverlies war. Nicht vergessen dürfen wir, einmal über den Wehrgang zu flanieren, auf der anderen

Seite von der Stadtmauer in die Tiefe des Tals zu schauen und eine der süßen Leckereien zu kosten, die es bei den Bäckern gibt.

Kartentipp:

ADFC-Regionalkarte Romantisches Franken, 1:60.000,
ISBN 978-3-87073-933-1, € 9,95
Digital für Smartphones und Tablets: www.fahrrad-buecher-karten.de/rk-digital

97 Entspannen im Salzsee

Von **Rothenburg** nach Bad Windsheim

CamperTouren Info

32 km, meist auf separaten Radwegen oder auf kleineren Straßen, hügeliger Verlauf mit einigen kleinen, aber nicht allzu anstrengenden Steigungen.

Start/Ziel: Wohnmobil-Stellplatz P2 in Rothenburg ob der Tauber, www.frankentourismus.de/poi/wohnmobilstellplaetze_rothenbu-3753/

Auswahl weiterer Camps an der Strecke: Wohnmobilstellplätze in Burgbernheim und Bad Windsheim

Wir bewegen uns im Nordwesten von Rothenburg und stellen fest, dass auch hier wundervolle Fachwerkfassaden die Zeit gut überdauert haben. Bad Windsheim ist ein ideales Ziel, denn hier können wir die müden Radlerwaden im Salzsee regenerieren.

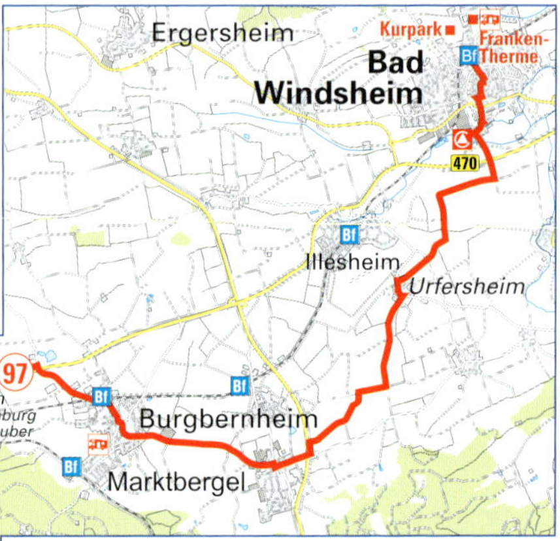

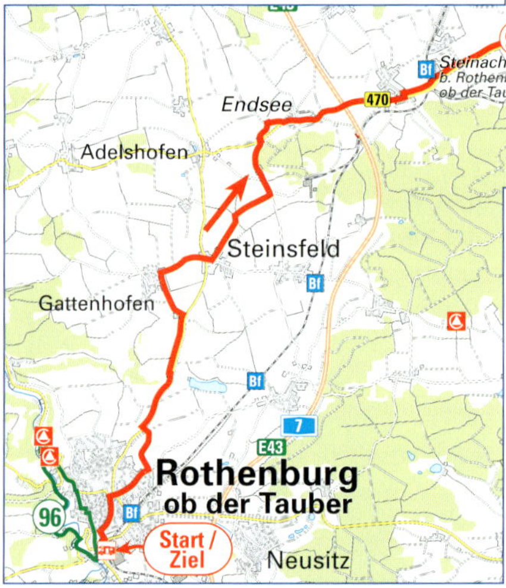

Los geht´s wieder vom Wohnmobil-Stellplatz P1 geradeaus über die Ampelkreuzung. Direkt dahinter rechts neben die Straße und hinter dem nächsten Parkplatz links. So gesellen wir uns neben die Stadtmauer. Den Schildern folgend radeln wir zum Bahnhof, wo wir links abbiegen in die Obere Bahnhofstraße. Dann rechts in die Schweinsdorfer Straße, am Ortsende rechts und weiter auf dem Aisch-Radweg. DIeser bringt uns durch Schnweinsdorf, Hartershofen, Urphershofen und Steinach nach Burgbernheim.

In Gattenhofen können wir uns das **Pfarrhaus** und die Kirche St. Michael ansehen, während wir in Steinsfeld gleich mehrere gut erhaltene **Fachwerkhäuser** rund um Dorfplatz und -straße finden.

Schon 889 wurde an der Stelle ein Ort erwähnt, an dem wir heute nach Burgbernheim hinein radeln. Noch erhalten ist am Osthang des Kapellenbergs die Kirchenburg. Die wurde einst durch **Torhaus** und einer Zugbrücke geschützt. Die Zugbrücke gibt es heute nicht mehr. Das Fachwerk des Torhauses strahlt uns aber noch heute entgegen, genau wie an vielen anderen Gebäuden des historischen Stadtkerns. Auch der putzige runde **Seilerturm** hat ein Geschoss mit Fachwerk – er ist der einzige noch erhaltene Eckturm. Fachwerk prägt auch die Fassade der

In Bad Windsheim werden Traditionen gelebt

Rossmühle, in der früher Pferde dafür sorgten, dass sich die Mahlsteine drehten.

Weiter geht´s von Burgbernheim via Marktbergel und Urfersheim nach Bad Windsheim, wo unsere Tour am Bahnhof endet. Mit der Bahn kommen wir entspannt wieder zurück nach Rothenburg.

Bad Windsheim ist ein anerkannter **Kurort** mit eigenen **Mineralquellen**. Das Wasser wird gerne von verschiedenen Anbietern in Flaschen gefüllt.

Tipp: Gutes und auch warmes Wasser finden wir in der **Franken-Therme** von Bad Windsheim. Natürlich ist hier Wellness, Sauna und vieles mehr angesagt. Ein ganz besonderes Gefühl der Schwerelosigkeit erleben wir allerdings im außen gelegenen **Salzsee**. Eine Sole mit 26,9% Salzgehalt sorgt dafür, dass wir auf der Wasseroberfläche gleiten. Die Sole kommt aus einer Tiefe von 200 m, wo es einen etwa 12 m dicken Salzstock gibt. Gut zu wissen: Direkt vor den Toren der Therme gibt es einen ruhigen und schön gelegenen Wohnmobil-Stellplatz.

Zum Besuch der Therme passt auch ein Spaziergang durch **den größten denkmalgeschützten Kurpark Bayerns**. Dieser erstreckt sich rund um seine Allee auf einer Fläche von 30 ha.

Die Innenstadt von Bad Windsheim begeistert uns mit zahlreichen alten Hausfassaden, die bestens in Schuss sind. Die schönsten Häuser finden wir rund um den Kornmarkt und an der Rothenburger Straße. Aus dem Dächermeer empor ragen der **Turm der Stadtkirche St. Killian** und das **Rathaus**. Dieser barocke Prachtbau erinnert schon fast an ein Schloss. Außergewöhnlich ist der 8 m hohe „**Roland**“, der als Denkmal für die im Ersten Weltkrieg gefallenen Soldaten im Jahre 1928 errichtet wurde.

Kartentipp:

ADFC-Regionalkarte Romantisches Franken, 1:60.000,
ISBN 978-3-87073-933-1, € 9,95
Digital für Smartphones und Tablets: www.fahrrad-buecher-karten.de/rk-digital

98 Am Main entlang in die Welt des Barock

Von **Kitzingen** nach Würzburg

CamperTouren Info

ca. 36 km ohne Abstecher, gute, regionale Radweg-Beschilderung sowie Beschilderung als Main-Radweg. Keine größeren Steigungen. Die Route führt über straßenbegleitende Radwege, über Nebenstraßen und separate Radwege, einige Passagen auf losem Untergrund.

Start / Ziel: Campingplatz „Schiefer Turm" in Kitzingen, www.camping-kitzingen.de

Auswahl weiterer Camps entlang der Strecke: Wohnmobilstellplätze in Kitzingen, Marktbreit, Eibelstadt und Würzburg

Auf dem perfekt ausgebauten Main-Radweg radeln wir ganz entspannt durch historische Ortschaften, in denen die Zeit stehen geblieben zu sein scheint. Unser Ziel ist Würzburg, das uns fast schon mit einem Überangebot an Sehenswertem empfängt.

Kitzingen ist eine echte Augenweide: Zu Füßen der Altstadt glitzern die Wogen des Mains, der hier von der **Alten Mainbrücke** überspannt wird. Strahlend weiß grüßt das Rathaus, welches vom Marktturm überragt wird. Türme gibt es in Kitzingen

Kitzingens Altstadt erreichen wir vom Camp in wenigen Minuten

gleich mehrere, unter ihnen der Deuster- oder der **Falterturm**, der als Wahrzeichen gilt.

Tipp: In Kitzingen können richtig „exotische" Ausstellungen besucht werden, wie z.B. das **Conditorei-Museum** oder das Deutsche Fastnachtsmuseum.

Die **Kreuzkapelle** wurde nach Plänen von Balthasar Neumann erbaut und 1745 geweiht. Ihr Grundriss wurde zum Markenzeichen dieses Kirchentyps und zierte aus diesem Grunde den 50-DM-Schein.

Los geht's am Campingplatz „Schiefer Turm", den wir am Mainufer entlang flussabwärts verlassen. Der perfekt ausgebaute Main-Radweg führt uns durch Marktsteft und Marktbreit nach Ochsenfurt.

Wir tangieren Marktsteft mit seiner sehenswerten **Häuserzeile** an der Hauptstraße. Sie zeugt davon, dass es auch hier einst Wohlstand gab, nachdem ein kleiner Stichkanal und ein **Hafenbecken** gebaut worden waren.

Noch deutlich mehr zu sehen gibt es in Marktbreit. Der **Alte Krahn** am Ufer zeugt davon, dass hier Waren von Schiffen abgeladen und auf der Handelsstraße nach Donauwörth gebracht wurden. Es war die kürzeste Verbindung zwischen Main und Donau. Besuchen müssen wir unbedingt den **Malerwinkel**, der uns herrliche Fotomotive einbringt. Nett anzusehen ist auch das 1580 erbaute **Stadtschloss**, das sich am Schlossplatz erhebt.

Bei Ochsenfurt gibt es schon lange einen Übergang über den Main, was freilich auch Geld in die Stadt spülte, deren Bürger sich fortan prächtige Häuser leisten konnten. Sie gruppieren sich um das farbenfrohe Neue Rathaus. Das Pendant dazu ist das Alte Rathaus aus dem 15. Jh. mit einem Pranger am zweiten Geschoss. Von hier blickten die Übeltäter büßend auf die **Pfarrkirche St. Andreas**.

Auf der anderen Mainseite liegt Frickenhausen mit einer fast komplett erhaltenen **Stadtmauer**. Sie umschließt mit Türmen versehen ein Ensemble aus Pfarrkirche, Rathaus und **Mariensäule**.

Weiter geht's von Ochsenfurt auf dem Main-Radweg via Goßmannsdorf, Sommerhausen, Eibelstadt und Randersacker zu den Toren von Würzburg. Nachdem wir die ersten Brücken hinter uns gelassen haben, zweigen wir rechts ab vom Main-Radweg und folgen den Schildern zum Hauptbahnhof, wo unsere Tour endet. Von hier lassen wir uns mit der Bahn zurück nach Kitzingen fahren.

98 Sommerhausen wurde in den 1930er Jahren zu einem angesagten **Künstlerort**. Hier finden wir viele historischen Häuser und das Würzburger Tor mit einem der **kleinsten Theater Deutschlands**.

Es lohnt sich, in Eibelstadt kurz vom Radweg abzuschweifen, um sich den hübschen **Marktplatz** mit seiner Mariensäule und dem Rathaus anzusehen. Nicht weit entfernt steht die **Pfarrkirche St. Nikolaus** mit einem barocken Hochaltar und außergewöhnlichem Turm.

Bei Randersacker sehen wir neben uns die ersten **Weinberge** aufragen. Einer der Weinberge gehörte Balthasar Neumann, der sich hier einen **Gartenpavillon** bauen ließ. Den berühmten Baumeister werden wir in Kitzingen nochmals „treffen".

Die altehrwürdige Stadt Würzburg wird, wie z.B. auch Prag, durch einen Fluss, in Bürgerstadt und Burgbezirk getrennt. Eine stolze **Brücke** verbindet beide Teile miteinander. Von hier überblicken wir das quirlige **Mainufer** mit dem Alten Kranen, der schon seit 1772 hier steht. In der Innenstadt entdecken wir eine große Anzahl perfekt restaurierter Gebäude

Tipp: Am Ende der Tour können wir am Mainufer im „**Haus des Frankenweins**" einkehren. Bei gutem Essen gibt es hier edle Tropfen aus den Kellern der regionalen Winzer zu

Verschlungene Wege in Marktbreit

Großartige Aussichten haben wir von der Feste auf die Würzburger Innenstadt

verkosten. Etwas weniger stilvoll, aber dafür „hip“ ist es, seinen Wein oben auf der **Alten Mainbrücke** zu genießen.

Von der Brücke hier gelangen wir auf den Rathausplatz mit dem **Vierröhrenbrunnen** und dem Rathaus. Noch weitläufiger ist der Marktplatz, der sich anschließt und an dem sich die **Marienkapelle** mit ihrem reich verzierten Westportal erhebt. Wenn wir um die Kirche herum wandeln, treffen wir auf den **Dom St. Kilian, Kolonat und Totnan**, dessen Geschichte sich bis ins Jahr 788 zurückverfolgen lässt. Über den Paradeplatz und die Hofstraße gelangen wir zum Residenzplatz mit dem **Franconia-Brunnen**. Direkt dahinter blicken wir auf die Würzburger **Residenz**, die ins UNESCO-Welterbe aufgenommen wurde. Wer noch Zeit und Kraft in den Waden hat, stattet der **Burg Marienberg** auf der anderen Mainseite noch einen Besuch ab und genießt eine einzigartige Aussicht.

Kartentipp:

ADFC-Regionalkarte Würzburg/Fränkisches Weinland

1:75.000, ISBN 978-3-87073-742-9, € 8,95

Digital für Smartphones und Tablets: www.fahrrad-buecher-karten.de/rk-digital

99 Hügelige Tour ins lebendige Mittelalter

Von **Kitzingen** über Schwarzach

CamperTouren Info

ca. 50 km ohne Abstecher - gute, regionale Radweg-Beschilderung sowie Beschilderung als Main-Radweg. Hügeliger Verlauf, der einen gewisse Grundkondition erfordert. Die Route führt über straßenbegleitende Radwege, über Nebenstraßen und separate Radwege, einige Passagen auf losem Untergrund.

Start / Ziel: Campingplatz „Schiefer Turm" in Kitzingen, www.camping-kitzingen.de

Auswahl weiterer Camps entlang der Strecke: Wohnmobilstellplätze in Kitzingen, Albertshofen, Dettelbach und Mainbergheim

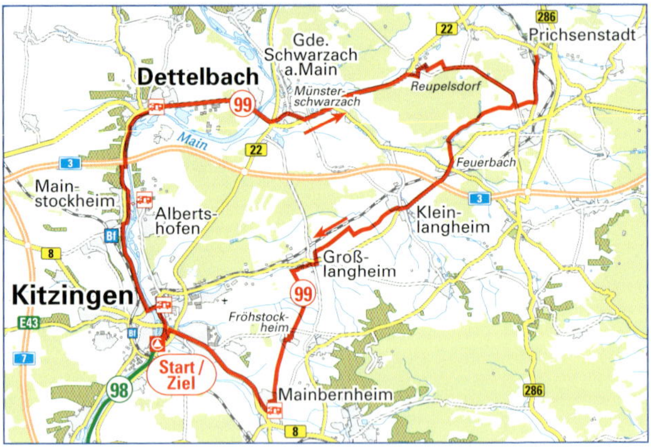

Diese Rundtour führt uns zunächst über den beliebten Main-Radweg, ehe wir das Tal verlassen und uns auf hügeliger Fahrt ins Umland begeben. Nachdem wir schöne kleine Orte mit teils langer Geschichte entdeckt haben, rollen wir wieder zurück zu unserem Campingplatz.

Unser **Campingplatz „Schiefer Turm"** liegt in bester Lage direkt am Ufer des Main. Wer rechtzeitig reserviert, kann also vor dem Camper oder dem Zelt sitzen und einen tollen Blick auf das Wasser genießen. Wer das eigene Boot hinter dem Wohnmobil mitbringt, findet sogar einen Liegeplatz vor dem Stellplatz – besser geht´s nicht!

Auch gut zu wissen: Wenn wir nach einer anstrengenden Radtour wieder auf unserem Campingplatz ankommen, müssen wir nicht noch selbst kochen, denn die Gaststätte des Platzes verwöhnt uns mit fränkischen Leckereien im Biergarten.

Los geht's am Campingplatz, den wir am Main entlang verlassen, nur dieses Mal radeln wir flussaufwärts. Nachdem wir schon bald die Uferseite gewechselt haben, rollen wir durch Mainstockheim, dann durch Dettelbach und dann nach Schwarzach, das wir hinter der erneuten Mainquerung erreichen.

Im Ortszentrum von Mainstockheim finden wir einige sehenswerte alte Gemäuer, wie das **Küsterhaus** mit seinem Treppengiebel, die Kirchhofmauer mit einem kleinen Tor oder die **ehemalige Synagoge**. Diese liegt in der gleichnamigen Straße und beherbergt heute den katholischen Gemeindesaal.

Die **mittelalterliche Stadtbefestigung** von Dettelbach lässt erahnen, dass wir in der Kleinstadt viele Fotomotive finden können. Das vermutlich schönste ist das strahlend weiße **Rathaus** mit seinem roten Dach und einer imposanten Freitreppe. Von hier aus sind es nur ein paar Meter zum Hornischen Spital, zur **Wallfahrtskirche Maria im**

Sand oder zur Pfarrkirche St. Augustinus. Auf dem Weg fallen uns immer wieder toll erhaltene **Fachwerkhäuser** auf. Spannend ist auch der restaurierte **Pranger**, der laut Inschrift 1674 „für bös Leut" eingerichtet wurde.

Eher ländlich geht es in Mainbernheim zu

Tipp: Es ist nur ein kurzer Abstecher nach Münsterschwarzach. Der Name lässt es schon erahnen, dass wir hier ein Gotteshaus finden. Mit der **Klosterkirche** ist es ein besonders schönes, was nicht nur an den vier Türmen liegt.

In und um Schwarzach gibt es mehrere Kirchen wie die z.B. die **Heiligkreuzkirche**, aber auch gleich drei Schlösser zu sehen. Zu ihnen gehört auch **Schloss Gerlachshausen**, das wir hinter den dichten Bäumen schon etwas suchen müssen.

Weiter geht's von Schwarzach, das wir Richtung Prichsenstadt verlassen. Schon auf dem Weg dorthin geht es via Reupelsdorf permanent bergauf. Nach der Stippvisite in Prichsenstadt rollen wir fast dauernd bergab vorbei an Feuerbach, Klein- und Großlangheim über Fröhstockheim nach Mainbernheim. Hinter Mainbernheim müssen wir nochmals bergauf kurbeln, bevor wir entspannt wieder nach Kitzingen zu unserem Camp hinunterrollen können.

Der kleine Abstecher in die City von Prichsenstadt ist Pflicht, denn die Kleinstadt ist wunderschön: Der eleganteste Zugang zur mittelalterlichen Altstadt ist der durch das mit gleich zwei Türmen versehene Westtor. Schon im 15. Jh. wurde erstmalig eine Stadtbefestigung errichtet. Fachwerkfans kommen in der Stadt auf ihre Kosten, wie z.B. am dreigeschossigen Rathaus oder am ehemaligen Freihof.

Tipp: Hinter Schwarzach wird es durch die **Berge** recht anstrengend. Wer also kein E-Bike unter sich hat oder auf eine halbwegs gute Kondition blickt, sollte in Erwägung ziehen, auf dem Mainradweg wieder retour nach Kitzingen zu fahren.

Mainbernheim lag einst an der „Alten Reichsstraße", was man dem Ort noch heute anmerkt, denn wir finden einen **historischen Stadtkern**. Rund um die Kirche St. Johannis erheben sich wunderschöne Häuser – mal sehr farbenfroh, mal mit stolzem **Fachwerk**. Eingefasst wird Mainbernheim von der bestens erhaltenen und mit **18 Türmen** und 2 Toren versehenen **Stadtmauer**. Sie beschützte ihre Bürger und die Händler, der schon im Mittelalter ihre Waren auf dem Markt feilboten. Beim Schlendern über die meist gepflasterten Straßen sehen wir immer wieder plätschernde Brunnen, wie den **Vierröhrenbrunnen**. Einst gab es dafür extra einen Brunnenmeister in Mainbernheim.

Kartentipp:

ADFC-Regionalkarte Würzburg/Fränkisches Weinland

1:75.000, ISBN 978-3-87073-742-9, € 8,95

Digital für Smartphones und Tablets: www.fahrrad-buecher-karten.de/rk-digital